নীনার জন্য ভালবাসা

শুজা রশীদ

নীনার জন্য ভালোবাসা – শুজা রশীদ

মাইন্ডটকার্স পাবলিশিং

প্রথম প্রকাশঃ জুন ২০১৭

স্বত্বঃ লেখক

প্রচ্ছদঃ মঞ্জুর মুরাদ

মুদ্রনঃ টরন্টো, কানাডা

মূল্যঃ ৯.৯৯ ডলার (কানাডা)

ISBN #: 978-1-928061-04-5

First Edition

Cover page: Manzur Murad

Printed in Canada

Publisher: MindTalkers Publishing

উৎসর্গ

এই গল্পটির পেছনে একজন স্বল্প পরিচিত ভাবীর মৌন অবদান আছে। তার সাথে আমার দেখা হয়েছিল এক অনুষ্ঠানে। ক্যান্সারে ভুগছিলেন বেশ কিছুদিন ধরেই। দেখে বোঝা যায় নি। মুখে ছিল কোমল, সাহসী হাসি। মৃদু হেসে নির্ভিক কণ্ঠে আমাকে বলেছিলেন, "ভাই, ডাক্তার তিন মাস দিয়েছিল, বাইশ মাস হতে চলল।" তার সংগ্রামের ইতি হয়েছে কিন্তু তার সেই সাহসী কণ্ঠ আমার কানে আজও অনুরনণিত হয়।

এই লেখকের অন্যান্য বইঃ

চাঁদনী
নিশীথ কুহু
গহীন অরণ্যে বৃষ্টি
জ্যোৎস্না রাতে
কান্না হাসির সমুদ্র
নীলি
মোহনায় দাঁড়িয়ে
লুকোচুরি
যাদুকরের তাণ্ডবলীলা
ভুল করেছি ভালোবেসে
দামামা
সুখে দুখে কানাডা
শুভ্র বর্ষন
এই যাত্রা
স্পর্শ
জুজুবা
A boy and A War
Kicking in Toronto
Chronicles of Ali
Space Tiger
Crazy, Mad Adventure

এক

দোতলা বাড়ীটার দিকে মুগ্ধ নয়নে তাকিয়ে ছিল নীনা। সদ্য প্রস্তুত। কেমন যেন একটা নিষ্পাপ শিশু সুলভ ভাব রয়েছে। বাড়ী এখনও তাদের হস্তগত হয়নি, কিন্তু খুব বেশী বাকীও নেই। বাইরের কাজ মোটামুটিভাবে সবই শেষ হয়ে গেছে। ভেতরের কিছু কাজ এখনও বাকী আছে। ক্লোজিং ক'দিন বাদেই। তার পাশেই দাঁড়িয়ে বিশাল দেহী এক শ্বেতাঙ্গ পুরুষ, প্রৌঢ়ত্বের শেষ প্রান্তে পৌঁছে গেলেও তাকে দেখে সেটা খুব একটা বোঝা যায় না। এখনও বেশ বলিষ্ঠ, মাথা ভর্তি পাকা চুল থাকলেও হাবে ভাবে তারুণ্যের একটা ভাব আছে। সে মুগ্ধ চোখে নীনাকে দেখছিল। শেষ বিকালের রক্তিম আকাশ, চঞ্চল বাতাসের অকারণ ছোটাছুটি, ঝাঁক বেঁধে পাখীদের উড়ে যাওয়া - সব কিছু ফেলে সে শুধু নীনাকেই দেখছিল। গ্রীষ্মের এই উষ্ণ বেলা শেষের ক্ষণে এই অপরূপা সুন্দরী নারীটির নয়নাভিরাম উপস্থিতি থেকে অন্যদিকে চোখ ফিরিয়ে নেয়া তার পক্ষে সম্ভব হচ্ছে না। মাঝ পঞ্চাশেও নীনাকে যেন এক তরুণীর মত দেখায়। তার মসৃণ কালো চুল বাতাসে এলোমেলো উড়ছে, একটু পর পর হাত দিয়ে নিরর্থক সেগুলোকে নিয়ন্ত্রণ করবার চেষ্টা করছে। ত্রিশ বছর আগে ইউনিভার্সিটি প্রাঙ্গণে প্রথম পরিচয় হয়েছিল। সুদূর ভারত থেকে পড়তে এসেছিল নীনা। একা একা। সাহসী মেয়ে ছিল কিন্তু একই সাথে ছিল সংযত। আর দু' দশটা এই দেশীয় উদ্ধত মেয়েদের মত নয়। প্রথম আলাপেই প্রেমে পড়ে যায় মাইক। অনেক কাঠ খড় পুড়িয়ে তবে নীনার মন পেতে হয়। সেই সব সময়ের কথা মনে হলে আজও তার ঠোঁটের কোনে এক চিলতে হাসি ফুটে ওঠে। কত রাত এই মেয়েটির কথা ভেবে সে নির্ঘুম কাটিয়েছে!

নীনা তখনও মুগ্ধ চোখে বাড়ীটাকে দেখছে। তার চোখের মুগ্ধতা এবার রক্তিম দুই ঠোঁটের মাঝে চমৎকার এক টুকরো হাসির বেশে প্রস্ফুটিত হচ্ছে। নীল রঙের সালোয়ার এবং কামিজ পরেছে, সাদা ওড়না বাতাসে তার চুলের সাথে পাল্লা দিয়ে উড়ছে। টরন্টো এবং তার মফঃস্বল শহরগুলোতে দেশী মানুষদের সংখ্যা অগুনিত। দক্ষিণ পূর্ব এশীয় দেশগুলোর রীতি-নীতি, পোশাক আষাক এখন সব খানেই উপস্থিত। নীনা ফ্যাশান সচেতন। সে এদেশীয় থেকে শুরু করে নানা ধরনের ভারতীয় পোশাক আষাক সব খানেই পরে থাকে। সে যখন শাড়ী পরে তখন মাইক বাক হারা হয়ে যায়। নীনা প্রায়ই ঠাট্টা করে বলে তার ভারতীয় হয়ে জন্ম নেয়াটাই উচিৎ ছিল। তার আচার আচরণ একেবারেই পশ্চিমাদের মত নয়।

"ঠিক যেমনটা ভেবেছিলাম তেমনটাই হয়েছে," নীনা আবেগ ভরা কণ্ঠে বলে। "মাইকি, তুমি কিছু বলছ না কেন?"

"পুকুরের দৃশ্যটা আমার পছন্দ হয়েছে," মাইক সামনের মাঝারী আকারের পুকুরটা দেখিয়ে মন্তব্য করে। ইদানীং প্রায় প্রতিটি আবাসিক এলাকাতেই একটি করে পুকুর করা হচ্ছে, বৃষ্টির পানি সরে যাবার সুযোগ করে দেবার জন্য। পুকুরের চারদিকে

ঘিরে যে বাড়ীগুলো বানানো হয় তার মালিকদের কাছ থেকে দৃশ্য বাবদ আলাদা করে বেশ মোটা অঙ্কের একটা মূল্য নেয়া হয়। মাইকরাও দিয়েছে। তাদের দুজনারই পানি পছন্দ। রাজ্যের হাঁস আসে পুকুরে, কখনও বক আসে মাছ ধরতে। চুপচাপ বসে পানিতে ঢেউ দেখতেও ভালো লাগে অলস মুহূর্তগুলোতে।

"বিল্ডার সময় মত ক্লোজ করবে তো?" নীনা বলল। "আমাদেরও তো কত কাজ বাকী এখনও। টাউন হাউজটা বাজারে ছাড়তে হবে।"

"ওসব নিয়ে ভেবো না," মাইক বলে। "ব্যবস্থা করে ফেলেছি। একজন এজেন্টের সাথে কথাবার্তা হয়েছে।"

"তাই?" নীনা আনমনে বলে। "আমাকে কিছু বলনি কেন?" সে একটু সামনে হেঁটে গিয়ে অসমাপ্ত বাড়ীটাকে পর্যবেক্ষণ করতে থাকে।

"ভেতরে যাওয়া যাবে?" নীনা জানতে চায়।

"যাওয়ার নিয়ম নেই, কিন্তু কে দেখছে?" মাইক সাবধানে সদর দরজার দিকে এগিয়ে যায়। "এসো। পায়ের দিকে খেয়াল রেখ। এখানে অনেক পেরেক জাতীয় বস্তু ছড়িয়ে ছিটিয়ে থাকতে পারে।"

তাকে এগিয়ে যেতে দেখে নীনা তার পিছু ধরে। "কেউ কিছু বলবে নাতো?"

"আমরা একটু উঁকি দিয়ে চলে যাবো। কোন রকম দুর্ঘটনা ঘটলে তখন বিপদ হবে।" মাইক সদর দরজায় ঠেলা দেয়। বন্ধ। "গ্যারাজের ভেতর দিয়ে যাওয়া যেতে পারে।"

গ্যারাজ ডোর এখনও লাগানো হয়নি। গ্যারাজ দিয়ে বাসার ভেতরে যাবার এক পাল্লার দরজাটা বসানো হয়েছে। সেটাতে আস্তে ধাক্কা দিতে খুলে গেল। "ইউরেকা!" মাইক ছেলেমানুষি আনন্দে চাপা গলায় চীৎকার দেয়।

নীনা খিল খিল করে হেসে ওঠে। "বিল্ডারদের কেউ দেখলে তোমাকে ধরে ছেঁচা দেবে।"

"কিচ্ছু হবে না। এসো।" দরজাটা গ্যারাজের মেঝে থেকে কম করে হলেও তিন ফুট উঁচুতে। নীনা হাত বাড়িয়ে দেয়। মাইক তাকে টেনে উপরে তুলে নেয়। ভেতরে সিঁড়ি বসে গেছে। ঘরগুলোর ড্রাই ওয়াল লাগানো হয়েছে, কিন্তু এখনও মেঝে বসানো হয়নি। তারা ঘুরে ঘুরে একতলা এবং দোতলার সবগুলো কামরা দেখে। এখনও ভেতরে বেশ কিছু কাজ বাকী কিন্তু সব মিলিয়ে যেমন দেখাচ্ছে তাতে নীনা খুশী।

"চল এবার।" নীনা তাড়া দেয়। "অনেক হয়েছে। এই বুড়ো বয়েসে আর বকা খেতে চাই না।"

"চল, পালাই।" মাইক তার হাত ধরে যে পথে এসেছিল সেই পথে বেরিয়ে আসে।

"বাইরে ডিনার করবে?" গাড়ীতে উঠতে উঠতে বলে মাইক।

"হু।" নীনা আপত্তি করে না। বাইরে খেতে তার খুব একটা ভালো লাগে না, কিন্তু মাইক পছন্দ করে। তাছাড়া বাসায় তারা শুধু দু'জনাই। ছেলেমেয়েরা কেউ সাথে নেই। নীনা খুব একটা রান্না বান্না করে না। করলেও সে মসল্লাদার তরকারী পছন্দ

করে। মাইক এতো বছরেও মসল্লা ব্যাপারটা খুব একটা রপ্ত করতে পারেনি। এখনও সামান্য ঝালেই তার নাক মুখ দিয়ে পানি ঝরতে থাকে। মাঝে মাঝে ঠাট্টা করবার জন্য ইচ্ছে করে তরকারীতে ঝাল দিয়ে মাইককে খাবার জন্য চ্যালেঞ্জ করে নীনা। সহ্য করতে পারে না কিন্তু আবার হার স্বীকার করতেও রাজী নয় মাইক। বেচারি একটু কষ্ট পেলেও নীনার প্রচুর হাসির খোরাক হয়।

মাইক নিকটবর্তী একটা এপলবিস রেস্টুরেন্টের পার্কিং লটে গাড়ী থামায়। "চলবে?"

মুচকি হেসে মাথা নাড়ে নীনা। "চলবে।"

দুই

বাসাটা ছোট, বাংলো স্টাইলের, পুরানো। কিন্তু সুন্দর করে গাছ গাছালী, ফুলের বাগান দিয়ে সাজানো চত্বর। বোঝাই যায় অনেক যত্ন এবং ভালোবাসা দিয়ে গড়া এই আবাস। বিকালের পড়ন্ত আলো জানালা গলে ভেতরে এসে পড়ছে, ভালো লাগছে নীনার। চারদিকে ছড়িয়ে ছিটিয়ে থাকা রাজ্যের জিনিষপত্রের মাঝখানে বসে রোদটা উপভোগ করছে সে। এই বাসা ছেড়ে চলে যাবার সময় হয়েছে। কার্ডবোর্ডের বাক্সে ভরে আছে চারদিক। সময় নিয়ে গুছাচ্ছে নীনা যেন নতুন বাসায় গিয়ে কোন কিছু খুঁজে বের করতে বেশী সমস্যা না হয়। মাইক সোফায় বসে ক্রমাগত টেলিভিশনের গাইড ঘাঁটছে। তার কোন অনুষ্ঠানই পছন্দ হচ্ছে না।

নীনা মুচকি মুচকি হাসছে। এতো বয়েস হলেও লোকটা স্বভাবে একেবারে ছেলেমানুষ। অস্থির। কোন কিছুতে মন বসাতে কষ্ট হয়।

"এই বাড়ীটার জন্য খুব মন খারাপ লাগছে," নীনা বলে। "ত্রিশটা বছর থাকলাম এখানে। বিশ্বাসই হয় না। সময় কত দ্রুত চলে যায়।"

মাইক সায় দেয়। "হ্যাঁ, চোখের সামনে পাড়াটা গজিয়ে উঠলো।"

"সাহারা, রন, স্যালি — ওদের সবার জন্ম এখানে, বড় হল এখানে। কত স্মৃতি জড়িয়ে আছে এই বাড়ীটার পরতে পরতে," নীনা আবেগ ভরা কণ্ঠে বলে। "আমার এখন আর যেতে ইচ্ছে করছে না।"

"ঠাট্টা করছ আমার সাথে?" মাইক ছদ্ম রাগ দেখাল। "এই বাড়ী ছেড়ে নতুন বাসায় যাবার জন্য গত বিশ বছর ধরে আমার মাথা চিবিয়ে খাচ্ছ তুমি। ছেলেমেয়েরা এখন বড় হয়েছে, নিজেদেরটা কম বেশী দেখছে। নতুন বাড়ীতে উঠবার এটাই ঠিক সময়।"

নীনা শ্রাগ করে। "ছেলেমেয়েরা বড় হয়েছে কিন্তু এখনও প্রতিষ্ঠিত হয়েছে সেটা বলা যাবে না। রন এখনও কাজ খুঁজছে। স্যালির পড়াশুনাই এখন শেষ হয়নি।

ওরতো এখনও আমাদের অর্থনৈতিক সাহায্যের দরকার।"

"চিন্তা কর না," মাইক বলল। "ম্যানেজ হয়ে যাবে। জিনিষপত্র তাড়াতাড়ি গোছাও। আমাদের হাতে আর মাত্র এক সপ্তাহ সময় আছে। তার মধ্যে বাসা ফাকা করে দিতে হবে। স্যালি কি এই শনিবারে আসছে?"

স্যালি, তাদের ছোট মেয়ে, ওয়াটারলু ইউনিভার্সিটিতে কম্পিউটার সায়েন্সে পড়ছে। মাঝে মাঝে সে ছুটির দিনে বাসায় চলে আসে, বাবা মায়ের সাথে সময় কাটায়। মাঝে মাঝে বন্ধুদের সাথে অন্য কোথাও বেড়াতে যায় কিংবা ওয়াটারলুতেই থেকে যায়। সে খামখেয়ালী মেয়ে। যখন যেমন মন চায় তখন তেমনটা করে।

"জিজ্ঞেস করেছিলাম," নীনা বলল। "ওর নাকি খান দুয়েক পরীক্ষা আছে আগামী সপ্তাহে কিন্তু তারপরও আসার চেষ্টা করবে। আমার মনে হয় নতুন বাড়ীটা ওর খুব পছন্দ হবে।"

"আগামী বছর ওর গ্রাজুয়েশন শেষ হয়ে গেলে ও কি আমাদের সাথে এসে থাকবে? বড় বাড়ী নিয়ে কি লাভ যদি ছেলেমেয়েরাই কেউ আমাদের সাথে না থাকে।"

নীনা শ্রাগ করল। "বেশী আশা কর না। ছেলেমেয়েগুলো সব এত স্বাধীনচেতা। এতো হাত পা ছড়িয়ে বসে না থেকে উঠে এসে আমার সাথে একটু হাত লাগাও। একা একা সারা বাড়ীর জিনিষপত্র গোছানো সোজা কথা?"

মাইক অনেকক্ষণ ধরেই ঘন ঘন জানালা দিয়ে বাইরে তাকাচ্ছিল। ঠিক সামনেই ফুটবল খেলার মাঠ। সেখানে নানান বয়েসী ছেলেমেয়েরা খেলতে আসে। দশ-বারো বছরের এক দল ছেলের সাথে রুটিন মত প্রায় প্রতিদিন ফুটবল খেলে মাইক। অন্যদিন ইতিমধ্যেই চলে আসে তারা, আজ এখনও আসেনি। নীনা জানে কেন এত ছটফট করছে মানুষটা। বিকালে খেলাধুলা না করলে তার কিছুই ভালো লাগে না।

হঠাৎ লাফিয়ে উঠে দাঁড়ায় মাইক। "ওরা এসে গেছে। আমার ফুটবল পার্টি। আমি একটু খেলে আসি। কথা দিচ্ছি রাতে যত চাও সাহায্য করব।"

নীনা জানে তাকে এখন কোনভাবেই ধরে রাখা যাবে না। সে বিরক্ত কণ্ঠে বলল, "তোমার যদি কোন কাণ্ডজ্ঞান থাকে।"

মাইক ততক্ষণে পায়ে জুতা গলে বাইরে পা রেখেছে। "এখুনি চলে আসব। বড় জোর এক ঘণ্টা। কসম।" সে মাঠের দিকে দৌড় দেয়। নীনা হতাশ ভাবে ঘাড় নাড়ে। এই লোকটা আর কবে বড় হবে?

ফুটবল প্রেমিক বালকদের দলটা মাইককে দেখেই হই চই করে ওঠে। সে শুধু যে তাদের প্রতিদিনের খেলার সঙ্গী তাইই নয়, সে তাদের দৈনন্দিন আইসক্রিমের খোরাকও যুগিয়ে থাকে। খুব দ্রুত দুটি দলে বিভক্ত হয়ে খেলতে শুরু করে তারা। মাইক তার বিরাট শরীর নিয়ে ছেলেগুলোর সাথে ছুটাছুটি করতে গিয়ে রীতিমত

হিমসিম খাচ্ছে। তাদেরকে দেখে আকারে ছোট দেখালেও খেলায় ব্যুৎপত্তি আছে। মাইককে তারা নাকানি চুবানি খাইয়ে ছাড়ছে। নীনা ছেলেগুলোর হাতে মাইকের নাস্তানাবুদ হবার ব্যাপারটা উপভোগ করে, শত কাজের ব্যস্ততা থাকলেও এই সময়টা সে বারান্দায় এসে দাঁড়ায়। তাকে দেখলে মাইকের আবার তেল বাড়ে। সে নীনাকে তাক লাগিয়ে দেবার জন্য নানা ভাবে বল নিয়ে কসরত করতে যায়। তাতে অবশ্য ফলাফল খুব একটা ভালো হয় না। ভারসাম্য হারিয়ে পপাত ধরণীতল। আজও তার ব্যতিক্রম হল না। মাঠ শুদ্ধ সবাই খিলখিল করে হেসে ওঠে। নীনাও হাসি সামলাতে পারে না। যে জোরে পড়েছে রাতে নিশ্চয় পেছনে কিঞ্চিত ব্যথা হবে। মাইক হাচড়ে পাচড়ে উঠে দাঁড়ায়, মুখ ভর্তি হাসি। তার প্যান্ট থেকে হাত দিয়ে ঝেড়ে ধুলা সরায় সে।

"কিচ্ছু হয় নি। আমি ইচ্ছা করে পড়লাম," সে তার সঙ্গীদের উদ্দেশ্যে বলে।

ছেলেগুলো সেই কথা শুনে আরও তীব্র স্বরে শরীর কাপিয়ে হাসতে থাকে। "বিগ মাইক, তুমি বুড়ো হয়ে যাচ্ছ। হি: হি: হি: ।"

মাইক ছদ্ম রাগে তাদের কয়েকজনকে তাড়িয়ে বেড়ায়। তাতে হাসির খোরাক হয়। নীনা হাসতে হাসতে বাসার ভেতরে চলে যায়। এইসব ছেলেমানুষি দেখার তার সময় নেই। এখনও অনেক কিছু গোছানোর বাকী।

মার্ক দূর থেকেই মাইককে মাঠে খেলেতে দেখে মনে মনে খুশী হয়ে গেল। গ্রীষ্মে সে আইসক্রিম ট্রাক চালায়। পাড়ায় পাড়ায় ঘুরে ঘুরে খেলার মাঠে কিংবা পার্কে আইসক্রিম বিক্রি করে। মাইক তার রেগুলার ক্রেতা। সে ইচ্ছে করে বাজনার শব্দ বাড়িয়ে দেয়। তাতে কাজ হয়। বাচ্চারা খেলা টেলা ভুলে আইসক্রিম ট্রাকের দিকে তাকিয়ে থাকে। মাইক হাত নেড়ে মার্ককে থামতে বলে। বাচ্চারা যেন এটার জন্যেই অপেক্ষা করছিল। তারা এক দৌড়ে আইসক্রিম ট্রাকের পাশে এসে ভিড় করে।

"বিগ মাইক, খবর কি?" মার্ক হাসি মুখে জানতে চায়।

"চলে যাচ্ছে," মাইক হাসি মুখে বলে। "তোমার খবর কি? এবছর ব্যবসা কেমন যাচ্ছে?"

"মন্দ না। বিক্রি বাটা ভালোই। গ্রিন হাউস ইফেক্টে গ্রীষ্ম যত লম্বা হয় আমার ততই পোয়া বারো। আইসক্রিম দেব বাচ্চাদের?"

"যে যা চায় দাও।"

ছেলেগুলো খুশীতে হই হই করে ওঠে। "বিগ মাইক, থ্যাঙ্ক ইউ!"

ঘরের ভেতরে বসেও তাদের আনন্দে বিগলিত চীৎকার কানে এলো নীনার। অকারণে অর্থ নষ্ট করে মাইক, এতগুলো বাচ্চাকে প্রায় প্রতিদিন আইসক্রিম খাওয়ানোটো কি দু' চার টাকার ব্যাপার? কিন্তু মাইককে সে সব বলে লাভ নেই। সে মন খারাপ করে।

তিন

দিনগুলো যেন ঝট করে পেরিয়ে গেল। এক এক করে বেশ কতকগুলো ব্যাপার ঘটল, কিন্তু নীনার কাছে মনে হল যেন সব এক লহমায় হয়ে গেল। বাড়ি বিক্রি হল, ওদের নতুন বাড়ির ক্লোজিং হল, এক সকালে বিশাল ট্রাক নিয়ে এসে এক দল শ্রীলঙ্কান মুভার ওদের জিনিষপত্র সব নতুন বাড়িতে নিয়ে গেল, তার পরদিন ওরাও দীর্ঘদিনের স্মৃতি বিজড়িত পুরানো বাড়ি ফেলে উঠলো নতুন বাড়িতে। একবাক্যে বলা গেলেও সব মিলিয়ে অনেক হুজ্জত, অনেক ঝামেলা। কত জিনিষপত্র জমে গিয়েছিল পুরানো বাসায়। সেগুলো বেছে বেছে অদরকারি জিনিষপত্র ফেলে দেয়াও একটা বড় ব্যাপার। মাইক এসব ব্যাপারে কখনই খুব একটা আগ্রহী নয়, ফলে সব নীনাকেই করেতে হয়েছে। কিন্তু খাটনি হলেও সব যে শেষ পর্যন্ত ঠিকঠাক মত হয়ে গেছে সেটাই ভাগ্যের ব্যাপার।

নতুন বাড়িতে উঠে খুব ভালো লাগলেও পুরানো বাড়ির মায়া কিছুতেই ভুলতে পারে না নীনা। মেয়েদেরই মনে হয় মায়া টায়া একটু বেশী। কারণ মাইককে দেখে মনে হয় সে বিন্দুমাত্র মিস করছে না। নতুন বাড়িতে এসে তার প্রথম কাজ হয়েছে টেলিভিশনের প্রোগ্রাম ঠিক করা। রাত জেগে জেগে রাজ্যের সব টিভি সিরিজ দেখে। নীনার অধিকাংশই পছন্দ হয় না। হয় সিরিয়াল কিলার নিয়ে, নয় টেররিস্টদের নিয়ে – সব খুন খারাবি, রক্তা রক্তির ব্যাপার। কি করে যে লোকটা বসে বসে এসব ছাই ভস্ম গেলে?

নতুন বাড়িতে জিনিষপত্র গোছানো নিয়ে ক'টা দিন খুব ব্যস্ততার মধ্যে দিয়ে গেল। বেশ কিছু প্রয়োজনীয় জিনিষ ফেলে দিয়ে এসেছিল, সেগুলো আস্তে ধীরে কিনতে হবে। আপাতত বাসাটাকে বাসযোগ্য করতে পারলেই সে খুশী। মুভিঙের সময় ছেলেমেয়েরা কেউ আসেনি। তবে আসার মধ্যে একমাত্র স্যালিই আসতে পারত কিন্তু তার পড়াশুনা থাকায় সে বলেছে ক'দিন পরে আসবে। সাহারা বেশ দূরে থাকে। তার জন্য ঝট করে চলে আসাটা সম্ভব হয় না। মেয়েদের কেউ একজন এলে নীনার ভালো লাগতো। আজকাল খুব একটা দেখাই হয় না। কেমন করে সব বড় হয়ে গেল! এত তাড়াতাড়ি সময় চলে যায়! নীনা ইদানীং খুব ভাবুক হয়ে গেছে। প্রয়োজনে অপ্রয়োজনে পুরানো কথা নিয়ে যাবর কাটতে বসে যায়। মাইককে এসব আলাপে টানা যায় না। সে হা হা হো হো করে হেসে উঠে সব হাল্কা করে দিতে চায়। "আরে এসব নিয়ে এত ভাবার কি আছে? সময় কি আর কারো জন্য বসে থাকে। জীবনটা উপভোগ কর। চল, একটা ভয়ের মুভি দেখে আসি।"

শুধু রক্তারক্তি দেখেই মাইকের আঁশ মেটে না, সে আবার রাজ্যের ভয়ের মুভিও দেখে। নীনা একবার দেখে সপ্তাহ খানেক ভয়ে ঘুমাতে পারেনি। চোখ জোড়া লাগলেই মনে হত এই বুঝি কোন বিদেহী আত্মা এসে তার শরীরে ভর করল।

তারপর থেকে ঐ জাতীয় মুভি সে একেবারেই দেখে না।
ক'দিন বাদে এক বিকালে হঠাৎ করেই পুরানো জায়গাটার জন্য তার মনটা কেন যেন খারাপ হল। বাচ্চাগুলো কাছে থাকলে হয়তো এমনটা হত না। তারা না থাকায় সে এলবাম খুলে বসেছিল, তাদের ছোটবেলার ছবি দেখে তার পুরানো বাসার স্মৃতি মনে পড়ে গেল। খুব দেখতে ইচ্ছে হল। মাইক টিভিতে মাত্র একটা মুভি দেখতে বসেছিল, নীনা তাকে গিয়ে চেপে ধরল। "চল, দেখে আসি নতুন মানুষগুলো কেমন।"
মাইক বুঝল নীনা নতুন বাড়ীওয়ালাদের কথা বলছে। তাদের সেদিনই নতুন বাসায় উঠবার কথা। সে ফিক করে হেসে ফেলল। "আচ্ছা, তোমার সমস্যা কি বল তো? ওটা এখন ওদের বাড়ি। ওরা কি ধরনের মানুষ তা দিয়ে আমাদের কি দরকার?"
নীনা জেদ ধরল। "দরকার আছে। তুমি না এলে আমি একাই যাবো।"
মাইক শ্রাগ করে। "মাঝে মাঝে তুমি এমন ছেলেমানুষি কর না! বাড়ি বিক্রি করে দিয়ে সেখানে গিয়ে ঘোরাঘুরি করার কোন অর্থ আছে?"
নীনা গম্ভীর কণ্ঠে বলে, "সব কিছুর অত অর্থ থাকতে হবে কেন?"
মাইক নাটকীয় ভঙ্গীতে হাত নেড়ে বলে, "মহারানীর যা হুকুম। চলুন, নতুন বাড়ীওয়ালাদের দেখে আসি।"

গাড়ি নিয়ে বেশ খানিকটা দূরত্ব রেখে দাঁড়ায় মাইক। এখানে প্রায় সবাই তাদেরকে খুব ভালো ভাবে চেনে। অকারণে গাড়িতে বসে থাকতে দেখলে তারা কি ভাববে? নতুন বাড়িওয়ালারা অবশ্য তাদেরকে চেনে না কিন্তু তারপরও এমন কিছু করা ঠিক হবে না যা সন্দেহজনক মনে হয়। বাড়িটার সামনে বিশাল এক মুভিং ট্রাক। কয়েকজন যুবক খুব তড়িঘড়ি করে জিনিষপত্র নামাচ্ছে। একজন ত্রিশোর্ধ ভদ্রলোক তাদের তদারকি করছে। দুটি বাচ্চা ছেলেমেয়ে খুব আনন্দে, উত্তেজনায় ছুটাছুটি করছে। বড়টি ছেলে, হয়তো নয়-দশ বছর বয়েস হবে। ছোটটি মেয়ে, বছর পাঁচেক হবে। ভারতীয় পরিবার। ছোট, সুখী পরিবার। একটি মহিলা ভেতর থেকে জোর গলায় বাচ্চাদের ডাকাডাকি করছে। "এই দুষ্টুগুলো, বাসার ভেতরে এস। কোথায় ব্যথা ট্যাথা পাবে।"
ভদ্রলোক গলা চড়িয়ে জানতে চাইলো, "প্রীতি, ওয়ারড্রোব কোথায় রাখবে? আরে, এই দুই বেয়াদব এমন ছুটাছুটি করছে কেন?"
ছোট মেয়েটি সেই কথায় খুব মজা পেয়ে খিল খিল করে হেসে উঠলো। "তুমি বেয়াদব, বাবা! আমি হলাম রাজকন্যা।"
বাবা তার পিছু ছুটল। "দাঁড়া তুই, তোর রাজকন্যা গিরি দেখাচ্ছি!"
সে বাচ্চা দুটিকে তাড়িয়ে বাসার মধ্যে পাঠিয়ে দেয়।
নীনার ঠোটে এক চিলতে হাসি ফুটে উঠলো। "চমৎকার ফ্যামিলি মনে হচ্ছে, তাই না?"

মাইক ভ্রু কুঁচকাল। "আচ্ছা এভাবে ওদেরকে দেখার কোন মানে হয়? কেউ দেখে ফেললে কি ভাববে?"
নীনা বিরক্ত কণ্ঠে বলল,"কারো দেখাদেখির তোয়াক্কা করি নাকি আমি?"
"আচ্ছা, আচ্ছা, তোয়াক্কা করতে হবে না। কিন্তু এখানে আসার কারণটা কি? ওরা কেমন মানুষ, কেমন পরিবার, এসব জানার দরকার কি?"
"জানার দরকার আছে," নীনা ধমকে ওঠে। "এই বাড়িতে আমাদের কত দিনের কত অসংখ্য স্মৃতি আছে। একটা চমৎকার পরিবার সেখানে এসে উঠেছে জানলেও মনটা ভালো লাগে। মনে হয় তারা আমাদের স্মৃতিগুলোকে সম্মান করবে, আমাদের বাড়িটাকে আমরা যেভাবে ভালো বেসেছিলাম সেইভাবে ভালবাসবে।"
"তুমি এমন পাগল না!" মাইক বিরস মুখে বলল। তার অকারণে কোথাও দু মুহূর্ত দাঁড়িয়ে থাকতে কষ্ট হয়। তাছাড়া কেউ যদি সত্যি সত্যি তাদেরকে দেখে ফেলে কথা বলতে এগিয়ে আসে তাহলে কি ব্যাখ্যা দেবে ভাবতেই তার ঘাম ছুটে যাচ্ছে। নীনা এতো ইমোশনাল! মেয়েটাকে নিয়ে খুবই সমস্যা। বাড়ী বিক্রি হয়ে গেছে, সেখানে গরু ছাগলের খামার হল না সুখী পরিবারের বসত হল তা দিয়ে তাদের মাথা ব্যথার কাড়ন কি?
নীনা জানে মাইক অধৈর্য প্রকৃতির। সে খুব ব্যস্ত হয়ে উঠবার আগেই চলে যাওয়া ভালো নইলে ঘ্যান ঘ্যান করে মাথা খারাপ করে দবে। "আচ্ছা চল, চল। দেখা হয়েছে। সব কিছুতে এত ছটফট কর। কিচ্ছু বোঝ না। একটা বাড়ি শুধু বাড়ি নয়। সেটা আমাদের জীবনের একটা অংশ হয়ে যায়। যাক, এসব উঁচু মার্গের কথা তোমাকে বলে কোন লাভ নেই। গাড়ী চালাও।"
মাইক খুশী মনে গাড়ি হাঁকায়। বাঁক ঘুরতেই বিশাল খেলার মাঠটা। ছেলেমেয়েগুলো খুব ছুটাছুটি করে ফুটবল খেলছে। চীৎকার, চেঁচামেচিতে চারদিক মুখরিত হয়ে আছে। এবার মাইকের মনটা খারাপ হল। অসম বয়েসী হলেও ওদের সাথে খুব একটা মনের মিল হয়ে গিয়েছিল ফুটবলের অছিলায়। নীনা ব্যাপারটা খেয়াল করল।"কি, ওদের জন্য মন খারাপ লাগছে?"
মাইক শ্রাগ করে। "তা লাগছে। ওদের সাথে খেলে খুব মজা পেতাম। কেন যে খামাখা নতুন বাড়িতে গেলাম। আমার খেলা বন্ধ হয়ে গেল।"
নীনা ঠোঁট টিপে হাসে। যার যেখানে টান। বাড়ি নিয়ে কোন মাথা ব্যথা নেই, কিন্তু খেলার সঙ্গীদের কথা উঠতে একেবারে চোখ দিয়ে পানি পড়ার জোগাড়। "ভেবো না, নতুন জায়গায় নিশ্চয় আরেক দল জুটে যাবে।"
ছেলেগুলো খেলার ব্যস্ততার মধ্যেও মাইকের গাড়ি দেখে মাইকে সনাক্ত করে। তারা খেলা ফেলে একজোটে হাত নাড়ে। "বিগ মাইক! খেলবে?"
মাইক জানালার কাচ নামিয়ে হাত নাড়ে। "আরেক দিন।"
নীনা হাল্কা গলায় বলল, "মাঝে মাঝে এখানে এসে ওদের সাথে খেলতে পার। ওরা তোমাকে খুব পছন্দ করে।"
মাইক মাথা নাড়ে, কিন্তু কিছু বলে না। তার গলা ভারী হয়ে এসেছে। নীনা মনে

মনে কুলকুলিয়ে হেসে ওঠে। আহারে বেচারি!

চার

স্যালি ইউনিয়ন স্টেশন থেকে একটা ট্যাক্সি নিয়ে সোজা নতুন বাড়ীতে চলে এলো। বাবা-মা সপ্তাহ দুই হল উঠেছে। সে পড়াশুনা নিয়ে অসম্ভব ব্যস্ত ছিল, বাড়ী আসবার সময় হয়নি। ট্যাক্সির ভাড়া মিটিয়ে দিয়ে বাইরে দাঁড়িয়ে সে দোতলা বাড়িটাকে আদ্যোপান্ত দেখল। মন্দ নয়। আহামরি কিছু নয় কিন্তু আগের বাড়িটার সাথে তুলনায় রাজপ্রাসাদ। মা বলেছিল বাসাটা প্রায় তিন হাজার স্কয়ার ফিটের। বাইরে থেকে দেখে আরোও বড় মনে হয়। ভেতরে ভেতরে একটু ভালোই লাগলো স্যালির। ছোটবেলায় এসব নিয়ে আদৌ মাথা ঘামাতো না ও, কিন্তু ইদানীং অবহেলা করতে পারে না। সহায় সম্পত্তির মূল্য আছে। অন্যেরা কম বেশী ভিন্ন নজরে দেখে, অন্তত তার সেরকমই ধারনা হয়েছে।

কলিং বেল বাজতে নীনা ছুটে এসে দরজা খুলে দিল। স্যালি আগে থেকে কিছু বলেনি, কখনই বলে না, ঝটপট চলে আসে, তারপরও নীনা শনিবার সকালে সবসময় ওর পথ চেয়ে বসে থাকে। বড় মেয়ে এবং বড় ছেলের সাথে ক্বচিৎ কদাচিৎ দেখা হয়। স্যালিই মাঝে মাঝে এসে দেখা দিয়ে যায়। সে কিছু দিন না এলেই নীনার মনে হয় তার সারা পৃথিবী যেন ধ্বসে পড়ছে।

স্যালিকে দেখেই তার মুখ হাসিতে দীপ্ত হয়ে উঠল। "এসেছিস? মন বলছিল আজ আসবি। একটা ফোন করতে পারিস না? ফোন করলে ধরিসও না।"

স্যালি শ্রাগ করল। "তোমাদেরকে একটু সারপ্রাইজ দিতে ভালো লাগে। নতুন বাসা খুব সুন্দর হয়েছে। এতদিনে একটা কাজের মত কাজ করেছ তোমরা।"

নীনা হাসল। "ঘুরে ঘুরে দেখ আগে। বাইরে থেকে দেখেই এতো প্রশংসায় পঞ্চমুখ হয়ে উঠিস না।"

"দেখব মা, দেখব।" স্যালি হাতের সুটকেস মেঝেতে নামিয়ে বলল,"আমারা কামরা কোনটা?"

"উপরে, ডানদিকে। সাথে লাগোয়া বাথরুম আছে।" নীনা হাত উচিয়ে দেখাল।

স্যালি বাক্স নিয়ে তরতর করে সিঁড়ি বেয়ে উপরে উঠে গেল। কামরা দেখে সে চেঁচিয়ে বলল, "মা, খুব পছন্দ হয়েছে রুমটা।"

নীনা বিড়বিড় করে বলল, "থাকবি তো না বেশী দিন। পড়াশুনা শেষ হলেই তো একটা কাজ জুটিয়ে কোথায় না কোথায় চলে যাবি।"

"মা, বাবা কোথায়?" স্যালি উপর থেকে চীৎকার করে জানতে চাইল।

"বোধহয় গেছে বাচ্চাদের সাথে খেলতে," নীনা মুচকি হেসে বলল। "ওর ফুটবল খেলার দোস্তরা সব গেছে। বেচারি তাদের কথা উঠলেও কাঁদো কাঁদো হয়ে ওঠে।

খুব মিস করছে ওদেরকে।"

স্যালি সিঁড়ি দিয়ে নীচে নেমে আসে। হাসতে হাসতে বলল, "বাবা কোন দিন বড় হবে না। রন আসছে নাকি?"

নীনার মুখটা একটু শক্ত হয়ে গেল। "ফোন দিয়ে দেখ। তাকেই জিজ্ঞেস কর। সে তো শেষ কবে ফোন করেছে মনেও করতে পারি না। ছোট থাকতে কি যে মায়া ছিল ওর। সবাই দুষ্টুমি করে বলত মেয়ে হতে হতে ছেলে হয়ে গেছে।"

স্যালি ঘুরে ঘুরে নীচতলাটা দেখছিল। সে বেসমেন্টের দিকে যেতে যেতে বলল, "আগে বাড়ীটা ভালো করে দেখি। পরে ফোন দেব ওকে।" সে বেসমেন্টের সিঁড়ি দিয়ে নীচে নেমে গেল। নীনা ছেলের কথা ভুলে গিয়ে রান্নায় মনোযোগ দেবার চেষ্টা করল।

মাইক বাসায় ফিরতে স্যালি তাকে বেশ বকাঝকা করল। অকারণে বাইরে গিয়ে ঘোরাঘুরি করবার কোন অর্থ আছে? তার উচিৎ বাসায় থেকে মাকে সঙ্গ দেয়া নয়ত রান্নাবান্না, বাসার কাজে হাত লাগানো। বাবাকে ঝাড়ি দেবার ব্যাপারটা সে বেশ ভালোই রপ্ত করেছে। ছেলেমেয়েদের সাথে মাইক বরাবরই খুব নমনীয়। স্যালি মনে করতে পারে না এতো বছরে সব মিলিয়ে ক'বার তাদেরকে বকা ঝকা করেছে তার বাবা। নীনাই বরং বরাবরই মেজাজি। পান থেকে চুন খসলেও তিরিক্ষি হয়ে ওঠে। টিন এজ বয়েসে মায়ের সাথে সারাক্ষণ লেগে থাকতো স্যালির। মাইক সবসময় ধৈর্যের অবতার। যত কিছুই হোক তার মেজাজ খারাপ খুব কমই হয়েছে।

মেয়ের রাগারাগিতে মাইক যেন খুশীই হল কারণ তার আকর্ণবিস্তৃত হাসি আর বন্ধই হচ্ছে না। স্যালি জানে সে এলে মা, বাবা দুজনাই অসম্ভব খুশি হয়। তার বড় বোন সাহারা নিজের সংসার নয়ে ব্যস্ত। আগে মাঝে মাঝে আসত, ইদানীং একেবারেই আর আসার সময় পায় না। বড় ভাই রন বহুদিন ধরেই একরকম লাপাত্তা। সুতরাং স্যালিকেই বেশী যাতায়াত করতে হয়। তার অবশ্য বাবা মায়ের সাথে সময় কাটাতে ভালোই লাগে। নীনা দোকানে দোকানে ঘুরতে পছন্দ করে। স্যালিও বোধহয় মায়ের কাছ থেকে অভ্যাসটা পেয়েছে। বাড়ীতে এলে সে এবং নীনা প্রায়ই বেরিয়ে পড়ে শপিং করতে। কেনা কাটার চেয়ে ঘোরাঘুরি, খাওয়া দাওয়া এসবই বেশী হয়।

দুপুরে একসাথে খেয়ে দেয়ে মাইক গেল একটা দিবানিদ্রা দিতে। এটা তার দীর্ঘদিনের অভ্যাস। খাবার পর একটু গড়িয়ে না নিলে তার নাকি পেটের ভাত হজম হয় না। অফিসেও তাকে বার কতক লাঞ্চের পর ঝিমুতে দেখা গেছে। সে জন্যে অনেকে তাকে স্লিপিং মাইক বলেও খেপিয়ে থাকে।

নীনা এবং স্যালি বের হল শপিং করতে। নতুন বাসায় এখনও অনেক কিছুই কেনা

হয়নি। বিশেষ করে খাট পালং, সোফা – কত কিছু দরকার। আগের বাসা থেকে আসবার সময় অনেক কিছুই ফেলে দিয়ে এসেছে নীনা। অনেক বছর ব্যবহার করেছে। আর কত? নতুন বাড়ীতে উঠে নতুন জিনিষ কেনাই ভালো। একটা নতুন করে জীবন শুরু করবার মত।

প্রথমে স্কারবরোতে কেনেডি রোডের উপর বেশ কিছু দোকান ঘুরে ঘুরে দেখল ওরা। অনেক দেশী মানুষেরা কাজ করে এখানে। তারা বাইরে দাঁড়িয়ে ক্রেতাদেরকে নিজ দোকানের দিকে টানবার চেষ্টা করছে। স্যালি ব্যাপারটাতে অনেক মজা পেলেও নীনার পছন্দ হল না। সে দোকানে গিয়ে এতো টানাটানি পছন্দ করে না। সে কেনেডিতে দু' চারটা দোকান দ্রুত দেখে চলে এলো লিয়নসে। বিশাল দোকান। ভেতরে ঢুকলে মনে হয় আরেক জগতে চলে এসেছে। ঘুরে ঘুরে আসবাবপত্র দেখতেও ভালো লাগে।

নীনার বিশাল বিছানা পছন্দ। ছোটবেলায় তার বাবা মায়ের বাড়ীতে সে রাজকীয় আসবাবপত্র দেখতে অভ্যস্ত ছিল। মাইক আবার বড় সড় জিনিষপত্র একেবারেই পছন্দ করে না। সুতরাং নীনাকে সবসময় একটু হাল্কা পাতলা জিনিষ কিনতে হয়। কিন্তু নতুন বাড়ীতে বিরাট মাস্টার বেডরুম দেখে তার খুব ইচ্ছা হয়েছে সে এবার একটা মনের মত খাট কিনবে – শুধু রাজকীয় হলে চলবে না, বিশালও হতে হবে। তাকে বেছে বেছে কিং সাইজের বিছানাগুলো দেখতে দেখে স্যালি একটু অবাক হল। "মা, তুমি সব কিং সাইজ বিছানা দেখছ কেন? তোমাদের দু'জনের জন্য একটু বড় হয়ে যাচ্ছে না?"

নীনা অম্লান বদনে বলল, "শুধু আমরা দু'জন কেন শোব? আমাদের সাথে আধা ডজন নাতিনাতনি থাকবে না!"

স্যালি দু'হাত তুলে সারেন্ডার করল। "আমার কাছ থেকে কিছু আশা কর না। বাচ্চা কাচ্চার মধ্যে আমি নেই। রনের তো এখন পর্যন্ত একটা গার্ল ফ্রেন্ডও নেই, আমি যত দূর জানি। তোমার একমাত্র ভরসা এখন সাহারা।"

ছেলের কথা উঠতে নীনার মনটা একটু খারাপ হল। সে একটা বিছানায় চিত হয়ে শুয়ে পড়ে তোষকটার দৃঢ়তা যাচাই করতে করতে বলল, "রনের জন্য আমার খুব চিন্তা হয়। কোন মেয়ের সাথে ওর ভালো সম্পর্ক হচ্ছে না কেন? বয়েস তো হচ্ছে। কবে বিয়ে টিয়ে করবে..."

স্যালি শ্রাগ করল। সেও মায়ের পাশে শুয়ে পড়ল চিত হয়ে। "জানি না, মা। ওকে আমি ঠিক বুঝি না। সাহারার সাথে তোমার কথা হয়েছে এর মধ্যে? ওর তো আর মাস খানেক আছে ডেলিভারির, তাই না? তোমার এখন বড় বাসা আছে। ওকে না হয় তোমার এখানে এনে কয়েক মাস রাখ।"

নীনা বলল, "আসতে চায় না। বেশ কয়েকবার বলেছি। তোর সাথে কথাবার্তা হয়?"

"ক্লাসের কাজ নিয়ে খুব ব্যস্ত ছিলাম। প্রায় মাস খানেক হল কথাবার্তা হয় না।"

“যতই ব্যস্ত থাকিস, সবসময় কথাবার্তা বলবি,” নীনা বলল। “ভাই বোনের মধ্যে ঘনিষ্ঠতা থাকাটা খুব দরকারি।”
“ওসব নিয়ে তুমি ভেবো না, মা। আমার আর সাহারার মধ্যে খুব ভালো সম্পর্ক। ঈশ, এই বিছানাটা এমন তুলতুলে আমার তো ঘুম এসে যাচ্ছে!”
নীনা খিল খিল করে হেসে উঠল। “তাড়াতাড়ি ওঠ। ওরা হয়তো ভাববে আমরা সত্যি সত্যিই ঘুমিয়ে পড়েছি।”
বিছানা থেকে নামতে গিয়ে হঠাৎ করেই যেন মাথাটা একটু ঘুরে উঠল নীনার। পায়ের উপর দাঁড়িয়ে হাঁটুতে যেন কোন জোর পেল না। ধপাস করে পড়ে গেল। স্যালি লাফ দিয়ে উঠে তাকে ধরবার চেষ্টা করল, পারল না। সে হাত ধরে তাকে দ্রুত তুলল। “মা, ঠিক আছো ত? পড়ে গেলে কেন?”
নীনার মনে হচ্ছে তার শরীরটা অবশ হয়ে গেছে। সে তবুও মনের জোর নিয়ে বলল, “আমি ঠিক আছি। হঠাৎ একটু মাথাটা ঘুরে গেল। বয়েস হচ্ছে তো। এমন খুঁটিনাটি ব্যাপার তো হতেই পারে।”
বেশ কয়েকজন দোকানের কর্মচারীরা দৌড়ে এসেছিল সাহায্য করতে। তাদের দিকে তাকিয়ে কৃতজ্ঞতা ভরে হাসল নীনা। “আমি ঠিক আছি। চিন্তার কিছু নেই।”
স্যালির শরীরে ভর দিয়ে দোকান থেকে বেরিয়ে এলো নীনা। গাড়িতে উঠতে উঠতে বলল, “ঐ বিছানাটা কিনতে হবে। খুব আরামের।”
স্যালি গাড়ীতে স্টার্ট দিতে দিতে বলল, “বিছানা পরে হবে। তোমার বাসায় ফিরে গিয়ে বিশ্রাম নেয়া দরকার।”
নীনা কোন উত্তর দেয় না, প্যাসেঞ্জার সিটে হেলান দিয়ে চোখ বুজে বসে থাকে। স্যালি বাসার পথ ধরে।

পাঁচ

ছোটবেলায় ডাক্তার-কবিরাজের কথা শুনলেও নীনার আতংক হত। যে কোন কারণেই হোক তার একটা ধারনা ছিল তাদের কাছে যাওয়ার মানেই হচ্ছে সমস্যা। তাকে ডাক্তারের কাছে নেবার কথা উঠলেও সে যে কোথায় লুকিয়ে পড়ত, কেউ তাকে খুঁজে পেত না। একমাত্র বাবা ঠিকই জানতো নীনাকে কোথায় গেলে পাওয়া যাবে। মফঃস্বল শহরে তাদের বিরাট ফলের বাগান ছিল। আম, জাম, কাঁঠাল, জামরুল আরও কত রকমের যে গাছ ছিল নীনার আর মনেও পড়ে না। সেখানেই নানান গোপন জায়গা ছিল নীনার। বাবার জীবন ছিল বাগানটা। তার সাথে ঘুরে ঘুরে বাগানের প্রতি কণা মাটিও যেন তার চেনা হয়ে গিয়েছিল। নীনা লুকিয়েছে শুনলেই বাবা জানতো সে বাগানের কোথাও ঘাপটি মেরে বসে আছে। লজেন্স,

বিসকুট জাতীয় খাবার দাবার দিয়ে তবে তাকে ডাক্তারের অফিসে নেয়া যেত। টিকা, ইনজেকশন দেবার ব্যাপারটা কখনই পছন্দ হয় নি নীনার। আজও ইনজেকশন দেবার কথা উঠলেই তার শরীর ছম ছম করতে শুরু করে। দাঁতের ব্যথা নিয়ে কতদিন কষ্ট পেয়েছে তারপরও ডেন্টিস্টের কাছে যায়নি। মুখের মধ্যে ইনজেকশন দেবে ভাবতেও তার লোম খাড়িয়ে যায়। মাইক তাকে জোর করে ধরে ধরে নিয়ে যায়। বাবা গত হয়েছে অনেক বছর হল। হঠাৎ এক বিকালে বাগানের মাঝখানে দাঁড়িয়ে বুক চেপে ধরে কাতরাতে কাতরাতে মাটিতে পড়ে গেল। আর ওঠে নি। তাকে যখন কবর দেয়া হয় তখন সারা শহরের মানুষ উপচে পড়েছিল। বাবার সাথে একটা বিশেষ ধরনের হৃদ্যতা ছিল নীনার। সাদা কাপড়ে মোড়া অজাগতীয় সেই নিথর অবয়বটার কথা মনে হলেও তার চোখ বেয়ে অশ্রু গড়িয়ে পড়ে। আজ এতো বছর পরেও। মৃত্যুর সাথে সেটাই নীনার প্রথম ঘনিষ্ঠ সাক্ষাৎ। মৃত্যুকে তার ভয় হয়। অসম্ভব ভয় হয়। গভীর কোন এক অন্ধকার শূন্যতায় সে একা ভেসে বেড়াচ্ছে – এই দৃশ্য মনে হতেই তার সমস্ত স্বত্বা যেন হিম হয়ে ওঠে। সেদিন দোকানে গিয়ে মাথা ঘুরে পড়ে যাবার পর দিন দুয়েক পেরিয়ে গেছে, নীনা ডাক্তারের কাছে যায়নি। স্যালি তাকে ইমারজেন্সীতে নেবার চেষ্টা করেছিল, নীনা যায়নি। কথা দিয়েছিল সে ফ্যামিলি ডাক্তারের কাছে যাবে। স্যালি ইউনিভার্সিটিতে ফিরে যাবার আগে বার বার করে বলে গেছে অবহেলা না করবার জন্য। তৃতীয় দিনে মাইক নিজেই ফোন করে একটা এপয়েন্টমেন্ট নিয়ে তার বন্ধু এলবার্টের কাছে ধরে নিয়ে গেল তাকে। এলবার্ট দীর্ঘক্ষণ ধরে তাকে আদ্যোপান্ত পরীক্ষা নিরীক্ষা করল। কাড়ি কাড়ি রক্ত নিলো। নীনার বুকের মধ্যে হাতুড়ীর বাড়ি পড়ছে। কিন্তু সে চেষ্টা করছে মুখে স্বাভাবিক থাকতে। পারছে না। গলা শুকিয়ে কাঠ হয়ে গেছে। মাইক পাশে বসে তার হাত ধরে আছে, সাহস দেবার চেষ্টা করছে, কিন্তু তাতে কোন লাভ হচ্ছে না। এলবার্ট তার কাঠ কাঠ চেহারা দেখে মুচকি হাসল।

"সব কিছু তো ভালই আছে। দুশ্চিন্তা করবার মত কিছু নেই। অনেক সময় অকারণেও এরকম হতে পারে। বেশী ভড়কে যেও না। কিচ্ছু হয় নি তোমার। তবে তারপরও আমি বেশ কিছু টেস্ট করতে দিয়েছি। সাবধানের মার নেই। তবে সত্যি বলতে কি, আমি ধরেই নিচ্ছি কিছু পাব না।"

নীনা শুকনো গলায় বলল, "মিথ্যে বল না, এ্যাল। আমার কিন্তু এরকম আগে কখন হয়নি।"

এ্যালকে কথা বলার সুযোগ দিল না মাইক। "আরে, ও কি তোমাকে কখন মিথ্যে কথা বলছে? নিজের দিকে তাকিয়ে দেখেছ কখন? একেবারে নিখুঁত! তোমার কোন সমস্যাই থাকতে পারে না।"

এ্যাল হাসল। "কিচ্ছু ভেবো না, নীনা। সব ঠিক আছে। এবার বল, নতুন বাড়ীতে কেমন লাগছে? হাউজ ওয়ার্মিং পার্টি কবে দিচ্ছ?"

"খুব শীঘ্রই দেব। কিন্তু তার আগে কিছু আসবাবপত্র কেনা দরকার," নীনা বলল।

"ছোটখাটো পার্টি দেব," মাইক যোগ করল। "বিশাল কিছু না।"

নীনা চোখ মটকাল। "কক্ষন না। আমি বিশাল করেই একটা পার্টি দেব। এ্যাল, তুমি আর ইনা কিন্তু অবশ্যই আসবে। মনে থাকে যেন।"

এলবার্ট হেসে ফেলল। "তোমার পার্টি মিস করবার তো প্রশ্নই ওঠে না। ইনা আবার তোমাকে খুব পছন্দ করে।"

এ্যালবার্টের অন্য রোগীরা অপেক্ষা করছিল। নীনাদেরকে উঠতে হল। মাইককে দেখে মনে হল তার আর আনন্দ ধরছে না। সেও সম্ভবত একটু দুশ্চিন্তায় ছিল। নীনাও মনে মনে একটা গভীর স্বস্তির নিঃশ্বাস ছাড়ে। বাবার আচমকা মৃত্যুর কথা মনে হলেই তার মৃত্যু ভয় হয়। বাবার প্রিয় গাছগুলো আজও আছে। মা বার্ধক্য জনিত কারণে পাঁচ বছর আগে মারা গেছে। বাগানের ভেতরে পারিবারিক গোরস্থানে বাবা মায়ের পাশাপাশি কবর দেয়া হয়েছিল। বেশ কিছুদিন যাওয়া হয়নি। একবার যেতে ইচ্ছে করছে। দেখা যাক, এই বছর যাওয়া যায় কিনা। যাবো বললেই তো যাওয়া যায় না।

ছয়

স্যালি পরের শুক্রবার রাতেই ক্লাস শেষ করে তড়িঘড়ি করে বাসায় চলে এলো। মায়ের শরীর ভাল কিন্তু তারপরও সে কাছে থাকলে মনে জোর পাবে। বাবার সাথে তার সম্পর্ক টক ঝাল মিষ্টি হলেও মায়ের সাথে তার অনেক মিল। নীনাও তার সঙ্গ পছন্দ করে।

নীনা মেয়ে আসবে জেনে তার পছন্দের খাবার দাবার রান্না করেছে। রোস্টেড চিকেন। বেকড পটেটো। খাবার দেখে মাইকও খুবই খুশী। ভাত, তরকারী তার বেশী পছন্দের নয় কিন্তু নীনা যেহেতু পছন্দ করে তাকেও অধিকাংশ সময়ে তাই খেতে হয়।

খাবার টেবিলে বসে যথারীতি বাবা মেয়ের রেষারেষি শুরু হয়। দোষটা মাইকেরই। সেই সবসময় আগে শুরু করে। তার সরস কণ্ঠ এবং টিপ্পনী মার্কা কথাবার্তা শুনলে যে কারোরই শরীর জ্বলবে।

"তো শাহজাদী, তোমার ব্যাচেলর ডিগ্রী কবে নাগাদ শেষ হতে পারে?" মাইক বাঁকা কণ্ঠে প্রশ্ন ছুড়ে দেয়।

নীনা কপাল কুঁচকে তাকায়। "খামাখা খাবার সময় ওর মেজাজ খারাপ করছ কেন?"

মাইক চোখ কপালে তুলল। "নিজের মেয়েকে পড়াশুনা নিয়ে একটা প্রশ্ন করতে

পারব না?"
স্যালি ধৈর্য ধরে বলল, "আর এক বছর বাকী আছে, বাবা।"
মাইক হাসি মুখে মাথা নাড়ে। "ও, আচ্ছা, আচ্ছা। যতদূর মনে পড়ে তুমি গত বছরও একই কথা বলেছিলে।"
স্যালি ভেংচিয়ে বলল, "সেই কথা তোমার এখনও মনে আছে? তুমি একটা আজব মানুষ, বাবা। একটু সমস্যা হয়েছিল, ঠিকঠাক হয়ে গেছে। এখন আমি ঠিক মত ক্লাস করি, পরীক্ষা দেই।"
মাইক গাল ভরা হাসি নিয়ে বলল, "বাহ বাহ, খুব চমৎকার। আমার কয়েক হাজার ডলার পানিতে ভেসে গেল, তাতে কি যায় আসে!"
নীনা ধমক দিল, "চুপ করবে তুমি?"
স্যালি গম্ভীর গলায় বলল, "ভেবো না বাবা, তোমার সব টাকা আমি শোধ করে দেব।"
মাইকও গাম্ভীর্য নিয়ে বলল, "পুরোটাই?"
স্যালি ক্ষেপে গিয়ে কিছু বলার আগেই ফোন বেজে উঠল। নীনা লাফিয়ে গিয়ে ফোন তুলল। কলার আইডি দেখে বলল, "সাহারা!"

নীনা ফোন কানে লাগিয়ে উচ্ছ্বসিত কণ্ঠে বলল, "সাহারা, কেমন আছিস রে?"
"আমি তো ভালোই আছি, মা," সাহারা বলল। "তুমি কেমন আছো তাই বল? বাবা বলল তুমি নাকি দোকানে অজ্ঞান হয়ে পড়ে গিয়েছিলে। কি হয়েছিল, মা?"
সাহারার কণ্ঠে উদ্বেগ। নীনা বলল, "ভাবিস না। কিচ্ছু হয়নি। সব ঠিকই আছে। তুই কেমন আছিস বল এবার। বাবু কেমন আছে?"
সাহারা এক মুহূর্ত নীরব থেকে বলল, "মা, আমি হাসপাতালে। কিছু একটা সমস্যা হয়েছে মন হচ্ছে। ডাক্তার আমাকে হাসপাতালে ভর্তি হতে বলেছে।"
নীনার মুখ ফ্যাকাসে হয়ে গেল। "কেন? কখন বলল? আমাকে এতক্ষণে জানাচ্ছিস কেন?"
"গত রাতেই বলেছে, মা। এগারোটার দিকে। শরীরটা ভালো লাগছিল না, সেজন্যে ইমারজেন্সীতে গিয়েছিলাম। তখনই ভর্তি হতে বলল। দুশ্চিন্তা কর না। আমি এখন ভালোই আছি। শেষ পর্যন্ত মনে হয় সি সেকশন হবে। বেন বলেছিল তোমাকে ফোন দেবে। দেয়নি? এতো ভুলো মন ওর।"
নীনা নাক সিটকালো। "ভুলো মন না ছাই! গাধার গাধা। তখনই বলেছিলাম এই ছাগলটাকে বিয়ে করিস না।"
সাহারা তাড়াতাড়ি তাকে থামিয়ে দিল। "থাক মা, খামাখা বেচারিকে নিয়ে পড় না এখন। তুমি আসতে পারবে? বুঝতে পারছি তোমার নিজের শরীরটাও ভালো না..."
নীনা প্রতিবাদ করল। "আমার শরীর মোটেই খারাপ না। তুই কিচ্ছু ভাবিস না। আমি আসছি। নিজের দিকে খেয়াল রাখিস।"

স্যালি আর চুপ করে থাকতে পারলো না। "কি হয়েছে, মা?"
মাইক বলল, "এর মধ্যেই বাচ্চা হয়ে গেল নাকি?"
নীনা মাইককে একটা কড়া চাহনী দিল। "ফালতু কথা বল কেন? এখনও বাচ্চা হবার সময় হয়েছে? তাড়াতাড়ি খাওয়া শেষ কর। ও হাসপাতালে।" নীনা আবার ফোনে ফিরে গেল। "সাহারা শোন, কোন চিন্তা করিস না। আমি তোর বাবাকে নিয়ে যত তাড়াতাড়ি পারি চলে আসছি।"
সাহারা বাধা দেবার চেষ্টা করল। "মা, এতো হুড়াহুড়ি করে আসতে হবে না..."
"আচ্ছা কি ভাবে আসতে হবে সেটা বোঝার ভার আমার উপর ছেড়ে দে। তোর বাবাটা আরেকটা অকর্মা। কতক্ষণে যে খাওয়া শেষ করবে? আমি কিছুক্ষণের মধ্যেই বেরিয়ে পড়ছি।"

সাহারা আবার তাকে বোঝানোর ব্যর্থ চেষ্টা করল। "মা, সত্যি বলছি, এতো ব্যস্ত হয়ে আসবার কোন দরকার নেই..."
নীনা সেই কথায় কান দিল না। নীরবে মাইককে খাওয়া শেষ করবার তাগিদ দিল।

এতো ছুটাছুটি করে তল্পি তল্পা গুটিয়ে রওনা দেবার মোটেই পক্ষপাতী ছিল না মাইক। কিন্তু নীনাকে কে বোঝাবে। মেয়ে হাসপাতালে, যখন তখন বাচ্চা হয়ে যেতে পারে। সে পারলে বাতাসে পাখা মেলে উড়াল দেয়। নিজে ড্রাইভ করতে পছন্দ না, করলেও কাছাকাছি যায়। দুরের পথে একেবারেই ড্রাইভ করতে সাহস পায় না। মাইক নীনাকে খেপাবার জন্য সবার কাছে নিজেকে নীনার ড্রাইভার বলে পরিচয় দেয়। নীনা পছন্দ করে না, বিরক্ত হয়, সে জন্যে মাইক আরোও বেশী করে বলে। নীনাকে মাঝে মাঝে খেপিয়ে সে মজা পায়।
রাস্তায় গাড়ী খুব একটা নেই কিন্তু মাইক বেশ ধীর গতিতে চলছে। সে জানে নীনা রেগে যাবে। বকাবকি করবে। ব্যাপারটা সে বেশ উপভোগ করে। গতি আরোও খানিকটা কমিয়ে সে ধীর গতির কয়েকটা যানবাহনকে তার পাশ কাটিয়ে চলে যাবার সুযোগ করে দিল। নীনা আর নিজেকে সামলাতে পারল না। "আরেকটু জোরে চালাতে কি পা খসে যাচ্ছে? গরুর গাড়ির মত কেন চালাচ্ছ? পৌছাতে বছর পেরিয়ে যাবে।"
মাইক গম্ভীর মুখে বলল, "স্পীড লিমিটের পুরো পাঁচ কিলোমিটার উপরে চলছি। এর চেয়ে জোরে চললে তো টিকিট খেয়ে যেতে পারি। বাকীরা সবাই বেশী জোরে চালাচ্ছে।"
নীনা অগ্নি দৃষ্টি দিয়ে তাকে ভস্ম করার চেষ্টা করল। "বাজে কথা বল না। আরেকটু জোরে চালাও। দাদীমারাও তোমাকে পার হয়ে চলে যাচ্ছে। দরকারের সময় যদি ওর পাশে না থাকতে পারি তাহলে গিয়ে কি লাভ? সেপ্টেম্বরে সময় দিয়েছিল অথচ এখন আগস্টেই হয়ে যাচ্ছে। আজকাল আর কিচ্ছু প্ল্যান মত হয় না। এর

মধ্যেই কিছু হয়ে গেল কিনা!"

মাইক মুচকি হাসল। "এত অস্থির হয়ো না তো। প্রায় চলেই এসেছি। আর ঘণ্টা দুয়েক।"

টরন্টো থেকে অটোয়া সাড়ে চার ঘণ্টার মত লাগে। একটু সবুর করে চালালে হয়ত পাঁচ। কিন্তু নীনার খুবই অস্থির লাগছে। সে মুখ বাকিয়ে বলল, "তুমি যে বেগে চালাচ্ছ, তাতে কতক্ষণ লাগবে বলা যাচ্ছে না।"

মাইক গতি বাড়িয়ে দিল। মায়ের মন। বেচারিকে আর উৎকণ্ঠায় ফেলার প্রয়োজন নেই। নীনা সতর্ক কণ্ঠে বলল, "আবার বেশী জোরে যেও না। তোমার তো আবার কোন কন্ট্রোল নেই। পুলিশ থামালে কিন্তু খুব রাগ করব। খামাখা সময় নষ্ট হবে।"

মাইক এবার হো হো করে হেসে উঠল। "আস্তে চালালেও দোষ, জোরে চালালেও দোষ। ভেবো না, টিকিট খাবো না। আচ্ছা একটা কথা জিজ্ঞেস করি তোমাকে। স্যালির কি কিছু হয়েছে নাকি? আমি তো ভেবেছিলাম আমাদের সাথে আসবে। কিন্তু সে ডর্মে চলে গেল কেন? আবার ড্রাগ নিচ্ছে নাতো?"

নীনা ঠাণ্ডা গলায় বলল, "তুমি অযথা চিন্তা করছ, মাইকি। অল্প বয়েসে একটা ভুল করেছিল, এখন ওসব বন্ধ করে পড়াশুনায় মন দিয়েছে। আমি ওকে বিশ্বাস করি। যাবার আগে আমাকে বলে গেছে ক'দিন পর আসবে। মঙ্গলবারে ওর একটা পরীক্ষা আছে। পড়তে হবে। নইলে আমাদের সাথেই আসত।"

"ভালো হয়ে গেলেই ভালো," মাইক বলল। "ভুল তো আর একটা করেনি।"

"খামাখা ওর পেছনে লেগ না তো," নীনা বলল। "বাইশ বছর বয়েস হয়েছে ওর। নিজের জীবন কিভাবে চালাতে হবে ও ভালো করেই জানে। আবার আস্তে চলছ কেন? আরেকটু জোরে। সাহারাকে একটা কল করি। দেখি কি করছে।"

"এখন হয়ত ঘুমাচ্ছে," মাইক বলল, "বরং বেন কে কর।"

নীনা মুখ ঝামটা দিল। "ঐ গাধার সাথে কথা বলে কি লাভ?" সে সাহারাকেই ফোন করল। "কিরে ঠিকঠাক আছিস তো? বাচ্চা ঠিক আছে?"

মাইক আপন মনে হাসে। মা মেয়ের কথায় আর বাগড়া দেয় না। তার অনেক স্মৃতি মনে পড়ে যায়। মনে হয় যেন ঐ সেদিন সাহারা হল। তার খুব নেওটা ছিল সাহারা। বাবা বলতে অজ্ঞান ছিল। দেখতে দেখতে বড় হয়ে গেল। এখন মা হতে চলেছে। দিন কত দ্রুত গড়িয়ে যায়!

সাত

অটোয়াতে পৌঁছে সরাসরি হাসপাতালে গিয়ে হাজির হল নীনা এবং মাইক। বেনকে সেখানেই পাওয়া গেল। বেনের বাবা-মা ছেলের সাথেই বাস করেন।

তারাও ছেলের সাথে এসে ওয়েটিং রুমে চুপচাপ বসে আছেন। বেনের বাবা র‍্যান্ডি ফিল্ডের বয়েস সত্তরের উপরে হবে। রোগা, কাবু শরীর, দেখলেই বোঝা যায় তিনি নিরীহ ধরনের মানুষ। তার স্ত্রী এবং বেনের মা রীতার বয়েস ষাট-বাষট্টির বেশী হবে না। রোগা এবং খিটখিটে। সবার সাথেই তার ঝুট ঝামেলা লেগে থাকে। নীনা তাকে বিন্দুমাত্র পছন্দ করে না। দেখা হলে একটার বেশী দু'টা কথা বলে না। নীনার মত মেয়ের সাথেও যে কারো এমন শুকনো সম্পর্ক থাকতে পারে না দেখলে মাইকের বিশ্বাস হত না। সবার সাথেই তার খাতির। শুধুমাত্র এই মহিলাকে দেখলেই তার মুখ শক্ত হয়ে যায়। ব্যাপারটা মনে মনে উপভোগই করে মাইক। তার নিজের রাজ্যের মানুষের সাথে ঝগড়া ঝাটি। নীনার যে কোন একজনের সাথে একটু মন কষাকষি আছে সেটা ভাবলেও মনে শান্তি লাগে।

বেন ওদেরকে দেখে তড়িঘড়ি করে এগিয়ে এলো। "বেশ তাড়াতাড়িই চলে এসেছ দেখি। পথে বোধহয় বেশী ট্রাফিক ছিল না।"

ছেলেটাকে মাইকের খুব পছন্দ। লম্বা চওড়া, কিন্তু ব্যবহারে একেবারে শান্ত, অমায়িক। খানিকটা ওর বাবার মত। মাইক আজ পর্যন্ত তাকে কখন রাগ করে কথা বলতে দেখেনি। নীনার তাকে অপছন্দ হবার কারণটা ঠিক পরিষ্কার নয় মাইকের কাছে। খুব সম্ভবত মায়ের দোষে ছেলে ভুক্তভোগী হচ্ছে।

নীনা একটু বিরক্ত কণ্ঠে বলল, "পুরো পাঁচ ঘণ্টা লেগেছে। তাড়াতাড়ি আসি নি। সাহারা কোথায়?"

"ও তো ভেতরে। আমরা অনেক ক্ষণ ধরে বসে আছি। এখনো ঢুকতে দিচ্ছে না।" বেন বলল।

"ঢুকতে দেবে না কেন?" নীনা মুখ ঝামটা দিয়ে উঠল। "ওর ডাক্তারের সাথে আলাপ হয়েছে তোমার?"

"হয়েছে," বেন বলল। "ঠিক করে কিছু বলতে পারে নি।"

"তা পারবে কেন?" নীনা বিড়বিড়িয়ে ওঠে। "সব অকর্মা! শরীরে একটা ফুসকুড়ি উঠলেও একশ' গন্ডা টেস্ট না করে কোন কথা বলবে না। ভালো ব্যবসা ফেদে বসেছে।"

র‍্যান্ডি হেসে উঠল। "নীনা, তুমি দেখি একটুও পাল্টাওনি।"

নীনা র‍্যান্ডিকে পছন্দ করে। সে ছোট্ট করে হাসল। "ভালো আছো, র‍্যান্ডী? তুমি মনে হয় আরেকটু রোগা হয়েছ?"

র‍্যান্ডি স্বভাবসুলভ মুচকি হাসল। "এক হাজার একটা অসুখ। এখনও যে বেঁচে আছি তাই তো কত!"

রীতা চাপা স্বরে ধমকে উঠল, "এতো কথা বলার কি দরকার? অসুখ বিসুখ সবারই আছে।"

নীনা নিস্পৃহ কণ্ঠে বলল, "ভালো আছো রীতা?"

রীতাও আবেগহীন কণ্ঠে বলল, "খারাপ থাকবো কেন?তুমি ভাল?"

"চলে যাচ্ছে," নীনা বিড়বিড়িয়ে বলে।
এর পর আর আলাপ খুব একটা জমে না। নীনা করিডোর ধরে হাঁটাহাঁটি করতে থাকে। সাহারাকে না দেখা পর্যন্ত তার শান্তি হচ্ছে না। না জানি গবেট ডাক্তারগুলো কি ছাই ভস্মের টেস্ট করছে ওর উপর। মাইক তাকে চেয়ারে বসানোর চেষ্টা করেছে কয়েকবার। ধমক খেয়ে চেপে গিয়ে নিজেই একটা চেয়ারে গ্যাট হয়ে বসে বেনের সাথে বিড় বিড় করে খুব আলাপ জমিয়ে দিয়েছে। বেন ছেলেটা সহজ সরল, বেশী ডাট ফাট নেই। একটা সহজ কথার জবাব সহজ করে দিতে জানে, দুনিয়া ঘুরিয়ে ফালতু প্যাচাল শুরু করে না। খেলাধুলা পছন্দ করে। সকারের চেয়ে আমেরিকান ফুটবলে তার আগ্রহ বেশী। এই খেলাটা মাইকের তত পছন্দের নয়। কিন্তু সব কিছুতেই মিল থাকতে হবে এমনতো কোন কথা নেই।
নীনা আড়চোখে তাদেরকে আলাপ করতে দেখে মনে মনে একটু খুশীই হল। শ্বশুর জামাইয়ের মধ্যে সম্পর্ক মধুর থাকা ভালো। বেন ছেলেটা সাধাসিধা, সে জন্যে সে মাঝে মাঝে তাকে একটু বকা ঝকা দেয় কিন্তু ভেতরে ভেতরে তাকে পছন্দই করে। আরেকটু চালাক চতুর হলে ভালো হত কিন্তু যারা আবার বেশী চালাক চতুর তাদের স্বভাবের দোষ থাকে। বেনের সে সব কিছু নেই। সাহারা বলতে সে অজ্ঞান। যদিও কাজ কর্ম কিছুই পারে না, সব সাহারাকেই করতে হয়। একটা লাইট বাল্ব পর্যন্ত পাল্টাতে দিলে তার নাকি চোখ উলটে ভিমড়ী খাবার জোগাড় হয়। যাক, মেয়েটা খুশী থাকলেই ভালো।
অস্থিরভাবে কিছুক্ষন পায়চারী করে ক্লান্ত হয়ে ওয়েটিং রুমে সবার সাথে এসে দাড়ালো সে। মাইক তার পাশে একটা চেয়ার দেখিয়ে বসার জন্য ইঙ্গিত করল। তার দিকে একটা বিরক্ত চাহনী ছুড়ে দিয়ে ধপাস করে বসেই পড়ল নীনা। কতক্ষন আর অনর্থক হাটাহাটি করা যায়। তার পা ধরে এসেছে।
"করছে কি ওরা?," সে তেতো গলায় স্বগতোক্তি করল। "তিন ঘন্টা আগে নিয়েছে মেয়েটাকে। সি সেকশন করলে এতক্ষনে করে ফেলেনি কেন? ফালতু ডাক্তার সব!"
মাইক মুচকি হাসল। "ঠান্ডা হয়ে বস না। সব ঠিক আছে। মাঝে মাঝে ডাক্তাররা অপেক্ষা করে। দেখতে চায় স্বাভাবিক ভাবেই বাচ্চা হয় কিনা। সি সেকশন তো ভালো না।"
নীনা চাপাস্বরে ঝাঝিয়ে উঠল, "থাক, আমাকে আর ডাক্তারী শেখাতে এসো না। আমার বংশে কতগুলো ডাক্তার আছে জান?"
মাইক হা হা করে হাসতে লাগল। নীনা এই কথা তাকে সুযোগ পেলেই শোনায়। তার নাকি চাচা, মামা, ভাইগ্না, ভাতিজা সবাই ডাক্তার। মাইক তাদের কাউকেই কখন দেখেনি, জীবনে কখন দেখা হবে কিনা সন্দেহ। তারা সকলেই ভারত এবং বাংলাদেশের নানা স্থানে বসবাস করেন।
নীনা ধমকে ওঠার আগেই রীতা তীক্ষ্ণ কণ্ঠে বল্ল, "এই হাসপাতালটা ভালো।

এখানে খুব বড় বড় ডাক্তাররা কাজ করে।”
বোঝা গেল তার একটু আঁতে লেগেছে। সাহারাকে খারাপ হাসপাতালে আনা হয়েছে কেউ এই ধরনের একটা ইঙ্গিত দেবে সেটা তার কাছে গ্রহণযোগ্য নয়।
র্যা ন্ডি খুব সম্ভবত আলাপের দিক ঘোরানোর জন্য দ্রুত মুখ খুল্ল, “সাহারার গাইনোকলজিস্টকে আমি ব্যাক্তিগতভাবে চিনি। ভদ্রমহিলা খুব উচু মানের চিকিৎসক। যেমন ভদ্র ব্যবহার তেমনি চেহারা। যা সুন্দর! একেবারে ছবির মত!”
রীতা বিরক্ত কণ্ঠে বল্ল, “হয়েছে, এত বক বক করতে হবে না। যাও, কোথাও থেকে একটু হেটে এস।”
নীনা ঠোট টিপে হেসে মাইকের কানে কানে বলল, “বেনের বাবা সম্বন্ধে অনেক রসালো কথা বার্তা শুনেছি। বিয়ের পরও নাকি অনেক মেয়ের সাথে তার সম্পর্ক ছিল।”
মাইকও শুনেছে। এই জাতীয় কথাবার্তা বলতে মানুষ পছন্দ করে। যা নয় তার দশগুন বাড়িয়ে বলে। সে চাপা স্বরে বলল, “থাক, এখানে এসব নিয়ে কথা বলবার দরকার নেই। ওরা শুনতে পাবে।”
“শুনলে শুনুক,” নীনা বলল। “যে ঠোট কাটা! সারাক্ষন অন্যের নামে বদনাম করছে।”
মাইক আড়চোখে তাকিয়ে দেখল রীতা রুষ্ট ভাবে তাদের দিকে তাকিয়ে আছে। সন্দেহ নেই সে আন্দাজ করে নিয়েছে তারা কি নিয়ে কথা বলছে। মাইক কেশে গলা পরিষ্কার করে বলল, “বসে বসে পায়ে ঝি ঝি ধরে যাচ্ছে। নীনা, চল আমরা একটু হেটে আসি। খুব তাড়াতাড়ি কিছু হবে বলে মনে হচ্ছে না।”
নীনার বোধহয় খুব একটা ইচ্ছা ছিল না কিন্তু মাইক তার হাত ধরে টানছে দেখে সে উঠল। কিন্তু খুব বেশীদুর যেতে পারলো না। হঠাৎ শরীরটা অসম্ভব দুর্বল মনে হল, বুকের মধ্যে কেমন যেন একটা জ্বালা করে উঠলো, মাথাটা কেমন টলে উঠল। সে পড়ে যাচ্ছিল, মাইক ঝট করে হাত বাড়িয়ে তাকে ধরে ফেল্ল। “নীনা! কি হল? নীনা?”
নীনা মাইকের শরীরে ভর দিয়ে নিজেকে সামলে নেবার চেষ্টা করল। তার পেট গোলাচ্ছে। খুব বিশ্রী অনুভূতি। কথা বলতে পারছে না। মাইক তার নাম ধরে ডাকছে। তার মনে হচ্ছে কেউ যেন অনেক দূরে দাঁড়িয়ে কথা বলছে। কতক্ষন গেছে ঠিক ঠাহর করতে পারে না নীনা কিন্তু ঝিমঝিমানিটা একটু কমে আসে। তাকিয়ে দেখল মাইক তাকে জড়িয়ে ধরে আছে। তার মুখ দেখে মনে হচ্ছে সে এখুনীই মুর্ছা যাবে। দুর্বলভাবে একটা হাত তুল্ল নীনা। “আমি ঠিক আছি। একটু বাথরুমে যাব। আমার সাথে এসো।”
মাইক তাকে কোলে তুলে নেবার উপক্রম করায় সে কনুই দিয়ে তাকে একটা দুর্বল গুতা দিল। “কি করছ? আমি হাটতে পারব। ধরে থাক আমাকে, তাতেই হবে।”
নীনাকে বাথরুমে ঢুকিয়ে দিয়ে বাইরে করিডোরে কাঁদ কাঁদ মুখে দাঁড়িয়ে থাকে মাইক। কি হচ্ছে নীনার?

আট

বেন দূর থেকে মাইককে অসম্ভব মন খারাপ করে দাড়িয়ে থাকতে দেখে হন্ত দন্ত হয়ে ছুটে এলো। "কি হয়েছে মাইক?"

মাইক থমথমে মুখে বলল, "নীনার শরীরটা কিছুদিন ধরেই খুব একটা ভালো যাচ্ছে না। এখন বমি করছে মনে হয়।"

"ডাক্তার দেখিয়েছ?" বেন গভীর উদ্বিগ্নতা নিয়ে বলে।

এই জন্যেই মাইক এই ছেলেটিকে এতো পছন্দ করে। তার মধ্যে কোন মেকীতা নেই। সকলের প্রতি তার একটা স্বাভাবিক ভালোবাসা আছে। সে মাথা নেড়ে জানাল, হ্যাঁ।

"নার্স ডাকব?" বেন কিছু একটা করতে উদগ্রীব।

মাথা নাড়ল মাইক। "লাগবে না। ঠিক হয়ে যাবে। সাহারার খবর কি? কিছু জানিয়েছে?"

মাথা দোলাল বেন। "ওকে অপারেশন থিয়েটারে নিয়ে গেছে। একটু আগে। আমি এক মুহুর্তের জন্য দেখা করতে পেরেছিলাম। নীনাকে দেখতে চেয়েছিল। আমি বলেছিলাম একটু অপেক্ষা করতে কিন্তু ডাক্তার রাজী হল না।"

"ভালো করেছে," মাইক বলল। "এই সব কাজে অযথা সময় নষ্ট করতে হয় না। নীনা খুব উত্তেজিত হয়ে আছে। আমাদের প্রথম নাতি-নাতনি। ক'দিন ধরে ছটফট করছে। ভালো করে নিজেও ঘুমায় না, আমাকেও ঘুমাতে দেয় না।"

বেন খুক খুক করে হাসল। "সাহারা তো মা বলতে অজ্ঞান।"

কয়েক মুহূর্ত চুপ করে থাকল দু'জনে। বাথরুম থেকে কোন শব্দ শোনা যাচ্ছে না আর।

মাইক দরজার সামনে মুখ নিয়ে গিয়ে বার দু'য়েক ডাকল,"নীনা! এই নীনা! ঠিক আছো তো?"

ভেতর থেকে ধমকে উঠল নীনা। "বেইজ্জতি কর নাতো। এভাবে ডাকাডাকি করছ কেন? আমি এখন ঠিক আছি। চুপ করে দাঁড়িয়ে থাক।"

মাইক একটু স্বস্তি বোধ করল। বেন তখনও দাঁড়িয়ে আছে। তার মুখ শুকনো। মাইকের চোখে চোখ পড়তে সে হাসার চেষ্টা করল। "সাহারার তো কোন সমস্যা হবে না, তাই না? এটা তো একটা সাধারণ প্রসিজার।"

মাইক ওর পিঠে আলতো করে চাপড় মারল, সাহস জোগানোর জন্য। "কিচ্ছু ভেবো না। আমাদের সাহারা হচ্ছে নিনজা গার্ল। ছোটবেলায় ওর বয়েসী ছেলেদেরকে ধরে ধরে পেটাত। তুমি নিশ্চিত মনে ওয়েটিং রুমে গিয়ে বসে থাক। আমরা আসছি।"

বেন আপন মনে মাথা নাড়ল। বোঝা গেল তার দুশ্চিন্তা গেল না। সে দোন মন করতে করতে ছোট ছোট পায়ে হেটে ওয়েটিং রুমের দিকে চলে গেল।

মাইক এবার একটু ভয়ে ভয়ে ডাকল, “নীনা!”
নীনা বেরিয়ে এলো। চোখে মুখে পানি দিয়েছে। অনেক সুস্থ লাগছে। মাইক কিছু জিজ্ঞেস করবার আগেই বলল, “আমি ঠিক আছি। সাহারার কথা কি যেন হচ্ছিল। বেন এসেছিল এখানে? ওর গলা শুনেছি মনে হল।”
“সাহারাকে অপারেশনে নিয়ে গেছে।” মাইক বলল।
“তাই! শেষ পর্যন্ত নিয়েছে! চল, আমরা ওয়েটিং রুমে গিয়ে বসে থাকি। কখন ডাক দেয়।” নীনা হন্ত দন্ত হয়ে ওয়েটিং রুমের দিকে হাঁটা দেয়। তাকে দেখে এখনো দুর্বল মনে হচ্ছে। মাইক পিছু নিলো।

সব শেষ হতে হতে ঘণ্টা দুয়েক লেগে গেল। সাহারার একটা মেয়ে হয়েছে। কোন ঝামেলা হল না। নীনা মেয়েকে জড়িয়ে ধরে হু হু করে কিছুক্ষণ কাঁদল। সুখের কান্না। তাদের প্রথম নাতনি। ঘর আলোকিত হল। এর চেয়ে আনন্দের আর কি থাকতে পারে একজন মানুষের জীবনে?
বাচ্চা দেখতে সবাই নার্সারিতে গিয়ে হাজির হল। কাঁচের ওপাশ থেকে পুটলির মত শিশুটাকে দেখে নীনা আরেক পশলা চোখের পানি ফেলল। আনন্দের অশ্রু।
“একেবারে পরীর মত সুন্দর!” কাঁচের ওপাশে দাঁড়িয়ে হাঁসফাঁস করতে থাকে নীনা। “কখন যে সোনামণিটাকে আমার কোলে নেব? ওকে আমার বুকে না জড়িয়ে ধরা পর্যন্ত আমি শান্তি পাচ্ছি না।”
মাইক হাসতে হাসতে বলল, “বাসায় গেলে তখন যত ইচ্ছা কোলে নিয়ে ঘুরে বেড়িও। তোমার নিজের শরীর কেমন লাগছে এখন?”
নীনা সতেজ গলায় বলল, “ঠিক আছি। গত রাতে মনে হয় ভালো ঘুম হয়নি।”
“হোটেলে ফিরে যাবে এখন? সাহারা কিংবা বাচ্চা - কাউকেই কালকের আগে ছাড়ছে না এরা। সুতরাং এখানে খামাখা দাঁড়িয়ে থেকে কোন লাভ নেই।”
নীনা কটাক্ষ করল। “আমি এখন কোথাও যাচ্ছি না। বেন কোথায় গেল? বেন! বেন!”
বেন কাছেই ছিল। ডাকাডাকি শুনে দ্রুত ছুটে এলো। “জ্বী!”
“মেয়ের নাম ঠিক করেছ?” নীনা জানতে চায়।
বেন মাথা চুলকাল অপরাধীর মত, যেন সে খুব একটা অন্যায় কিছু করে ফেলেছে। “নাম তো এখনও ঠিক করা হয়নি। এতো তাড়াতাড়ি বাচ্চা হয়ে যাবে সেটা তো ঠিক বুঝতে পারিনি...”
রীতা পাশ থেকে বিরক্ত গলায় বলল, “তাড়াতাড়ি আর কোথায়? মাত্র তো সপ্তাহ দুই আগে হল।”
বেন মাথা নাড়ল। “তা ঠিক। একটা কিছু রেখে দেব। চিন্তার কিছু নেই।”
নীনা উত্তেজিত কণ্ঠে বলল, “ফারাহ রাখলে কেমন হয়? ওকে দেখার সাথে সাথে কেন যেন এই নামটাই আমার মাথায় চলে এলো।”
রীতা বিরক্ত কণ্ঠে বলল, “ফারাহ! নাহ, আমার পছন্দ না।”

র‍্যান্ডি সাহস করে বলল, "আমার পছন্দ হয়েছে। তোমরা সবাই খেয়াল করেছ একটা জিনিষ? মেয়েটা কিন্তু একেবারে ওর দাদীদের মত সুন্দর হয়েছে।"
রীতা ঠোঁট বাকিয়ে হাসল। র‍্যান্ডি যে তাকে তেলাচ্ছে সেটা সে পরিষ্কার বুঝতে পেরেছে। সে মাথা নাড়িয়ে, ঠোঁট উল্টিয়ে বলল, "আমার মোটেই পছন্দ হচ্ছে না।"
সদ্যজাত শিশুটিকে হাসির মত মুখ করতে দেখে একেবারে মূর্ছা যাবার জোগাড় হল নীনার। "হাসছে! হাসছে! দেখেছ তোমরা? হাসির মতই তো মনে হল, তাই না?"
মাইক মাথা নেড়ে সায় দিল। "তোমার দিকে তাকিয়েই হাসল মনে হল।"
নীনা তার পিঠে একটা চাপড় দিল। "আমাকে ভেতরে ঢুকতে দেবে ওরা? মেয়েটাকে কোলে না নিতে পারলে শান্তি হচ্ছে না।"
বেন বলল, "মনে হয় না সপ্তাহ খানেকের আগে কোলে নেয়া যাবে। অনেক ছোট তো!"
রীতা বেনকে একটা বিরক্তি পূর্ণ চাহনি দিল। এতো ন্যাকামি তার সহ্য হয় না। ছেলেটা যেন কেমন হয়েছে। কোথায় পুরুষ মানুষের মত থাকবে তা না শাশুড়ির সামনে সারাক্ষণ হুজুর হুজুর করছে।

নয়

অনেক আগেই সকাল হয়েছে। মাইক হোটেলের বিছানায় অনেকক্ষণ বিছানায় গড়াগড়ি করল, বেশ সময় নিয়ে গোছল করল, নীচে গিয়ে নাস্তাও সেরে এলো একা একা। ওপরে এসে দেখল নীনা তখনও ঘুমাচ্ছে কিংবা ঝিম মেরে শুয়ে আছে। জানে বেচারির শরীরটা ভালো নয়। সে আর সাহস করে ডাকাডাকি করে নি। কিন্তু তার খুব ইচ্ছা হচ্ছে হাসপাতালে গিয়ে নাতনীর অপূর্ব সুন্দর মুখখানা আরেকবার দেখে আসে। কিন্তু একা যাবার প্রশ্ন ওঠে না, বিশেষ করে নীনার এইরকম অবস্থায়। কখন আবার খারাপ বোধ করে কে জানে?
বেলা সাড়ে দশটার দিকে ফোন দিল সাহারা। একবার বাজতেই লুফে নিলো মাইক। শব্দে নীনার ঘুমের ব্যাঘাত যেন না হয়। সাহারার কণ্ঠ শুনে একটু অবাকই হল। "কেমন আছিসরে মা? এতো সকালে ফোন করলি? বেবি ঠিক আছে তো?"
সাহারা উত্তেজিত কণ্ঠে বলল, "বাবা, আমাকে ওরা বাসায় পাঠিয়ে দিয়েছে। বেবি এখনও হাসপাতালে। কয়েক দিন থাকবে মনে হয়। তুমি মাকে নিয়ে বাসায় চলে এস।"
মাইক ফিসফিসয়ে বলল, "তোর মা এখনও ঘুমাচ্ছে মনে হয়। ঠিক বুঝতে পারছি

না।"

"মা ঠিক আছে তো?" সাহারার কণ্ঠে এবার উদ্বেগ।

"ঠিক আছে। তুই ভাবিস না। তবে কখন আসব বলতে পারছি না।"

"আমি চলে আসব বাবা?" সাহারার উদ্বেগ মনে হয় বাড়ল। মাইকের বুদ্ধি বিবেচনায় তার খুব একটা ভরসা নেই। দেখা যাবে তার মা আধ মরা হয়ে পড়ে আছে আর বুদ্ধুটা বুঝতেও পারে নি।

"না, না, তোকে আসতে হবে না," মাইক তাকে আশ্বস্ত করবার চেষ্টা করে। "তুই বাসায় বিশ্রাম কর। আমরা তোর মা ঘুম থেকে উঠলেই চলে আসব।"

"কথা দিচ্ছ তো?" সাহারা বলল।

"দিচ্ছিরে দিচ্ছি। চিন্তা করিস না। আমরা আসছি।"

ফোন রেখে দিয়ে বেশ সময় নিয়ে পোশাক আষাক পরে বাইরে যাবার জন্য প্রস্তুত হল মাইক। সে আশা করছিল নীনা নিজের থেকেই উঠবে। তেমন কোন লক্ষণ যখন দেখা গেল না তখন সে বাধ্য হয়ে তাকে ডাকাডাকি শুরু করল।

"নীনা! এই নীনা! দুপুর হয়ে গেল তো। উঠবে না? সাহারা বাসায় ফিরে গেছে। দুপুরে ওদের ওখানে আমদের লাঞ্চের দাওয়াত। ওঠ।"

বার কতক ডাকবার পর নীনা ধীরে ধীরে চোখ খুল্ল। "আমার খুব একটা ভালো লাগছে না, মাইকি। তুমি না হয় একাই যাও।"

মাইক অস্থির বোধ করল। "কেমন লাগছে? এখনও বমি বমি লাগছে? কোথাও ব্যথা হচ্ছে?"

নীনা ফিসফিসয়ে বলল, "কেমন যে লাগছে বলে বোঝাতে পারব না। রাতে খুব একটা ঘুম হয়নি। চারদিকে কেমন যেন অস্বস্তিকর ব্যথা ব্যথা ভাব। খান কতক ব্যথার ওষুধ খেয়েছি। কাজ হয়নি। কেমন ঘোরের মত লাগছে। ঘুমাতে পারছি না, উঠতে পারছি না। তুমি একেবারে রেডী হয়ে আছো? তুমি যাও। আমার একটু ভালো লাগলে একটা ট্যাক্সি নিয়ে চলে আসব।"

"তুমি পাগল হয়েছ?" মাইক বিরক্ত কণ্ঠে বলল। "তোমাকে একা ফেলে আমি কোথাও যাচ্ছি না। চুপ চাপ শুয়ে থাকো। আমি তোমার মাথায় হাত বুলিয়ে দিচ্ছি। ভালো লাগবে। কোন টেনশন কর না। রাতে কি একটুও ঘুমাতে পেরেছিলে?"

"নাহ," নীনা হতাশ কণ্ঠে বলল। "মনে হল যেন আধা ঘুম আধা জাগরণের মধ্যে আছি। আমার কিন্তু খুব একটা ভালো মনে হচ্ছে না, মাইকি। খুব খারাপ কিছু একটা হচ্ছে আমার শরীরের মধ্যে। আমার একদম ভালো মনে হচ্ছে না।"

"খামাখা এতো চিন্তা কর নাতো," মাইক একরকম ধমক দেয়। "সামান্য একটু বমি বমি লাগছে আর তুমি একেবারে দুনিয়ার চিন্তা ভাবনা শুরু করেছ। এইরকম যে কারোরই মাঝে মাঝে হতে পারে। এয়ারকন্ডিশনটা কি আরেকটু বাড়িয়ে দেব?"

"না। আমার গরম লাগছে না," নীনা চাপা স্বরে বলল। "তুমি একাই চলে যাও।আমরা কেউ না গেলে সাহারা মন খারাপ করবে।"

“আমি ওকে ফোন করে বলে দিচ্ছি। তোমার যখন ভালো লাগবে তখন আমরা দু’জন একসাথে যাবো।” মাইক গভীর স্নেহে নীনার চুলের রাশিতে হাত বোলায়। নীনা চোখ বুজে যেন সেই আনন্দটুকু সম্পূর্ণ উপভোগ করে।
“মাইকি, ফারাহ নামটা কি ভালো লাগে?” হঠাৎ জানতে চায় নীনা।
“ভালো লাগে মানে? ভীষণ ভালো লাগে। মনে আছে সাহারার নাম আমরা প্রথমে ফারাহ রাখবার কথা ভেবেছিলাম? কোন কারণে পরে সেটা পালটে সাহারা রেখেছিলাম।”
“রীতার একেবারেই পছন্দ হয় নি,” নীনা বলল। “মহিলা সব কিছু নিয়ে ঝামেলা করে, তাই না?”
“ওর কথা রাখো ত। বেন পছন্দ করেছে। সাহারাও পছন্দ করবে।”
“কিন্তু বেনের বাবা-মা পছন্দ না করলে কেমন দেখায়? হাজার হোক তাদের পুতনি।” নীনা দ্বিধান্বিত কণ্ঠে বলল।
“তাদের এই নাম পছন্দ না হলে তারা নিজেদের পছন্দ মত নাম রাখুক,” মাইক বলল। “ওকে আমরা ফারাহ বলেই ডাকব। এখন কি আগের চেয়ে ভালো লাগছে? উঠে হাত মুখ ধুয়ে নাস্তা কর, ভালো লাগবে।”
নীনা হাঁসফাঁস করতে করতে বিছানা ছাড়ল। “না উঠলে কি আর তুমি ছাড়বে? জামাই বাড়ী যাবে বলে একেবারে ফিটফাট হয়ে বসে আছ।”
মাইক নীনার সাথে সাথে বাথরুম পর্যন্ত এলো। “আমি ভেতরে আসবো?”
নীনা চোখ রাঙাল, “থাক, এতো খাতির করতে হবে না। আমার প্রাতঃকর্ম আমি একাই সারতে পারব। তুমি বরং রুম সার্ভিসের ব্যবস্থা কর। দু’টা বিসকুট আর এক কাপ চা চাই। চা খেলে হয়তো একটু ভালো লাগবে।”
মাইক নীনাকে বাথরুমে ঢুকিয়ে দিয়ে ফোন তুলল।

সাহারার বাসায় যখন পৌঁছল ওরা তখন দুপর প্রায় দুইটা। কিন্তু ওরা আসবে জেনে লাঞ্চের সময় পিছিয়ে দেয়া হয়েছিল। ডাইনিং রুমে টেবিল ঘিরে বসেছে ওরা ছয়জন – বেন, সাহারা, মাইক, নীনা আর বেনের বাবা, মা। রান্না বান্না যা করবার বেনই করেছে। গরুর গোস্তের রোস্ট, পাস্তা, সালাদ। বেনের যে রান্নায় এমন দক্ষতা আছে মাইকের জানা ছিল না। সাহারা বিছানায় শুয়ে বিশ্রাম করছিল। খাবার সময় ওদের সাথে এসে যোগ দিল। “মা, বাবা বলছিল তোমার নাকি শরীরটা খুব একটা ভালো লাগছে না ইদানীং। তুমি আমাকে তো কিছুই বলনি।”
নীনার এখন বেশ ভালো লাগছে। সে গোছল করে বেশ তরতাজা অনুভব করছে। মেয়ের কথায় মৃদু হাসল। “এসব কিচ্ছু না রে মা। তোর বাবাকে তো জানিস। সব কিছু বাড়িয়ে বাড়িয়ে বলে। ব্লাড ওয়ার্ক করানো হয়েছিল। রেগুলার চেক আপ। কিচ্ছু পায়নি। সব ঠিক ঠাক আছে। কিন্তু আমাকে নিয়ে খামাখা আলাপ

করবার কোন দরকার নেই। ফারাহ কখন বাসায় আসছে তাই বল।"
রীতা বিরক্ত কণ্ঠে বলল, "ওকে কি শেষ পর্যন্ত আমরা ফারাহ বলেই ডাকব?
আমার কিন্তু নামটা একেবারেই পছন্দ হয়নি।"

র্যান্ডি তরী সামলানোর জন্য দ্রুত বলল, "কেন, ফারাহ নামটা তো ভালোই।"
সাহারা নিজের শাশুড়িকে চেনে। কোন একটা ব্যাপার তার পছন্দ না হলে সে
কচলাতে কচলাতে সেটাকে একেবারে তেতো না করে ছাড়ে না। মানুষটা এমনিতে
খুব খারাপ না কিন্তু কিছু কিছু বিদঘুটে স্বভাব আছে। মানুষের মুখের উপর কট কট
করে কথা বলা তার মধ্যে একটি। অন্যের মনোবেদনা নিয়ে তার নিজের কোন
মাথা ব্যথা নেই। সাহারা পারতপক্ষে তাকে একরকম এড়িয়েই চলে। ঝুট ঝামেলা
তার ভালো লাগে না। বেন একেবারে তার বাবার মত, মাটির মানুষ। কোন কিছু
নিয়ে তার সাথে ঝগড়া বাধানো প্রায় অসম্ভব। চেষ্টা করে দেখেছে সাহারা। কাজ
হয়নি। খানিকটা মাইকের মত। হয়ত সেই জন্যেই ছেলেটাকে তার ভালো
লেগেছিল। সবাই বলে মেয়েরা নাকি তাদের বাবার মত ছেলেদেরকে পছন্দ করে।
হয়ত তার মধ্যে খানিকটা সত্য আছে। বাবার চেয়ে কে বেশী আহ্লাদ দেয় কোন
মেয়েকে? মাইক তো সাহারা ছাড়া কিছুই বুঝত না ওর বিয়ের আগে। কেমন করে
দিনগুলো কেটে গেছে, ভাবতেই পারে না সাহারা। এখন তার নিজের সংসার
হয়েছে, নিজের সন্তান হয়েছে। কখন ভেবেছিল? মনে হচ্ছে যেন কত দ্রুত সব
কিছু ঘটে যাচ্ছে!
"নাম একটা রাখলেই হল," সাহারা পরিস্থিতি আপাতত সামাল দেবার জন্য বলল।
সে জানে এই জাতীয় বক্তব্যের প্রত্যুত্তরে রীতা কি বলবে — নাম খুব গুরুত্বপূর্ণ
ব্যাপার একজন মানুষের জীবনে। যা তা একটা রাখলেই হবে কেন? তাকে কোন
কথা বলার সুযোগই দিল না সে। "ডাক্তার বলেছে ওকে দুই তিন দিনের মধ্যেই
ছেড়ে দেবে। আমি একটু আগেই ফোন করেছিলাম। ভালো আছে। খুব ঘুমাচ্ছে।"
বেন হঠাৎ উত্তেজিত হয়ে বলল, "এই সাহারা, স্যালি যে আসছে সেটা সবাইকে
বলেছ?"
নীনা খুশী হয়ে উঠল। "তাই? কখন আসছে?"
রীতা মুখ বাকিয়ে বলল, "ওটা একটা আজব মেয়ে! মনে হয় মাথার দোষ আছে
ওর।"

র্যান্ডি তর দ্রুত বলল, "আরে কি বলতে কি বলছ? দোষ না, বলতে চাইছ একটু
খামখেয়ালী। তা, ও আসছে কিসে? বাস, ট্রেন, প্লেন?"
"বাসে আসছে," সাহারা বলল। "রাতে এসে পৌঁছাবে। বেন গিয়ে স্টেশন থেকে
নিয়ে আসবে।"
"না, না, ওকে যেতে হবে না," নীনা আপত্তি করল। "মাইক যাবে। খামাখা

30

বেনকে কষ্ট দিবি কেন? বেন বরং তোর কাছাকাছি থাকুক। কখন কি লাগে? আমরা তো কোন কাজে আসবো না।"

"আমি ঠিক আছি মা," সাহারা বলল। "বেনই গিয়ে নিয়ে আসবেখন।"

মাইক বলল, "মামনি, আমিই যাবো খন। ও আমাকেও ফোন করেছিল। ওর জন্য আমাদের হোটেলে একটা রুম বুক করে রেখেছি আমি।"

সাহারা বিরক্ত হল। "হোটেলে থাকবে কেন ও? আমাদের বাসায় চার চারটা বেডরুম। তুমি আর মা যে হোটেলে উঠেছ সেটাও ঠিক করনি।"

রীতা গলা উচিয়ে বলল, "বাসার মধ্যে বেশী ভিড় ভাটটা আমার একদম ভালো লাগে না। শরীর খারাপ হয়ে যায়।"

র‍্যান্ডি তাড়াতাড়ি বলল, "নিজেদের মানুষদের কথা বলছে ও...ঘরের মানুষ তো ঘরেই থাকবে...নাকি গো?"

"আমার হোটেলে থাকতেই ভালো লাগে," নীনা সাহারাকে লক্ষ্য করে বলল। "বলতে পারিস এক ধরনের গোপন আসক্তি। কিন্তু স্যালির কথা জানি না। ও চাইলে তোদের সাথে থাকতে পারে।"

"আমি ওকে ফোন করে বলছি," সাহারা বলল। "আমি চাই ও আমার কাছে কাছে থাকুক। এমনিতেই এতো কম দেখা হয় আজকাল। বাবা, তুমি ওর রুমটা ক্যান্সেল করে দাও। বেন গিয়ে ওকে নিয়ে আসবে।"

রীতাকে দেখেই বোঝা গেল সে খুবই নাখোশ হয়েছে। সে বিড়বিড়িয়ে বলল, "আপদ!"

র‍্যান্ডি খুক খুক করে কেশে রীতার কণ্ঠ চাঁপা দেবার চেষ্টা করল। "এই চিকেনটা যে এত মজা হয়েছে, কি বলব! নীনা, তুমি খেয়েছ এটা? খেয়ে দেখ। মাইক, তুমিও একটু নাও।"

সে নিজেই তুলে দেবার চেষ্টা করছে দেখে মাইক দ্রুত হাত উচিয়ে তাকে থামাল। "আমি নিয়ে নিচ্ছি, র‍্যান্ডি। তুমি বাসত হয়ো না।"

সাহারা তক্ষুনিই স্যালিকে ফোন করল। "কি রে, কত দূরে তুই?"

মাইক পেছন থেকে বলল, "ওকে বল, আমি ওকে স্টেশন থেকে নিয়ে আসব।"

সাহারা তাকে চোখ মটকে শাসন করে ফোন নিয়ে পাশের রুমে চলে গেল। মাইক মুচকি হাসে। ছোট বেলা থেকেই তাকে মায়ের মত শাসন করে আসছে মেয়েটা। তার খুব ভালো লাগে। নিজের মা বহু আগেই গত হয়েছে। মেয়েটা যেন মায়ের রূপ নিয়ে এসেছে। তার চোখের কোনাটা বোধহয় একটু ভিজেও গেল। লজ্জাই লাগল। এতো আবেগপ্রবণ হয়ে যাচ্ছে বয়েস বাড়ার সাথে সাথে!

টেবিলে হঠাৎ করেই খুব নীরবতা নেমে এলো। রীতা মুখ অমাবস্যার মত করে বসে আছে। খাওয়ায় তার রুচি চলে গেছে। র‍্যান্ডি খুব মনোযোগ দিয়ে খাচ্ছে। অকারণে কিছু একটা বলে স্ত্রীকে আরোও তিক্ত করে তুলতে তার কোন আগ্রহ নেই। বেন বুদ্ধি করে গ্রিন টি নিয়ে এসে সবাইকে পরিবেশন করতে শুরু করল। নীনা মনে মনে ভাবল, ছেলেটাকে যতখানি গাধা ভেবেছিল তত গাধা নয়।

দশ

সাহারাকে বুঝিয়ে শেষ পর্যন্ত মাইকই স্টেশনে এলো স্যালিকে নেবার জন্য। বেন খুব জোর করছিল আসবার জন্য। যুক্তি তর্ক দিয়ে বোঝাতে হয়েছে। মাত্র বাসায় ফিরেছে সাহারা। কিছু যে হতে পারে না এমন কোন নিশ্চয়তা নেই। তাছাড়া স্যালির সাথে একটু কথাও আছে মাইকের। রীতা যে মেয়েটার প্রতি খুব একটা প্রসন্ন নয় সেটা আর বুঝতে কারো বাকী নেই। ঠিক কবে কি হয়েছিল মাইকের মনে পড়ে না কিন্তু স্যালি বরাবরই একটু বেপরোয়া এবং মুখ কাটা। অনেক সময়েই বিভিন্ন বিষয় নিয়ে যার তার সাথে তর্কা তর্কি শুরু করে দেয়। হয়ত রীতার সাথে তেমন কোন কিছু করেছে। উত্তেজিত হলে আবার তার মুখ দিয়ে নানা ধরনের কথা বার্তার তুবড়ি ছোটে। কেউ কেউ সেটাকে বেয়াদবি বলে ধরে নিতে পারে।

বাস স্টেশন টা প্রায় আধা ঘণ্টার পথ। গাড়ি নিয়ে একটু আগেই এসে হাজির হল মাইক। মেয়েটা রাতে একা একা এসে দাঁড়িয়ে থাকবে। সে ইচ্ছা করে বেশ খানিকটা সময় হাতে নিয়েই এসেছে। বাস অবশ্য সময় মতই পৌঁছল। স্যালি বাস থেকে নেমে বাবাকে দেখে এগিয়ে এলো। "তুমি এলে কেন বাবা? বেনকেই পাঠিয়ে দিতে। অকর্মাটার একটা কাজ হত।"

মাইক হেসে ফেলল। "এই, একদম বেনের পেছনে লাগবি না। বেচারা অনেক কষ্ট করছে। রান্না বান্না থেকে শুরু করে ঘর দুয়ার পরিষ্কার করা পর্যন্ত।"

স্যালি হাসল। "যেরকম মিনমিনা। খেপিয়ে মজা লাগে। মা'র শরীর কেমন?"

"ভালোই," মাইক বলে। গাড়ী কাছেই পার্ক করা ছিল। গাড়ীতে উঠে স্যালি বেল্ট না লাগানো পর্যন্ত অপেক্ষা করল মাইক। স্যালি একটা হতাশ ভঙ্গী করল। তার এতো সতর্কতা মেয়েটার পছন্দ নয়।

ব্যস্ত রাস্তা ধরে এগিয়ে চলে গাড়ী। স্যালি হাত পা ছড়িয়ে বসেছে। বাসে যাতায়াত করতে তার একদম ভালো লাগে না। বড্ড বেশী সময় লাগে। বসে থাকতে থাকতে শরীরটা যেন ধরে গেছে। মাইক ওর দিকে তাকিয়ে হাসল। "এসেছিস, খুব ভালো করেছিস। সাহারা যে কি খুশী! দেখলে বুঝবি।"

স্যালি শ্রাগ করল। "ও আমাকে রীতিমত জোর করে নিয়ে এসেছে। আমার খান দুয়েক টেস্ট আছে। একটু পড়তে হত। যাইহোক, ওকে আবার কিছু বল না। যেরকম স্পর্শকাতর। একটুতেই মন খারাপ হয়ে যায়।"

মাইক বলল, "জানি, জানি। ক'দিন থাকবি?"

"জানি না। হয়ত দিন দুয়েক। ফারাহ কেমন আছে?"

"ভালোই। নামটা দারুণ হয়েছে, না? তোর মা'র খুব পছন্দ। কিন্তু রীতার একেবারেই পছন্দ হয় নি। রীতাকে মনে আছে তো তোর? মহিলা দুনিয়ার সব কিছুতেই নাক সিটকায়।"

স্যালি মুখ বাঁকাল। "হ্যাঁ, মহিলাকে মনে আছে আমার। সাহারা আমাকে ওদের

বাসায় থাকতে বলছে। কিন্তু রীতার সাথে এক বাসায় থাকাটা উচিৎ হবে কিনা ভাবছি। যতবারই তার সাথে আমার দেখা হয়েছে, আমরা কিছু না কিছু একটা নিয়ে ঝগড়া করেছি।"

মাইক খুক খুক করে কাশল। "সে আর আগের মত নেই। অনেক ঠাণ্ডা হয়ে গেছে। বয়েস হচ্ছে তো। শোন, মাথা ঠাণ্ডা রাখবি। আমরা এখানে এসেছি ফারাহ-র জন্য। খামাখা ঝগড়া ঝাটির মধ্যে যাবি না।"

স্যালি আবার শ্রাগ করল। খানিকটা – দেখা যাবে – ধরনের। "মা'র কি হয়েছে?"

মাইক দুশ্চিন্তা ঢেকে বলল, "মনে হয় কিছুই হয় নি। কিন্তু ওর শরীর স্বাস্থ্য নিয়ে কিছু বলতে যাস না। মন খারাপ হয়ে যায়।"

"ব্লাড ওয়ার্কের রিপোর্ট এসেছে?" স্যালি জানতে চাইল।

"এখনও আসেনি। এলে এ্যাল আমাকে সাথে সাথে ফোন করবে। আমার অত চিন্তা হচ্ছে না। তোর মায়ের সামনে খুব পজিটিভ থাকবি, ঠিক আছে?"

স্যালি চোখ কুঁচকাল। "কেন, আমি কি তার মন খারাপ করে দেই নাকি?"

মাইক প্রমাদ গুনল। "সেটা আবার কখন বললাম?"

"সেই রকমই তো ভাব দেখালে। দেখ বাবা, একবার আত্মহত্যা করবার চেষ্টা করেছিলাম বলে এমন ভেবো না যে আমি খুব নেগেটিভ মানুষ। তখন ড্রাগ ফ্রাগের মধ্যে ছিলাম, কি করছিলাম বুঝতেও পারিনি। সেসব হয়েছে বেশ কয়েক বছর আগে। ওগুলো ভুলে যাবার চেষ্টা কর।"

মাইক কাঁচুমাচু মুখে বলল, "রাগ করিস না। এই জাতীয় ব্যাপার তো আর সবসময় হয় না। ভুলতে চাইলেও তো আর ভোলা যায় না। তাছাড়া খুব বেশি দিন হয়েছে তাও তো না। বোধ হয় চার পাঁচ বছর।"

স্যালি বাবার দিকে একটা ভয়াবহ অগ্নি দৃষ্টি হেনে জানালা খুলে মাথা বাইরে বের করে দিল। বাতাসে তার বাদামী বব ছাট চুল ঘুড়ির মত উড়ে যাবার চেষ্টা করছে। সন্দিহান দৃষ্টিতে মেয়েকে পরখ করে দ্রুত সব দরজাগুলো একটা বোতাম চেপে লক করে দিল মাইক। যান্ত্রিক শব্দটা শুনেই বিরক্ত চোখে তাকিয়ে চটাস করে ওর হাতে একটা থাপ্পড় দিল স্যালি। মাইক কিছু একটা বলতে যাচ্ছিল, হাত তুলে শাঁসাল স্যালি। মাইক চেপে গেল। এই মেয়েটাকে নিয়ে তার সব সময়েই খুব ভয়। পারতপক্ষে সে তাকে খুব একটা ঘাটাতে চায় না।

সাহারার বাড়ির সামনে গাড়ী থামিয়ে স্যালির দিকে তাকাল মাইক। "কি রে, থাকতে পারবি তো?"

স্যালি মাথা দোলাল। "পারবো, পারবো। একেবারে ধৈর্যের অবতার বনে যাব। তুমি ভেতরে আসবে না, বাবা?"

মাইক মাথা নাড়ল। "আমরা কাল সকালে আসবোখন।"

স্যালি গাড়ির পেছন থেকে ওর ব্যাগটা নামিয়ে দরজা পর্যন্ত হেটে গিয়ে বেল টিপল। প্রায় সাথে সাথেই বেন এসে দরজা খুল্ল। মাইক সংক্ষেপে হাত নেড়ে

গাড়ী চালিয়ে হোটেলের পথ ধরল। নীনা রুমে একা। এই সময়ে তার একা না থাকাটাই ভাল।

বেন স্যালিকে দেখে খুব হৈ চই করে উঠল। “সাহারা! দেখ কে এসেছে! তাড়াতাড়ি এস। তারপর, শ্যালিকা, কেমন চলছে জীবন?”

স্যালি ধমক দিল, “এই, শ্যালিকা বলবে না। নাম ধরে ডাকবে।”

সাহারা হুড়মুড় করে দৌড়ে এলো। “স্যালি! তুই সত্যিই এসেছিস? আমি তো বিশ্বাসই করতে পারছি না।”

সে বোনকে জাপটে ধরল। স্যালি জানে তার বড় বোন একটা আবেগের ডিপো। তার আবার অত আবেগ টাবেগ দেখানো পোষায় না। সে কোন রকমে কোলাকুলি পর্ব সেরে জানতে চাইল, “পিচ্চী কই?”

সাহারা বলল, “ও তো এখনও হাসপাতালে। বাবা বলেনি? একটু প্রি ম্যাচিউর।”

স্যালি বেনকে খ্যাপানোর জন্য বলল, “আশা করি এই অপোগণ্ডটার মত দেখতে হয়নি।”

বেন হাসল। “তা হবে কেন? সে তার খালার মত সুন্দরী হয়েছে। খুশী এবার?”

স্যালি ভ্যাংচাল। “থাক, এতো পটিয়ে কথা বলতে হবে না।”

সাহারা বলল, “এই, বাবা কি হোটেলে চলে গেল?”

“হ্যাঁ,” স্যালি বলল। “আমার খুব ক্লান্ত লাগছে। তাড়াতাড়ি শোবার ব্যবস্থা করতে পারবি?”

সাহারা চোখ গোল গোল করে তাকাল। “ঠাট্টা করছিস তুই? ব্যবস্থা করতে পারব মানে? পুরো একটা কামরা তোর জন্য গুছিয়ে রেখেছি। আয় আমার সাথে। কত দিন পর আবার তোর সাথে এক বাসায় থাকছি। অনেক গল্প করার আছে।”

বেন বলল, “হ্যাঁ, তোমার বোন কোথায় কার সাথে গিটঠু পাকাচ্ছে জানা দরকার।”

সাহারা ছদ্ম রাগ দেখাল। “ওর যা ইচ্ছা ও করুক। তোমার কি?”

স্যালি ভ্রু কুঁচকে বলল, “মেয়ের বাবা হয়ে মনে হচ্ছে বেন বাবাজীর মুখ খুলে গেছে।”

বেন স্বভাবসুলভ খিল খিল শব্দে হাসল। ছেলেমানুষি হাসি। স্যালি কিছু বলল না। বেন অনেক পুরুষের মত ডাঁট ফাট নিয়ে না চললেও সে মানুষ ভালো। সে তাকে পছন্দ করে। সাহারার সাথে একেবারে খাপে খাপে মিলেছে।

এগার

খাওয়া দাওয়ার পর তাড়াতাড়ি বিছানায় যাবে ভেবেছিল স্যালি, কিন্তু সেই আশায় গুড়ে বালি। সাহারা তার কামরায় বিছানার উপর গ্যাঁট হয়ে বসে বিরাট আলাপ জুড়ে দিয়েছে। বোনকে কাছে পেয়ে সে যে যারপরনাই আনন্দিত সেটা রাখ ঢাক করবার কোন রকম চেষ্টাই করছে না। “এই প্রথম তুই আমার বাড়ীতে এলি।

আমার যে কি খুশী লাগছে!"
স্যালি বাঁকা গলায় বলল, "তোমার এতো খুশী হবার কি আছে? আমি তো তোমার জন্য আসি নি। এসেছি রাজকন্যাটাকে দেখার জন্য। বাসায় আসবে কখন?হাসপাতালে গিয়ে দেখা যায়?"
সাহারা হাসিমুখে বলল, "যাবো খনে। ওরা মনে হয় ওকে আগামীকাল বাসায় পাঠিয়ে দেবে। এখনও অনেক ছোট। আমার ভয়ই করছে।"
"খামাখা চিন্তা করিস না। আমরা হলাম কঠিন মানুষ। তোর মেয়ের কোন সমস্যাই হবে না।" স্যালি ভরসা দিল।
সাহারা প্রসঙ্গ পালটে বলল, "এই, রনের কি হয়েছে বলত? কয়েক মাস হল ওর সাথে আমার কথা হয়নি। যোগাযোগ করবার চেষ্টা করেছি কিন্তু ওকে ফোনে পাওয়াই যায় না।"
স্যালি ঠোঁট বাঁকাল। "ওটা একেবারে গোল্লায় গেছে।"
"ও কি জানে ও যে মামা হয়েছে?"
"যদি ওর ইমেইল পড়ে থাকে তাহলে তো জানা উচিৎ," স্যালি বলল। "কিন্তু প্রশ্ন হল, এই জাতীয় ব্যাপারে তার আদৌ কোন আগ্রহ আছে কিনা। এমন ভাব করে যেন ওর জীবনটা একেবারে ব্যর্থ হয়ে গেছে। এখন সবার দৃষ্টির বাইরে গিয়ে লুকিয়ে থাকা ছাড়া ওর আর কোন উপায় নেই।"
সাহারা গম্ভীর কণ্ঠে বলল, "বেচারার হলিউডের স্বপ্ন আর বোধহয় বাস্তব হল না। কিন্তু তাতে এতো ভেঙ্গে পড়ার কি হল? এরকম তো কত মানুষ আছে। তাছাড়া ওর তো তেমন বয়েসও হয়নি। এখনও সফল হবার অনেক সুযোগ আছে।"
স্যালি ঘাড় নাড়ল। "ওর মাথার মধ্যে যে কি হচ্ছে আমার কোন ধারনাই নেই। মাস ছয়েক আগে কপাল গুণে তার সাথে আলাপ করবার দুর্লভ সৌভাগ্য আমার হয়েছিল। তখন আমাকে বলেছিল একটা চিত্রনাট্য বিক্রি হয়ে যেতে পারে। তারপর বেশ কয়েকবার যোগাযোগ করবার চেষ্টা করেছি, কিন্তু পাই নি। অসভ্য ভাই একটা! ওর কথা বাদ দে। বেনের কথা বল। কেমন বাবা হবে মনে হয় ও?"
সাহারা মুচকি হাসল। "মাঝে মাঝে যেমন আবেগপ্রবণ হয়ে ওঠে, দুই দুইটা বাচ্চাকে আমি একা কিভাবে সামলাবো ভেবে আমার চিন্তাই হয়।"
দুই বোন গলা মিলিয়ে হাসে। ভালো লাগে স্যালির। সাহারার বিয়ের আগে দুই বোনের অনেক খাতির ছিল। কত সময় দু'জনে রাজ্যের বিষয়বস্তু নিয়ে গল্প করে কাটিয়েছে। সাহারা আবেগপ্রবণ হলেও অনেক সহজ সরল। বড় বোন হিসাবে তার তুলনা হয় না।
স্যালি হাসতে হাসতে বলল, "ভালো কথা বলেছিস। বিয়ের অনুষ্ঠানে বেওকুফ টা কেমন ঝর ঝর করে কেঁদেছিল, মনে আছে? জীবনে কেউ শুনেছে ছেলেরা বিয়ের অনুষ্ঠানে কাঁদছে? এখনও ঐরকমই আছে নাকি?"
সাহারা খিল খিল করে হাসল। "আরও বেড়েছে। গলা উচিয়ে একটু ঝগড়া

করলেই এমন মন খারাপ হয়। তবে মনটা ভালো। একেবারে সোনা দিয়ে গড়া!" দরজার দিকে তাকিয়ে গলা নিচু করে ফিসফিসয়ে বলল, "তবে, একটা সত্যি কথা বলি তোকে, ওর মাকে আমি দু চক্ষে দেখতে পারি না। তার কথা বার্তা যদি তুই সব শুনিস! বিড় বিড় করে বলে সেই জন্য সবাই শুনতে পায় না, পেলে দু' কান চেপে ধরে দৌড় দেবে। তার কাছে হয় সবাই চোর, নয় বদমাশ, নয়ত রেপিস্ট। কাউকে বিশ্বাস করে না। বাইরের মানুষ কেউ এলে সারাক্ষণ চোখে চোখে রাখে। ভাবে এই বুঝি কিছু একটা চুরি করবে।"

স্যালি শ্রাগ করল, "এই জন্যেই মা তোর এখানে থাকতে চায় না।"

সাহারা মাথা দোলাল। "জানি। আচ্ছা, মা'র কি হয়েছে বলত? শুনলাম অনেক টেস্ট-ফেস্ট করেছে। কিছু শুনেছিস তুই?"

"রেগুলার ব্লাড টেস্ট। চিন্তার কিছু নেই। তবে মাঝে মাঝে একটু মাথা ঘুরে ওঠে মনে হয়। খুব সিরিয়াস কিছু বলে মনে হচ্ছে না।" স্যালি কথাগুলো বললেও মনে মনে তার কেন যেন একটা আশংকা হয়। সাহারাকে সেটা বলে সে ভয় পাইয়ে দিতে চায় না।

সাহারা গম্ভীর গলায় বলল, "তুই কি জানিস মা'র নিকট আত্মীয়দের মধ্যে বেশ কয়েকজন বড় বড় অসুখে মারা গেছে? দুই চাচা, এক খালা, এক চাচাতো ভাই...হয় হার্টের অসুখ, নয়ত ক্যানসার। আমার ভীষণ চিন্তা হচ্ছে মা'র জন্য।"

স্যালি শান্ত কণ্ঠে বলল, "মা'র সামনে যেন এসব কথা বলিস না। এমনিতেই অনেক ঘাবড়ে আছে। আচ্ছা, এখন ফারাহকে দেখতে যাওয়া যাবে? আমার আর সহ্য হচ্ছে না।"

সাহারা উঠল। "চলেন, স্যালি খালাম্মা! ক'দিনেই কেমন বড় বড় হয়ে গেছিস তুই। একেবারে খালাম্মা খালাম্মাই লাগছে তোকে।"

ভ্যাংচাল স্যালি। "লাগুক। বয়েস অত কম হয়নি আমার।"

"এবার কাউকে ধর তাহলে।" সাহারা হাসতে হাসতে বলল।

"তোর শুধু ফাজলামি কথা বার্তা। চল।" স্যালি বোনকে দরজার দিকে ঠেলল। "বেশি রাত হলে আবার হয়ত দেখতে দেবে না।"

দু'বোন গাড়ী নিয়ে বের হল। নার্সকে একটু কাতর গলায় বলতে সে ভ্রু কুঁচকে, মাথা নেড়ে খুব হতাশ ভঙ্গী করলেও দু'মিনিট সময় দিল। জানালার বাইরে দিয়ে দেখতে হল ছোট্ট শিশুটাকে। স্যালির চোখজোড়া কেমন যেন ভিজে উঠল। সে নিজেকে খুব শক্ত মেয়ে বলে জাহির করে বেড়ায়। কিন্তু এই রক্ত মাংসের ছোট্ট দলাটাকে দেখে কেন যে বুকের মধ্যে এমন আবেগের ঘনঘটা হল কে জানে। হয়ত মাতৃত্বের এইরকমই অনুভূতি হয়। নিজের বোনের বাচ্চা আর নিজ বাচ্চার মধ্যে কতটুকু পার্থক্য। তাকে চুপ করে থাকতে দেখে খোঁচা দেয় সাহারা। "এই, কিছু বলছিস না দেখি? একেবারে চুপ মেরে গেলি কেন?"

"আমার মতই সুন্দর হয়েছে," স্যালি আবেগ চেপে গাম্ভীর্য নিয়ে বলল।

তার পিঠে আলতো একটা কিল বসাল সাহারা। "তুই সুন্দর আর আমি বুঝি

কুৎসিত!"
হাসতে গিয়ে ঝর ঝর করে কেঁদে ফেলল স্যালি। সাহারা অবাক গলায় বলল, "আরে, তুই কাঁদছিস কেন?"
"খুব খুশী লাগছে, তাই," চোখ মুছতে মুছতে বলল স্যালি। "কাউকে বলিস না আবার। বিশেষ করে বেনকে তো একেবারেই না। আমাকে খেপাবে।"
বোনকে জড়িয়ে ধরে সাহারা। "ওকে প্রথম দেখে আমিও খুব কেঁদেছিলাম। সুখের কান্না। কি একটা অনুভূতি নারে!"
নার্স এসে নিঃশব্দে বেরিয়ে যাবার ইঙ্গিত করল। তাকে ধন্যবাদ জানিয়ে বাইরে বেরিয়ে টিম হর্টনে গেল দু'বোন। কফি আর ডোনাট নিয়ে জাঁকিয়ে বসল জানালার পাশের একটা টেবিলে। সাহারাদের বাড়ীর কাছের দোকান। সারা রাত খোলা থাকে। সাহারার বিয়ের আগে দু'বোনে প্রায়ই টিম হর্টনে গিয়ে আড্ডা দিত। এতদিন পর সেই সুযোগ পেয়ে হাতছাড়া করতে চাইল না ওরা। আবার কবে সুযোগ হবে কে জানে। মাত্র কয়েক ঘণ্টার ব্যবধানে থাকলেও দেখা সাক্ষাৎ ক্রমাগত কমে যাচ্ছে। ছোটবেলার সেই বাব-মা-ভাই-বোনের আনন্দময় জীবন কি আর কখন ফেরত পাওয়া যায়?

বার

পরদিন দুপুরের দিকে ফারাহকে নিয়ে যখন সাহারা এবং বেন বাসায় ফিরল তখন বিশাল একটা হৈ চৈ পড়ে গেল। শুধু আত্মীয়স্বজনেরা নয়, পাড়া প্রতিবেশীদের অনেকেই এসে হাজির হল ক্ষুদে মানুষটাকে দেখবার জন্য। তার শুষ্ক মুখ আর ছোটখাটো শরীর দেখে অনেকেই একটু উদ্বিগ্ন হল। বাচ্চা মাত্র সাড়ে ছয় পাউন্ড। একটু হাল্কাই। কিন্তু বাচ্চা সুস্থ। শরীরটা ভালো থাকলেই হল। ছোট বড় কোন ব্যাপার নয়। ক'দিন মায়ের দুধ খেয়ে ডাগর ডগর হয়ে উঠবে। শিশুদের দেখে সবচেয়ে আনন্দ হয় বোধহয় শিশুদের। ছোট ছেলেমেয়েদেরকে বাচ্চার সামনে থেকে নড়ানোই দায়।
ঘণ্টা দুই তিন পর ভিড় একটু কমল। বাসার ভেতরে বাবা, মা, বোন এবং শ্বশুর-শাশুড়িকে নিয়ে মাত্র জাঁকিয়ে বসেছিল সাহারা হঠাৎ দরজায় ক্রমাগত কলিং বেলের আওয়াজ শুনে সে একটু চমকে উঠল। ফারাহ তারস্বরে চীৎকার করে কান্না জুড়ে দিল।
সাহারা মুচকি হেসে বলল, "নির্ঘাত মিনা খালা। বেন, তাড়াতাড়ি দরজা খোল, নইলে হয়ত ভেঙ্গে টেঙ্গে ফেলবে। সকালে ফোন করে আমাকে বলেছিল খালুকে নিয়ে আসবে।"
নীনা আশ্চর্য হয়ে বলল, "কই, তুই তো আমাকে বলিস নি মিনা আসবে। ওদের না মিশরে থাকার কথা?"

সাহারা বলল, "মা, তারা তো মাস ছয়েক আগেই মিশর থেকে চলে এসেছে। খালুর পোস্টিং এখন নিউ ইয়র্কে।"
নীনা বেনের পিছু নিয়ে দরজার দিকে ছুটল। "পাগলীটাকে অনেক দিন দেখিনি।"
বেন দরজা খুলতে তাকে একরকম ধাক্কা দিয়ে সরিয়ে দিয়ে প্রায় দৌড়ে ভেতরে ঢুকল মিনা। তার বয়েস পঞ্চাশের মত, হ্যাংলা পাতলা, দেখায় তরুণীর মত। তার আচার ব্যবহারে এখনও ছেলেমানুষি। নীনাকে দেখে চিৎকার দিয়ে জড়িয়ে ধরল। "আপু, তুই এসেছিস। হোটেলে উঠেছিস কেন? মেয়ের এখানে থাকবি। আমার টুকলু মামনিটা কোথায়? কেমন দেখতে হয়েছে রে আপু? একেবারে তোর মত সুন্দর হয়েছে নিশ্চয়!" নীনাকে ফেলে সে সাহারার দিকে এগিয়ে গেল। "কোথায় রেখেছিস ফারাহকে তোরা? ক্রিবের মধ্যে? ও মাগো! এতো সাক্ষাৎ হুর পরী! কোলে নেই?" কারো অনুমতির অপেক্ষা না করে ফারাহকে দুই হাত বাড়ীয়ে জাপটে ধরে কোলে তুলে নেয় মিনা। "ঈশ রে, কি নরম! উম, বাচ্চাদের শরীরের এই গন্ধটা একেবারে পাগল করা, নারে আপু? তোর শরীরটা একটু খারাপ শুনলাম। মাইকি! মাইকি! মাইকি!এখনও দেখি আগের মতই সুদর্শন আছো!মোচ কেটে ফেলেছ কেন? ভালোই ত লাগত।"
বেন দরজা লাগিয়ে মিনার স্বামী জামানকে সঙ্গী করে ভেতরে ঢুকতে তাকে নিয়ে পড়ল মিনা। "এই ছোকরা, খুব তো বাবা হয়ে গেলে দেখি। এখনও নাক টিপলে দুধ বের হয়! মেয়েকে কিভাবে আদর যত্ন করতে হয় জান তো? ডায়পার তুমি পালটাবে। সাহারা নয় মাস কষ্ট করেছে, এবার ও একটু ফুর্তি করবে। বুঝেছ?"
বেন ফিক ফিক করে হাসল। জামান বলল, "মিনা, তুমি একটু মুখটা বন্ধ করলে অন্যেরা কথা বলার সুযোগ পায়।"
মিনা ভ্রু কুঁচকে ধমক দিল, "চুপ! এটা আমার নাতনী ফারাহ মনির বাসা। তুমি এখানে তৃতীয় শ্রেণীর গেস্ট। বুঝে শুনে কথা বলবে।"
রীতা মুখ কুঁচকে বলল, "শেষ পর্যন্ত ঐ বাজে নামটাই থেকে গেল? আমাদের ফ্যামিলিতে আমরা মেয়েদের নাম কখন ফারাহ-টারাহ রাখি না। বেশি সাধারণ।"

এবার রীতার দিকে নজর গেল মিনার। "আরে রীতা যে? কেমন আছ? লেডিস ম্যান র‍্যান্ডি! ভালো আছ?"
রীতা স্বামীর দিকে কঠিন দৃষ্টি হেনে বলল, "তোমার বেশী কথা বার্তা না বলাই ভালো, র‍্যান্ডি।"
সাহারা শাশুড়ির দিক থেকে সবার মনোযোগ ফেরানোর জন্য বলল, "মিনা খালা, থামো থামো। শ্বাস নাও। দেখা যাবে কথা বলতে বলতে দম বন্ধ হয়ে চিৎপটাং হয়ে গেছ।"
মিনা খিল খিল করে হেসে উঠল। "নিচ্ছিরে নিচ্ছি। এতো খুশী লাগছে যে কি করব আর কি বলব বুঝতে পারছি না। এই জামান, তুমি কিছু বলছ না কেন?"
জামান নিরীহ মুখে বলল, "তৃতীয় শ্রেণীর বাসিন্দা। আমি বরং শুনেই যাই, তুমিই

বলতে থাক মহারাণী!"
সবাই হেসে উঠল। অনেক দিন পর তাদের এই এক সাথে হওয়া। অনেক কথা জমা হয়ে আছে।

রাতে খাবার টেবিলে সবাই একসাথে খেতে বসে স্মৃতি রোমন্থন করে মিনা। "বিশ্বাসই হয় না সেদিনের সেই ছোট্ট সাহারা এক বাচ্চার মা হয়ে গেছে! আপু তোর মনে আছে ছোটবেলায় কেমন ছিঁচকাঁদুনে ছিল ও? যেকোনো কিছু একটা হল, সাহারার দু' চোখ ছাপিয়ে বানের জলের মত পানির ঢল নামল। আমরা ওকে বলতাম 'সাগরিকা'।"
মিনা হি হি করে হেসে উঠল। নীনাও তার সাথে গলা মেলাল। "ভুলে যাস না, ছোটবেলায় তুইও ঠিক ওর মতই ছিলি।"
জামান গাম্ভীর্য বজায় রেখে খোঁচা দিল, "বড় পা, সে আজও তেমনিই আছে।"
মিনাকে অগ্নি দৃষ্টি হেনে তাকাতে দেখে সে দ্রুত বিষয়বস্তু পালটে ফেলল। "আচ্ছা, রন কোথায়? আল্লাই মালুম ওকে শেষ কবে দেখেছি। করছে কি এখন ছেলেটা? কোন মেয়ে বন্ধু টন্ধু বাগাতে পেরেছে?"
মিনা ধমক দিল, "এই, ওর মেয়েবন্ধু নিয়ে তোমার এতো আহ্লাদ কেন?"
সবাই হেসে উঠতে জামান শ্রাগ করল। "আরে, ভালো মন্দ জানতে চাচ্ছি। তাছাড়া ভাইগ্না-ভাগ্নিদের জীবনে কি হচ্ছে না হচ্ছে জানাটা কর্তব্য না?"
নীনা বলল, "আছে ভালই মনে হয়। হলিউডের দিকেই আছে এখনও। মুভি-টুভি নিয়েই পড়ে আছে, যদি কিছু হয়।"
ফারাহ তারস্বরে কাঁদছে। সাহারা এবং নীনা দু'জনাই একসাথে ছুটল। সাহারাই আগে পৌঁছল। মেয়েকে কোলে নিয়ে কিছুক্ষণ দোলা দুলি করেও যখন থামাতে পারলো না তখন মায়ের কোলে সপে দিল। নীনার কোলে গিয়েই মুহূর্তের মধ্যে নীরব হয়ে গেল ফারাহ। সাহারা ছদ্ম রাগ দেখিয়ে বলল, "কেমন ফাজিল মেয়ে! নানীর কোল চিনেছে। আমি এতো কিছু করলাম, ভ্যা ভ্যা করে কাঁদল।"
মিনা বলল, "মন খারাপ করিস না। আপু সারা জীবনই বাচ্চা রাখতে ওস্তাদ। কি যে যাদু জানে। ওর কোলে গেলে যে কোন বাচ্চার কান্না থেমে যায়। আর আমি হচ্ছি তোর মত। আমাকে দেখলে ঠাণ্ডা বাচ্চাও কান্না শুরু করে।"
এতো হৈ চৈ আর হাসা হাসিতে রীতার মোটেই ভালো লাগছিল না। সে শান্ত, সমাহিত পরিবেশ পছন্দ করে। এক পর্যায়ে আর নিজেকে সংযত রাখতে পারল না। বিড়বিড়িয়ে বলল, "আল্লাহ, কি যন্ত্রণায় যে ফেললে! এই রকম হৈ হল্লা কতক্ষণ চলবে কে জানে? আমি বরং আমার কামরায় ফিরে যাই। কতক্ষণ আর এই গোলমাল ভালো লাগে মানুষের? র‍্যান্ডি, তুমিও এসো আমার সাথে।"
র‍্যান্ডির বোধহয় যাবার কোন ইচ্ছা ছিল না। সে সবার সাথে বসে হাসি ঠাট্টা করতে পছন্দ করে। কিন্তু বউকে ক্ষেপাতে সাহস হোল না। একটু দ্বিধা করে পত্নীর পিছু নিলো সে। নীনা ফারাহকে কোলে নিয়ে তাদের পাশ কাটিয়ে আবার ডাইনিং রুমে

এসে ঢুকল। তার কোলে ফারাহ শান্তিতে নিদ্রা যাচ্ছে।
মিনা হঠাৎ বলল, "এই আপু, তোকে কি বলেছিলাম আমরা যে ইউরোপে বেড়াতে যাচ্ছি? তোরা দু'জন আমাদের সাথে চলে আয় না। খুব মজা হবে। মাইকি? কি বল তুমি? কোথাও বেড়াতে গেলে মনটা অনেক ভালো হয়ে যায়, শরীরটাও সতেজ হয়, রোগ বালাই দূর হয়।"
নীনা মাইকের দিকে তাকাল। ইউরোপে তাদেরও তেমনিভাবে কখন বেড়াতে যাওয়া হয় নি। গেলে মন্দ হত না। বিশেষ করে মিনা আর জামানের সাথে গেলে যে অনেক মজা হবে তাতে সন্দেহের কোন অবকাশ নেই।

মাইককে খুব একটা উত্তেজিত মনে হল না। "পরে কখন। এই মুহূর্তে না।"
জামান বলল, "কেন ব্রাদার? এখনই বা কি সমস্যা? আমরা প্রথমে যাচ্ছি প্যারিস। প্রেমের শহর। তোমাদের দু'জনের প্রেম ভালোবাসা নতুন জীবন পাবে।"
মাইক মাথা দোলাল। "এই সব শহর টহর অনেক হল। গেলে ক্যারিবিয়ানের কোন রিসোর্টে যাওয়া যেতে পারে। অথবা আমাজনের কোথাও। আমরা দু'জনাই আবার গাছ পালা, জঙ্গল পছন্দ করি।"
মিনা ধমক দিল, "ধ্যাত, তোমার এই সব জংলী ব্যাপার স্যাপার ভুলে যাও তো। প্যারিস চল। তোমাদের দরকার সভ্যতার ঝলকানি। আপু, এবার ফারাহকে কোলে নেবার পালা আমার। জলদি দাও। এসো লক্ষ্মী সোনা!"
তার কোলে যাবার সাথে সাথেই ঘুম থেকে উঠে গিয়ে আকাশ বাতাস কাপিয়ে চীৎকার করে কান্না জুড়ে দিল ফারাহ। সবাই একযোগে হেসে ওঠে। মিনা সুর করে ঘুম পাড়ানী গান ধরে, যদি তাতে কোন কাজ হয়। হল না। ফারাহর কান্নার জোর বাড়ল। নীনা বলল, "থাক থাক, তুই আমাকে দে। বেচারি কাঁদতে কাঁদতে শেষে অসুস্থ হয়ে পড়বে।"
মিনা কাতর কণ্ঠে বলল, "দাঁড়া না, আরেকটু রাখি। তোর কাছে ঠাণ্ডা থাকলে আমার কাছে কেন থাকবে না? আমি তো একেবারে হাড্ডিসার না। চুপ কর সোনামণি।"
ফারাহ এবার হাত পা ছোড়াছুড়ি শুরু করল। আরেক পশলা হাসির হল্লা উঠল। রীতা ধাম করে তার ঘরের দরজা লাগিয়ে দিল। কেউ সেটা নিয়ে খুব একটা মাথা ঘামাল না। নীনা একরকম জোর করেই বোনের কাছ থেকে ফারাহকে উদ্ধার করল। ফারাহ মুহূর্তের মধ্যেই চুপ করে গেল। মিনা হতাশ কণ্ঠে বলল, "আচ্ছা, আমার কাছে এলে বাচ্চারা এমন করে কেন? আমি তো ওদেরকে যত্ন করেই নেই।"
জামান গম্ভীর কণ্ঠে বলল, "যে পরিমাণ পারফিউম ঢাল গায়ে, বেচারিদের বোধহয় দম বন্ধ হয়ে যায়। কাঁদবে নাতো কি খিল খিল করে হাসবে?"
মিনা জামানের চুল টানল। "একদম বাজে কথা বলবে না। এই একটু খানি দিয়েছি মাত্র। আচ্ছা আপু, আমার শরীর থেকে কি বেশী পারফিউমের গন্ধ

বেরুচ্ছে? বানিয়ে বানিয়ে কথা বলে শুধু।”
নীনা হাসল। “তোর ওসব দিকে সবসময়েই একটু বেশী মনোযোগ ছিল।”
জামান নিরীহ ভঙ্গীতে বলল, “বড়পা, এখনও আছে।”
মিনা ছদ্ম কোপে হাত তুলতে জামান হাসতে হাসতে ক্ষান্ত দিল। “সবার সামনে আমাকে মারধোরই করবে? খুব বেইজ্জতি হচ্ছে কিন্তু।”
সবাই হাসল। খুব ভালো লাগল নীনার। মিনা যেমন উড়ু উড়ু ছিল, সবার খুব চিন্তা হত ওকে নিয়ে। টাঙ্কিবাজ মেয়েরা নাকি সবচেয়ে পচা ছেলেগুলোকে ধরে, মিনার বেলায় তা হয়নি। জামান যেমন ভদ্র তেমনি রসিক। সবাই তাকে পছন্দ করে। ফারাহ বেশী শব্দে বোধহয় অস্বস্তি বোধ করছিল। নীনা তাকে নিয়ে একটু সরে এলো। কি মায়াময় মুখখানা! বড় বড় চোখে তার দিকে তাকিয়ে কি যেন দেখছে। নীনার দু'চোখ ভরে পানি এলো। মানুষের জীবনের এই ছোট ছোট ভালো লাগাগুলোই বোধহয় সবচেয়ে আনন্দময় অনুভূতি।

ক'টা দিন যেন ঝট করেই চলে গেল। মিনা দু'দিন পরেই ফিরে গেছে। জামানের কাজকর্ম আছে। স্যালিও ফিরে গেছে। পরীক্ষা আছে। পড়াশুনা করতে হবে। এক সকালে মাইক এবং নীনাও ফিরতি পথ ধরল। নীনার কিছুতেই যেতে মন চাইছিল না। ফারাহকে অনেক ক্ষণ জড়িয়ে ধরে ছিল গাড়িতে উঠবার আগে। উফ, ওর শরীরের এই গন্ধ যে এতো ভালো লাগে।এই অনুভূতি বোঝানোর মত নয়।
গাড়িতে উঠে অবধি সে মাইকের সাথে কোন কথা বলেনি। সে যে রেগে আছে সেটা বুঝতে বেশি অসুবিধা হবার কথা নয়। মাইক বেশ কিছুক্ষণ ধরে আলাপ জমানোর চেষ্টা চালিয়ে সম্পূর্ণ ব্যর্থ হয়েছে। কোন বিষয়েই কথা বলতে নীনার বিন্দুমাত্র আগ্রহ নেই। আবহাওয়া, রাজনীতি, সংস্কৃতি। শেষ পর্যন্ত আসল কথাই পাড়ল মাইক। “বুঝেছি, আমার উপর ভয়াবহ রেগে আছো।”
নীনা এতক্ষণে মুখ খুল্ল, “সাহারা আমাকে এত করে থাকতে বলছিল, থাকতে দিলে না কেন? তুমি তো কখন এইরকম কর না। বারবার বলতেই থাকলে – যেতে হবে, যেতে হবে। ঘটনাটা কি?”
মাইক বলল, “তুমি রীতার কথা ভুলে যাচ্ছ। তার এতো মানুষজন পছন্দ নয়।”
নীনা ঠোঁট ওলটাল। “রীতাকে নিয়ে আমার কোন সমস্যা নেই। আগামী মাসেই আবার আসছি আমি। তুমি যদি আমাকে না নিয়ে আসো তাহলে আমি বাসে কিংবা ট্রেনে করে চলে আসব।”
মাইক হাসি মুখে বলল, “নো চিন্তা। আগামী মাসে আমরা আবার আসব। কথা দিচ্ছি।”
“বুঝলাম”, নীনা বলল, “কিন্তু এমন তড়িঘড়ি করে ফিরে যাবার কারণটা কি? তুমি আমাকে কিছু একটা বলছ না।”
“আমাকে তো কাজে ফিরেতে হবে, নাকি?” মাইক বলল।

নীনা জানে এটা একটা ফালতু অজুহাত। ক'দিন ছুটি নেয়াটা মাইকের জন্য কোন সমস্যাই না। সে একটু চিন্তা করে বলল, "আমার টেস্ট রিপোর্ট ফিরে এসেছে, তাই না? মিথ্যে বল না।"

মাথা দোলাল মাইক। "এসেছে।কিন্তু চিন্তার কিছু নেই। সব ঠিক আছে।"

"ডাক্তার কি বলেছে?" নীনা জানতে চাইল।

"তেমন কিছুই না। জানোইতো তারা আবার ফোনে সব কিছু বলতে চায় না," মাইক হাল্কা গলায় বলল।

নীনার গলা বুজে এলো। "কিছু একটা খারাপ পেয়েছে ওরা তাই না? কি পেয়েছে, বল। বল আমাকে।" নীনা নিঃশব্দে কাঁদতে শুরু করে।

মাইক বিচলিত কণ্ঠে বলল, "আরে, আরে, তুমি এত ভেঙ্গে পড়ছ কেন? তেমন কিছুই হয় নি। আমাকে শুধু বলল, আরোও কিছু টেস্ট করতে হতে পারে। এই তো। এতো ভয় পাবার কিছু নেই। কিচ্ছু হয় নি তোমার।"

নীনা কান্না থামানোর কোন চেষ্টা করল না। "আমার পরিবারে অনেকগুলো মারাত্মক অসুখ বিসুখ হয়েছে। আমার যে হবে এতো জানা কথাই। সময়ের ব্যাপার শুধু।"

মাইক জোর গলায় বলল, "এই জাতীয় কথা বল নাতো। তোমার কিচ্ছু হবে না। আমার উপর বিশ্বাস রাখ। আরোও কতগুলো টেস্ট করতে হবে। ব্যাস।"

নীনা কান্না থামিয়ে একটা দীর্ঘ নিঃশ্বাস ছাড়ল। "ভয় পেও না, মাইকি। আমি তো আর ছোট মেয়ে নই। যা-ই হোক, আমি মেনে নিতে পারব। একদিন না একদিন সবাইকে তো যেতেই হবে, তাই না?"

মাইক কিছু বলে না কিন্তু তার সমস্ত বুকটা একটা অসম্ভব ব্যথায় আর বিষাদে ভারি হয়ে আসে। গলায় কি যেন একটা আটকে আছে মনে হয়। কথা বলা সম্ভব হয় না। নীনা শান্ত মুখে বাইরের দিকে তাকিয়ে থাকে। তার প্রশান্ত, সুন্দর মুখখানা এতো অপূর্ব দেখায়। এই প্রেমময় মানুষটাকে হারানোর চিন্তা মনের মধ্যে এলেও মাইকের সারা জগত যেন অন্ধকার হয়ে ওঠে। সে নিঃশব্দে গাড়ি চালায়। কিছু কিছু সময় আছে যখন শুধু নীরবতাই কাম্য।

তের

সানিব্রুক হাসপাতালের ক্যানসার সেন্টার। ডঃ ডেভ মাইলস বেশ লম্বা চওড়া, সুদর্শন, নাম করা ওনকোলজিস্ট। গোলাকার চশমার নীচে তার তীক্ষ্ণ চোখজোড়া খুব সহজেই নজরে পড়ে। নীনার ভীত চকিত চেহারা দেখে সে নরম গলায় বলল, "এতো ভয় পাবার কিচ্ছু নেই, নীনা। এটা ছোটখাটো একটা প্রসিজার। খুব বেশীক্ষণ লাগেও না। তুমি টেরই পাবে না।"

নীনা মাইকের একটা হাত শক্ত করে ধরে ছিল। সে বলল, "মাইক আসতে পারবে আমার সাথে?"
ডঃ ডেভ মাথা নাড়ল। "মাইক আসতে না পারলেও আমি তোমার সাথে থাকব। আমাকে তো তুমি বিশ্বাস কর, নাকি?"
নীনার ফ্যাকাসে মুখের দিকে তাকিয়ে মৃদু হেসে তাকে আশ্বস্ত করবার চেষ্টা করল মাইক, "খামাখা ভয় পাচ্ছ কেন? এটা আসলেই ছোট্ট একটা প্রসিজার। একটা সুই ভেতরে ঢুকিয়ে অল্প একটু স্যাম্পল নেবে। আমি এখানেই তোমার জন্য অপেক্ষা করব। কোথাও যাব না। ডেভ, কতক্ষণ লাগতে পারে সব মিলিয়ে?"
ডঃ ডেভ হাত নাড়ল। "খুব বেশীক্ষণ না। এই ধরনের বায়প্সি আমরা হরদম করি। একটু নিশ্চিত হওয়া আরকি। সাধারণত কোন ঝামেলাই হয় না।"
মাইক নীনার কপালে আদর করল। সে এখনও তার হাত শক্ত করে চেপে ধরে আছে। মাইক ধীরে ধীরে তার হাত ছাড়িয়ে দিল। হাস্যমুখ মধ্যবয়েসি নার্সটি নীনাকে সাথে নিয়ে ভেতরে চলে গেল। যাবার আগে বড় বড় চোখ মেলে ওর দিকে শেষ বারের মত আরেকবার তাকাল নীনা। তার দু'চোখে অশ্রু টলটল করছে। তার সমস্ত অবয়বে পরিষ্কার আতঙ্ক। হাসি মুখে হাত নেড়ে সাহস দেবার চেষ্টা করল মাইক, খুব একটা কাজ হল না। মাইক একটা দীর্ঘ নিঃশ্বাস ছাড়ে। সাহারার জন্মের সময়ের স্মৃতি মনে পড়ে যায়। হাসপাতালের বেডে শুয়েছিল নীনা। যে ডাক্তারের এনেসথেশিয়া দেবার কথা সে পরিমাণের চেয়ে বেশী দিয়ে ফেলে। ফলে নীনার কোমরের নীচ থেকে প্রায় কোন অনুভূতিই ছিল না। বাচ্চা যখন প্রসবের সময় এলো তখন নীনাকে বলা হল যত জোরে সম্ভব চাপ দিতে। নীনা অসহায়ের মত চেষ্টা করল কিছুক্ষণ, কিন্তু খুব একটা লাভ হল না। তখন মাইক তার পাশে বসে তার একটা হাত চেপে ধরে তাকে মনোবল যোগায়, দু'জনে একই সাথে প্রায় দশ মিনিট ধরে ক্রমাগত চিৎকার করে চাপ দেবার পর সাহারার মাথা মায়ের গর্ভ থেকে বেরিয়ে আসে। ডাক্তার যখন ছোট্ট সাহারাকে কোলে তুলে দিল নীনা তখন হাউমাউ করে কেঁদেছিল। কতই বা বয়েস তখন তার। উনত্রিশ বছর আগের কথা! ভাবাই যায় না। কেমন চোখের পলকে এতগুলো বছর মিলিয়ে গেল। কিন্তু সময়টা কেটেছে আনন্দে, পরস্পরের ভালোবাসাতে। চোখের পানি ঢাকবার জন্য দু'হাতে তাড়াতাড়ি মুখ ঢেকে ফেলে মাইক। চারদিকে অনেক মানুষ। অনেকেই হাসপাতালের ওয়েটিং রুমে বসে আছে তাদের ডাক আসবার জন্য। নানান বয়েসের মানুষ। তাদের সামনে নিজের দুর্বলতা ফাঁস করতে চায় না।
একটু ধাতস্থ হতে মুখ তুলে সহজ ভাবে চেয়ারে হেলান দিয়ে বসে সে। চারদিকের মানুষগুলোর উপর নজর বুলায়। কাছেই বসে থাকা একটি অল্প বয়স্ক ছেলের দিকে তার নজর আটকে যায়। খুব চঞ্চল মনে হল ছেলেটাকে। তার বিষণ্ণ দর্শন বাবা মায়ের পাশে বসে সে অবিরাম চারদিকে চোখ বুলিয়ে চলেছে, যেন সেখানে খুব

চমৎকার একটা শিশুতোষ ছায়াছবি দেখান হচ্ছে। মাইকের চোখে চোখ পড়তেই সে সপ্রতিভ ভাবে হাত নাড়ল। মাইকও প্রত্যুত্তরে মিষ্টি হেসে হাত নাড়ল। তার বাবা মায়ের সাথে দৃষ্টি বিনিময় হল না। বোঝাই গেল তারা ইচ্ছে করেই সবার কাছ থেকে দূরত্ব বজায় রাখছে। মাইকের বুঝতে বাকী থাকল না এই ছোট্ট ছেলেটিরই মারাত্মক কিছু কিছু একটা হয়ে থাকবে। তার অপেক্ষাকৃত তরুণ বাবা-মায়ের করুন মুখ ভাব দেখেই বোঝা যায় তাদের মনের মধ্যে কি বেদনার ঝড় চলছে। দুনিয়ার এতো সমস্যা আর নোংরামির মধ্যেও সবার ভেতরে এতো অসম্ভব ভালোবাসা আছে, ভাবতেও অবাক লাগে মাইকের। শত সহস্র বছর বেঁচে থাকলেও এই ভালোবাসা কখন ফুরিয়ে যাবে না।

নীনা ফিরে এলো ঘণ্টা খানেকের মধ্যেই। ডাক্তার ডেভ যত তুচ্ছ তাচ্ছিল্য করছিল সমগ্র প্রসিজারটা নিয়ে, সেটা বোধহয় ততখানি সহজ ছিল না কারণ নীনার মুখ ভাব দেখে মনে হল সে এখনই কেঁদে দেবে। মাইক তাকে জড়িয়ে ধরে হাসপাতাল থেকে বেরিয়ে এলো। ডঃ ডেভ তাদেরকে বেশী দুশ্চিন্তা করতে মানা করল। কিন্তু এই জাতীয় ব্যাপারে দুশ্চিন্তা ছাড়া আর কিছুই করার থাকে না। ছোট ছেলেটি তাদেরকে লক্ষ্য করে আবার হাত নাড়ল। নীনা তাকে খেয়াল করল না কিন্তু মাইক হেসে হাত নাড়ল। ছেলেটি মনে হল খুব খুশী হয়েছে। তার নিষ্পাপ মুখখানা হাসিতে ভরে উঠল।

গাড়ীতে উঠে হাউমাউ করে কাঁদল নীনা। "আমার অনেক ভয় করছে!"

মাইক তাকে জড়িয়ে ধরে চুপচাপ বসে থাকল। তার সবল, নির্ভরযোগ্য বাহুর ভেতরে ধীরে ধীরে শক্তি খুঁজে পায় নীনা। চোখ মুছে সোজা হয়ে বসে। "চল, বাসায় চল," নীনা বলল।

মাইক গাড়ী চালায়। "অনেক ব্যথা লেগেছিল?"

মাথা নাড়ে নীনা। "না। ভয় লেগেছিল।"

মাইক জানে সেটাই স্বাভাবিক। আমাদের দৈনন্দিন জীবনের সহস্র সাধারণ কর্মকাণ্ডের সাথে এই আচমকা পরিবর্তনের কোন সামঞ্জস্য নেই। এই সব এক স্বপ্নের মত, কিংবা দুঃস্বপ্নের মত মনে হতে পারে। সে কিছু বলে না, নীরবে নীনার একখানা হাত নিজের হাতে তুলে নিয়ে নিঃশব্দে ধরে থাকে।

কয়েক দিন পরেই ডঃ ডেভের অফিসে ডাক পড়ল তাদের। ওরা যেন জানতই ডাক আসবে। এইসব নিয়ে কথাবার্তা একেবারেই বলে নি নীনা। যেন ইচ্ছে করেই চেষ্টা করেছে ভুলে থাকতে। হয়ত মনের গভীরে তার একটা আশা ছিল টেস্টের ফলাফল সব নেগেটিভ আসবে, প্রমাণিত হবে যে ওরা খামাখা দুশ্চিন্তা করছিল। ওর কিছুই হয় নি। আবার তার নিয়মিত জীবনে ফিরে যেতে পারবে সে। মাইকও চেষ্টা করেছে এইসব প্রসঙ্গ একেবারেই না তুলতে। কিন্তু গভীর রাতে নীনা ঘুমিয়ে পড়ার পর সে ইন্টারনেটে গিয়ে ঘণ্টার পর ঘণ্টা রিসার্চ করেছে নানা ধরনের ক্যানসার এবং টিউমার নিয়ে। সত্যিই যদি তেমন কিছু একটা হয় তাহলে সে

সম্পূর্ণ প্রস্তুত থাকতে চায়। তার জ্ঞান, দৃঢ়তা এবং মানসিক শক্তির উপর নীনার যেন সম্পূর্ণ আস্থা থাকে। সে যদি দুর্বল হয়, পুরো ব্যাপারটাতে ভালোভাবে ওয়াকিবহাল না থাকে তা হলে নীনা কার কাছ থেকে ভরসা পাবে?

ডঃ ডেভ খুব একটা ভণিতে করল না। তার সামনে বসে থাকা মাইক এবং ভীত চকিত নীনার দিকে তাকিয়ে যতখানি সম্ভব শান্ত ভাবে বলল, "নীনা, তোমার বায়প্সির রেজাল্ট ফেরত এসেছে।"

নীনা এতক্ষণ নীচের দিকে তাকিয়ে ছিল। যেন এই গুরুত্বপূর্ণ মিটিঙটার জন্য সে এখনও প্রস্তুত নয়। তার আরোও সময় প্রয়োজন। মাইক তার হাত ধরে আছে। মাইকের হাত বরাবরের মতই অসম্ভব উষ্ণ। নীনার শরীর সাধারণত ঠাণ্ডা থাকে। উষ্ণতাটুকু ভালো লাগছে৷ সে বুঝল, সত্যিটাকে গ্রহণ করে নেবার সময় এসেছে। তার বুকের মধ্যে হৃৎপিণ্ডটা ধড়াস ধড়াস করে লাফাচ্ছে, গলা শুকিয়ে কাঠ হয়ে গেছে। লম্বা করে একটা শ্বাস নেয় নীনা, খুব ধীরে ধীরে ছাড়ে। তাকে যেভাবেই হোক শক্তি সঞ্চয় করতে হবে। চোখ তুলে ডঃ ডেভের দিকে তাকায় সে। দীর্ঘদিনের অভিজ্ঞ ডাক্তার, কিন্তু তার চোখে মুখেও পরিষ্কার দ্বিধা-দ্বন্দ্ব। সে শুধু তো ডাক্তার নয়, সে তাদের এক পারিবারিক বন্ধুও। নীনা কণ্ঠস্বর যত খানি সম্ভব স্থির রেখে বলল, "ডাক্তার, বল কি হয়েছে আমার। আমি সত্যিটা শুনতে চাই। কোন কিছু রাখ ঢাক কর না। আমি তো আর ছেলেমানুষ নই। সত্যিটা গ্রহণ করবার মত মানসিক শক্তি আমার আছে। বল।"

মাইক নীনার সাথে কণ্ঠ মিলিয়ে অনাবশ্যক জোর দিয়ে বলল, "হ্যাঁ ডেভ, কিচ্ছু লুকিও না। সব খোলাখুলি বল।"

ডঃ ডেভ মাইকের দিকে একটা চোরা চাহনি দিয়ে কেশে গলা পরিষ্কার করল। "নীনা, টেস্টের রেজাল্টে একটা খারাপ জিনিষ ধরা পড়েছে... অনেক খারাপ..."

মাইক তার মুখের কথা লুফে নিয়ে বলল, "কিন্তু টেস্টের রেজাল্ট তো হরদম ভুল হয়। হয় না? ক্যানসার নেই, বলে দিল ক্যানসার আছে। কত পড়েছি এইরকম। কত মহিলাকে ব্রেস্ট ক্যানসার হয়েছে বলে ম্যাস্টেক্টমি পর্যন্ত করিয়ে দিয়েছে, পরে দেখা গেছে কিচ্ছু হয় নি। রি-টেস্ট তো করতেই হবে, তাই না ডেভ?"

নীনা সন্দিহান দৃষ্টিতে তাকাল মাইকের দিকে। "মাইকি, টেস্ট রেজাল্ট তুমি জান তাইনা?"

মাইক কাঁচুমাচু মুখে বলল, "জানি। কিন্তু বিশ্বাস করি না। এই টেস্টের রেজাল্ট ভুল।"

নীনা দৃষ্টি ফিরিয়ে ডাক্তার ডেভের দিকে ফিরল। ডঃ ডেভ একটা দীর্ঘনিঃশ্বাস ছাড়ল। এত বছর ধরে এই কাজ করছে সে কিন্তু আজও পরিচিত হোক আর অপরিচিত হোক কাউকেই এই জাতীয় খারাপ খবর দেয়াটা সে রপ্ত করতে পারে নি। "নীনা, এই টেস্টের রেজাল্ট অনুযায়ী মনে হচ্ছে তোমার হয়ত লাংগস ক্যানসার হয়েছে। আমরা আরেকটা বায়প্সি করতে পারি। মাইক ঠিকই বলেছে।

আমাদেরও অনেক সময় ভুল হয়।”
নীনা প্রায় ফিসফিসয়ে জানতে চাইল, “কত খারাপ? কোন স্টেজে?”
মাইক দ্রুত বলল, “তুমি কোন চিন্তা কর না। যত খারাপ শোনাচ্ছে তত খারাপ না।”
নীনা নিজেকে সামলাতে পারল না। ধমকে উঠল, “চুপ কর তো, মাইকি।ডাক্তারকে কথা বলতে দাও।”
ডঃ ডেভ মাইকের দিকে তাকিয়ে অসহায়ভাবে শ্রাগ করে। নীনার বুঝতে অসুবিধা হয় না মাইক তার সাথে একটা আঁতাত করবার চেষ্টা করেছিল। নীনার কাছ থেকে সত্য গোপন করে আপাতত তার মনোবলকে অটুট রাখার চেষ্টা। ছেলেমানুষি কাজ। এইসব ব্যাপার লুকিয়ে রেখে কি কোন লাভ হয়। শরীর তো মানবে না। ক্যান্সারের কালো থাবা লন্ড ভণ্ড করে দেবে সব শারীরিক নিয়ম কানুন।
ডঃ ডেভ নরম কণ্ঠে বলল, “মোটামুটি এডভান্সড স্টেজ। আমাদের খুব দ্রুত চিকিৎসা শুরু করতে হবে।”
নীনা দীর্ঘ কয়েকটা মুহূর্ত কোন কথা বলে না। প্রতিদিন কত মানুষ ঠিক এভাবেই কোন ডাক্তারের মুখ থেকে শুনছে দুরারোগ্য সব অসুখে আক্রান্ত হবার কথা। কত সুখ স্বপ্নের সংসার এক মুহূর্তের মধ্যে তছনছ হয়ে যায়। কেউ কি কখন ভাবে যে সে নিজেও এই ঘাতক রোগের শিকার হতে পারে? নীনার মনের মধ্যে অনেক রকমের চিন্তার ঝড় চলে। উলটো পালটা, এলোমেলো সব ভাবনা। মাইক যখন তার হাত ধরে গাড়ীতে এনে তুলল তখনও সে কোন কথা বলল না। যেন হঠাৎ করেই কথা বলার সব আগ্রহ সে হারিয়ে ফেলেছে। মাইক গাড়ী চালিয়ে দিয়ে জোর গলায় বলল, “আরে, তুমি এত সিরিয়াসলি নিও না। গতকালই পড়ছিলাম, যত ডায়গনসিস করা হয় তার বিশ পার্সেন্ট ভুল... চিন্তা করতে পার? বিশ পার্সেন্ট! প্রতি পাঁচটায় একটা। এই টেস্ট আমি আরও অন্তত দুই বার করাব। ডাক্তাররা হরদম উলটা পালটা এনালাইসিস করে।”
নীনা বিরক্ত কণ্ঠে বলল, “কানের পাশে চীৎকার কর নাতো, মাইকি। আমি তো তোমার পাশেই বসে আছি। আস্তে বললেও শুনতে পাব।”
মাইক লজ্জিত গলায় বলল, “চীৎকার করছিলাম নাকি? সরি। বুঝতে পারি নি।”
নীনা শান্ত কণ্ঠে বলল, “মাইকি, তুমি সব সময়েই চীৎকার করে কথা বল। এটা আমার ভালোই লাগে কিন্তু এই মুহূর্তে ভালো লাগছে না।”
কিছু একটা বলতে গিয়েও চুপ করে যায় মাইক। এমন কিছু কিছু মুহূর্ত আছে যখন মানুষকে নিজের অন্তরের অন্তঃস্থল থেকে শক্তি সঞ্চয় করতে হয়। সে ভেবেছিল নীনা হয়ত খুব ভেঙ্গে পড়বে, কিন্তু তেমনটা হয় নি। নীনাকে খুব শান্ত সমাহিত দেখায়। যেন এমন কিছুর জন্য সে বহুদিন ধরেই প্রস্তুত হয়ে ছিল।

চৌদ্দ

রাতে খাবার টেবিলে নিঃশব্দে প্লেটের খাবার নাড়াচাড়া করছিল নীনা। মাইক সাধারণত রান্না বান্না করে না, তার ভালোও লাগে না, ছড়িয়ে ছিটিয়ে একটা বিতিকিচ্ছির পরিস্থিতি সৃষ্টি করে বলে নীনাও করতে দেয় না। কিন্তু আজ সে অনেক সময় নিয়ে নীনার সবচেয়ে পছন্দের রান্না করেছে – সাদা ভাত এবং মৃগেল মাছের ঝোল। নীনা ঘরের দরজা বন্ধ করে বিছানায় শুয়েছিল, সুতরাং তাকে বিরক্ত করবার প্রশ্নই ওঠে না। সে ইউটিউব দেখে রান্না করেছে। নীনা প্রথমে খেতে চায় নি। বলেছিল ক্ষুধা নেই। মাইক অনেক কাকুতি মিনতি করে নিয়ে এসেছে খাবার টেবিলে।

"নীনা!," স্ত্রীর দৃষ্টি আকর্ষণ করবার জন্য ডাক দিল সে। "খাচ্ছ না কেন? ভালো হয় নি?"

মাথা দোলায় নীনা। "হয়েছে। অনেক ভালো হয়েছে। খাওয়ায় রুচি নেই এইজন্য খেতে পারছি না। আচ্ছা শোন, একটা কথা ভাবছি। আমার যে এই অসুখটা ধরা পড়েছে এটা ছেলেমেয়েদেরকে বলার কোন প্রয়োজন নেই।"

"আবার টেস্ট করে নিশ্চিত না হয়ে কাউকে কিছুই বলবার কোন দরকারই নেই," মাইক দ্রুত তার সম্মতি জানায়।

নীনা বিরক্ত দৃষ্টিতে তাকে কিছুক্ষণ দেখল। "তুমি তাহলে ইতিমধ্যে কাউকে কিছু বলনি, তাইতো?"

মাইক একটু ভড়কে যায়। নীনার কাছে কিচ্ছু লুকানো যায় না। "আরে...সাহারাকে একটুখানি আন্দাজ দিয়েছি। শুধু সাহারা, আর কাউকে না।"

নীনা একটা দীর্ঘনিঃশ্বাস ছাড়ল। "বেশ করেছ! সাহারাকে বলা আর ন্যাশনাল টিভিতে বিজ্ঞাপন দেবার মধ্যে কোন ফারাক আছে? বলেছ কখন?"

"হাসপাতাল থেকে ফেরার পরপরই," মাইক সত্যটাই বলে।

"আগে আমাকে জিজ্ঞেস করা উচিৎ ছিল তোমার, মাইকি," নীনা রাগ চাপার চেষ্টা করে। "ঠিক যেটা আমি চাইনি তুমি সেটাই সবার আগে করেছ। এমন সব কাজ কারবার কর। যতসব!" টেবিল ছেড়ে উঠে যায় নীনা। শোবার ঘরে ঢুকে দরজা সশব্দে লাগিয়ে দেয়। এর অর্থ পরিষ্কার। মাইক খুব শীঘ্রই সেখানে না গেলেই ভালো। মন খারাপ করে ডাইনিং টেবিলে কিছুক্ষণ একাকী বসে থাকে মাইক। সাহারার কাছে সে কিছু গোপন করে না। মেয়েটা একটু নাড়ী পাতলা কিন্তু আপদে বিপদে এই মেয়েটি ছাড়া আর কারোর কাছে গিয়ে মনের কথা বলার মত মানুষ মাইকের নেই। ওকে কি ফোন করে বলবে যেন আর কাউকে খবরটা না দেয়? কিন্তু ঘড়ি দেখে পিছিয়ে গেল মাইক। রাত এগারোটা বাজে। ছোট বাচ্চার মা। নিশ্চয় তাড়াতাড়ি বিছানায় চলে যায়। রাতেও হয়ত ভালো ঘুম হয় না। কাল ফোন করে বললেই হবে। সেও না খেয়ে টিভি চালিয়ে বসে থাকল। প্রোগ্রাম কিছুই

দেখল না। মাথার মধ্যে রাজ্যের সব হাবিজাবি চিন্তা ঘুরপাক খেতে লাগল। এক মুহূর্তের ব্যবধানে মানুষের জীবন কেমন অসাধারন ভাবে পালটে যেতে পারে, সেই অভিজ্ঞতা যাদের নেই তারা কখনও বুঝতে পারবে না।

মাইক পরদিন অফিসে গিয়ে সাহারাকে ফোন করল। সাহারা ফোন ধরেই প্রশ্নের তুবড়ি ছোটাল। "বাবা, মা কেমন আছে?তুমি বাসায় না কাজে? পেছনে অনেক কথাবার্তা শুনছি। তার মানে অফিসে এসেছ। কেন? এই সময়ে তোমার বাসায় মায়ের কাছে থাকাটা দরকার না? কবে তোমার একটু বুদ্ধি বিবেচনা হবে বলত? আচ্ছা, মার সাথে কি এখন আমার কথা বলা ঠিক হবে?"
মাইক মানা করল। "এখন না। তোর মা চায় নি আমি কাউকে বলি। বুঝতেই তো পারছিস এটা খুব সিরিয়াস ব্যাপার। মেনে নিতে সময় লাগবে।"
"একটা ফোন তো অন্তত করতে পারি?" সাহারা অধৈর্য হয়ে বলল। "খবরটা শোনার পর থেকে মার সাথে একটু কথা বলবার জন্য বুকটা ফেটে যাচ্ছে। নাকি চলে আসব?"
"খবর্দার, এখন যেন আসিস না," মাইক দ্রুত বলল। "তোর মা রেগে যেতে পারে। তুই বরং ফোনই কর। খুব ভেঙ্গে পড়েছে ভেতরে ভেতরে, যদিও বুঝতে দিচ্ছে না। সেটাই স্বাভাবিক।" মাইকের কণ্ঠস্বর কান্নায় বুজে আসছিল, অনেক কষ্টে নিজেকে সামলাল। "শোন, যখন ফোন করবি, পারলে এসব নিয়ে একেবারেই কথা বলিস না।"
বাবার কণ্ঠস্বরের পরিবর্তন ধরতে সাহারার কষ্ট হল না। "বাবা, তুমি ঠিক আছ?"
"আমার কথা ভাবিস না," মাইক বিষণ্ণ কণ্ঠে বলল। "তোর মাকে একটা ফোন কর। রাগ করতে পারে, তবুও কর। আমার কাজে ফিরতে হবে। পরে কথা হবে।" মাইক লাইন কেটে দেয়। হঠাৎ এক অসম্ভব বেদনায় তার সমস্ত হৃদয়টা আপ্লুত হয়ে গেছে। কণ্ঠের মধ্যে কেমন যেন একটা কান্নার দলা। এভাবে কথা বলা যায় না। সে অফিসের বাইরে বেরিয়ে কিছুক্ষণ একা একা রাস্তায় রাস্তায় হাঁটল।

মাইক যেন জানত সাহারা একটা অঘটন ঘটাবেই। তাকে যেটা নিষেধ করা হয় সেটাই সে সবার আগে করে বসে থাকে। সন্ধ্যায় মাত্র অফিস থেকে বাসায় ফিরেছে, সাহারা ড্রাইভওয়েতে গাড়ী পার্ক করে ফারাহকে নিয়ে দরজায় বেল টিপল। এই সময়ে অনেক মানুষ জন আসে নানা ধরনের সার্ভিস বেচতে, দরজা খুলবে কি খুলবে না ভাবছিল মাইক, ফারাহর তীব্র কান্নার শব্দে তার ভির্মি খাবার জোগাড় হল। ঠিক শুনেছে ত? সে কোন সিদ্ধান্ত নেবার আগেই বাজের মত ছুটে এলো নীনা। শিশুর কান্না তার কান এড়াবে সেটা হতেই পারে না। দরজা খুলে মেয়ে এবং নাতনীকে দেখে বিশাল এক চীৎকার দিয়ে উঠল সে। "ও খোদা!

সাহারা! তুই? এখানে কি করছিস? এই টুকুন বাচ্চাকে নিয়ে চলে এসেছিস, তাও একা একা? দে, ফারাহকে আমার কোলে দে।" সাহারার হাত থেকে ক্যারি অন টা একরকম ছিনিয়ে নিয়ে ফারাহকে উন্মুক্ত করে কোলের মধ্যে জাপটে ধরে নীনা। দু'চোখ বুজে শিশুটার শরীরের গন্ধ শোঁকে। তার সমস্ত বুকটা যেন এক অসম্ভব ভালো লাগায় ভরে যায়, দু' চোখের কোনে পানি জমে ওঠে। আজ, এই ক্ষণে, এই অলৌকিক বস্তুটাকে কাছে পাওয়াটা তার দরকার ছিল। ফারাহ বড় বড় দুই চোখ মেলে দেখছিল। তার গালে বিশাল একটা চুমু খেয়ে নীনা চিকন গলায় বলল, "কি রে আমার সোনামণি, নানীকে চিনতে পারছিস? এতো সুন্দর হয়েছিস কেন তুই বলত? মনে হচ্ছে যেন চারদিকে একেবারে খুশির বান বইয়ে দিয়েছিস!"

ফারাহ ঠোঁট বাকিয়ে এক চিলতে হাসি দিল, যেন নীনার প্রতিটি কথা সে বুঝতে পেরেছে।

সাহারা গভীর দৃষ্টিতে মাকে দেখতে দেখতে নিচু গলায় জিজ্ঞেস করল, "মা, তুমি ঠিক আছো তো?"

নীনা সাহারাকে নিয়ে শোবার ঘরের দিকে যেতে যেতে দ্রুত বলল, "আমি ঠিক আছি। আমাকে নিয়ে দুশ্চিন্তা করিস না। বাক্স পোটরা ভেতরে আন। বেশি ভারী হলে বাবাকে বল। সাহারার ডাইপার বদলাতে হবে। আমি নিয়ে যাই। মাইকি, ওর ডায়পার ব্যাগটা দিয়ে যাও তো।"

নীনা ভেতরে চলে যেতে বাবা-মেয়েতে চোখাচোখি হয়। মাইক একটা স্বস্তির নিঃশ্বাস ছাড়ে। নীনার কেমন প্রতিক্রিয়া হবে বোঝা মুস্কিল ছিল। কিন্তু দেখা যাচ্ছে ফারাহ এই যাত্রা তাদেরকে বাঁচিয়ে দিয়েছে। সাহারা ফিসফিসয়ে বলল, "থাকতে পারলাম না বাবা। মনটা কেমন যেন করতে লাগল।"

মাইক শ্রাগ করল। "ভালো করেছিস, এসেছিস। ফারাহকে নিয়ে কয়েক দিন ব্যস্ত থাকবে। ভালোই হবে। প্রাথমিক ধাক্কাটা কাটিয়ে উঠতে পারবে। যাক, তোর মালপত্র কি আছে?"

সাহারা মাথা নাড়ল, "একটা ছোট বাক্স। আমি নিয়ে আসছি। তুমি মাকে ডায়পার ব্যাগটা দিয়ে এস।"

সাহারা গাড়িতে গেল তার বাক্স আনতে। ডায়পার ব্যাগ নিয়ে শোবার ঘরে এসে মাইক অবাক হল। নানীর সাথে ফারাহর ইতিমধ্যেই মনে হচ্ছে বেশ ভাব হয়ে গেছে। সে একটু পরপরই খিল খিল করে হাসছে। নীনার দেখাদেখি মাইকও আধো আধো কথা বলে শিশুটার মন পাবার চেষ্টা করল। হিতে বিপরীত হল। তার কান্না কান্না ভাব দেখে দ্রুত পিছিয়ে গেল সে। নীনা হাসল। "এটা তোমার প্ল্যান, ঠিক কিনা?"

মাইক মুচকি হেসে শ্রাগ করল। অকারণে যদি একটু কৃতিত্ব পাওয়া যায় সেটাকে অবহেলায় হারানোর তো কোন প্রয়োজন নেই।

পোশাক আষাক পালটিয়ে, হাত মুখ ধুয়ে একটু গুছিয়ে বসেই স্যালিকে ফোন করল

সাহারা। সে ফারাহকে নিয়ে চলে এসেছে শুনেই হৈ হৈ রৈ রৈ করে উঠল স্যালি। তাকে কোন সাধ্য সাধনা করতে হল না। সে নিজেই ঘোষণা দিল, পড়াশুনা গোল্লায় যাক, সে পরদিনই বাসে চেপে বাড়ী চলে আসছে। মনে মনে স্বস্তির নিঃশ্বাস ফেলল সাহারা। স্যালিকে আনার জন্য সে প্রয়োজন হলে চোখের পানি ফেলতেও রাজী ছিল। এমন সহজে কাজ হবে কে ভেবেছিল?

নীনাকে বলতে সে একটু অবাক হল। "আসবে বলেছে? কেন? ওর পড়াশুনায় অসুবিধা হবে না? ক্লাস মিস করবে..."

"করলে করবে," সাহারা বলল। "মিনা খালাও আসতে চেয়েছিল কিন্তু তুমি আবার রাগ কর কিনা সেই জন্য কয়েক দিন পরে আসতে বলেছি। কিছু মনে কর না, মা। বাবা আমাকে বলেছিল কাউকে না বলতে কিন্তু মানতে পারলাম না।"

নীনা আলতো করে হাসল। "তুই কোনদিনই পেটে কথা রাখতে পারিস নি। তোর বাবাও সেটা খুব ভালো করেই জানে। সেই জন্যেই তোকে বলেছে। ওর প্ল্যান তো তুই বুঝিস না।"

সাহারা শ্রাগ করল। "দেখা যাচ্ছে বাবার অন্তত একটা প্ল্যান কাজ করেছে।"

মাইক প্রতিবাদ করল। "আমার অনেক প্ল্যানই কাজ করে। তোরা শুধু দেখিস না।"

"আহা বাবা, মনটা খারাপ হয়ে গেল," সাহারা খোঁচা দিল। "মা, আমি রনকেও ফোন করেছিলাম। ধরল না। কখনই ধরে না। স্যালিও নাকি অনেক চেষ্টা করেছে। যাইহোক, ছাগলটার জন্য একটা মেসেজ রেখে দিয়েছি। ও কি জানে মনে হয়, মা?"

নীনা উদাসীন কণ্ঠে বলল, "কি করে জানবে? তোরাই তো মাত্র জানলি।"

"ওর সাথে তোমার কথা হয়েছে এর মধ্যে?" সাহারা জানতে চাইল।

নীনা মাথা নাড়ল। "নাহ।" একটু চুপ করে থেকে বলল, "ফারাহ তোর পেটে আসার পর কয়েকবার ফোন করেছিলাম। সবসময় ওর ভয়েস মেইলে চলে গেছে। মেসেজ রেখেছিলাম, উত্তর দেয়নি। কে জানে, চলে যাবার আগে দেখা হবে কিনা।"

নীনার চোখের কোন চিকচিক করে উঠতে দেখে সাহারার বুকের মধ্যে মোচড় দিয়ে ওঠে। সে নীনাকে জড়িয়ে ধরে বলল, "মা, কিচ্ছু ভেবো না। এই অসুখ তোমাকে কাবু করতে পারবে না। তোমার মত এত শক্ত মেয়ে আমি জীবনে দেখি নি। তুমি আমাদের সবার হিরো।"

নীনা ওর চুলে হাত বুলিয়ে দিল। "আমার ছোট্ট সাহারা! শোন, আমি ঠিক আছিরে। তোর বাবাই বরং খুব ভেঙ্গে পড়েছে। বাইরে খুব শক্ত দেখানোর চেষ্টা করছে। ওর দিকে একটু খেয়াল রাখিস।" সাহারা বিছানায় চিত হয়ে শুয়ে হাত পা নেড়ে তার দৃষ্টি আকর্ষণ করবার চেষ্টা করছিল। সে এবার তাকে নিয়ে পড়ল। "কিরে আমার সোনামণিটা! কোলে উঠবি? আয়। আমরা একটু সারা বাড়ীটা ঘুরে আসি। দেখে আসি কোথাও কোন রাজপুত্র আছে কিনা..." ফারাহকে কোলে তুলে

নিয়ে গুন গুন করে গান গাইতে গাইতে সিঁড়ি ভেঙ্গে নীচে চলে গেল নীনা।
মাইক মাথা দুলিয়ে মৃদু হাসল। "এই একটা কাজের মত কাজ করেছিস তুই।"
"তুমি তো মানা করেছিলে!" সাহারা গর্ব ভরে বলল। "এখন দেখলে সাহারা ছাড়া যে তোমার কোন কাজই হয় না।"
"বিয়ে করে তো চলে গেলি সেই অটোয়াতে," মাইক অভিমান ভরে বলল।
হেসে ফেলল সাহারা। "ঈশরে, অটোয়া যেন কত দূরে!চল, আজকে তুমি আর আমি রান্না করব মা'র জন্য।"
রাজী হয়ে গেল মাইক। সাহারা বাড়ীতে থাকলে বাড়ীটা যেন জীবন্ত হয়ে ওঠে।

পনের

নীনার টেস্ট রিপোর্টগুলো নিয়ে রাতে মেয়েদের সাথে গোপন মীটিঙয়ে বসল মাইক। নীনা শোবার ঘরে ফারাহকে নিয়ে ব্যস্ত। অন্য কারো দিকে মনোযোগ দেবার তার কোন সময় নেই। তারপরও খুব নিচু গলায় কথা বলছে ওরা।
স্যালি বলল, "বাবা, সত্যিই কি আবার বায়প্সি করাবে?"
শ্রাগ করল মাইক। "আমি ডেভের সাথে খোলাখুলি আলাপ করেছি। সে বলছে এই ক্ষেত্রে ভুল হবার সম্ভাবনা খুব একটা নেই। সে নিজেও খুব ভালো করে দেখেছে। তারপরও আমরা চাইলে করাতে পারি। আমি যদিও বলছি করাব কিন্তু ঠিক বুঝতে পারছি না তাতে সত্যিকারভাবে কোন লাভ হবে কিনা। বরং এইসব করাতে গিয়ে হয়ত খামাখা সময় নষ্ট করব।"
সাহারা বলল, "ট্রিটমেন্ট প্ল্যান কি? ডঃ ডেভ কিছু বলেছে সে ব্যাপারে?"
মাইক মাথা দোলাল। "কিমোথেরাপী করতে হবে। যত তাড়াতাড়ি সম্ভব শুরু করা দরকার।"
স্যালি শুষ্ক মুখে বলল, "ক্যানসার যদি এগ্রেসিভ হয় তাহলে মা আর কতদিন বাঁচবে?"
মাইক অনীহা নিয়ে বলল, "ঐ আলাপ না করাই ভালো। ডাক্তাররা অনেক কিছু বলে। সব সময় সত্য হয় না। কত কেস আছে ডাক্তাররা বলেছে তিন মাসও টিকবে না, রোগী দশ বছরেরও বেশি বেঁচেছে। বাচা মরা নিয়ে ডেভ কি বলে সেটা আমি কানেও ঢোকাই না। তোর মার সামনে এই প্রসঙ্গ একেবারেই তুলবি না।"
সাহারা হতাশ কণ্ঠে বলল, "মাকে বলতে হবে না। সে এরমধ্যেই জেনে গেছে।"
মাইক একটু উত্তেজিত হয়ে বলল, "আরে, এক-দুই বছর বাঁচবে বললেই হল। এখনকার সময়ে মেডিকেল সায়েন্স অনেক এগিয়ে গেছে। ঐ এক-দুই বছর যে দশ–বিশ হবে না কে বলতে পারে।"
স্যালি শান্ত গলায় বাবাকে ঠাণ্ডা করবার চেষ্টা করল। "আমরা তো জানি বাবা,

আমাদের উপর রাগ করছ কেন? এখন তোমার নিজের মাথা ঠাণ্ডা রাখাটা খুব দরকার। অকারণে রাগারাগি করে তো কোন লাভ নেই।"

"আমি রাগ করছি না," মাইক নিজেকে শান্ত করবার চেষ্টা করতে করতে বলল। "আমি বেশ কয়েকজন ডাক্তারের সাথে আলাপ করেছি এই ব্যাপারে। তারা সবাই একই কথা বলছে। কিমোথেরাপী যদি ধরে তাহলে ঝট করেই সবকিছু পালটে যেতে পারে।"

সাহারা বলল, "কিন্তু আমি তো শুনেছি অধিকাংশ সময়েই নাকি ওটা কাজ করে না, আর করলেও খানিকটা করে। কথাটা কি ঠিক?"

মাইক চিন্তিত ভঙ্গীতে বলল, "কে জানে, তোর মায়ের ক্ষেত্রে হয়ত কাজ হবে। সে শক্ত মেয়ে, সবসময় পজিটিভ চিন্তা ভাবনা করে। আমার মনে হয় ওর জন্য কিমো কাজ করবে।" একটু থেমে যোগ করল, "আর যদি না করে তাহলে অন্যান্য চিকিৎসাও আছে। রেডিয়েশন, লেজার, ইম্মিউনোথেরাপি ছাড়াও আরও উপায় আছে।"

সাহারা চোখের পানি মুছতে মুছতে বলল, "যদি কোনটাতেই কাজ না হয়?"

মাইক সাহারার মাথায় হাত বুকিয়ে তাকে আশ্বস্ত করবার চেষ্টা করল। "আরে, এতো ভয় পাচ্ছিস কেন? কিছু না কিছু একটা চিকিৎসা পাওয়া যাবেই যেটা তোর মায়ের শরীরে কাজ করবে। সে ভালো না হওয়া পর্যন্ত আমরা পিছপা হব না। এটা হচ্ছে ক্যানসার ভার্সাস এডম পরিবারের যুদ্ধ। এখানে পরাজয়ের কোন স্থান নেই। জিততে আমাদেরকে হবেই। কিন্তু আমাদের সবাইকে একজোট হয়ে কাজ করতে হবে। তোদের সাহায্য আমার দরকার। আমি একা সব করতে পারব না।"

স্যালি বলল, "আমরা তোমার সাথে আছি, বাবা। মাকে আমরা কিছুতেই যেতে দেব না।"

সাহারা কান্না থামানোর চেষ্টা করেও খুব একটা সফল হল না। সে নিঃশব্দে কাঁদতে থাকে।

রাতে হঠাৎ করেই ঘুম ভেঙ্গে গেল নীনার। বেশ কয়েক মাস ধরেই এই ব্যাপারটা হচ্ছে কিন্তু খুব একটা গুরুত্ব দেয়নি সে। বুকটা কেমন যেন জ্বালা করে। প্রথম দিকে অল্প হত, ধীরে ধীরে বেশ বেড়েছে, খুব অল্প সময়ের ব্যবধানে সামান্য জ্বালা রীতিমত যন্ত্রণায় রূপান্তরিত হয়েছে। আজ তার মনে হল তার শরীরের ভেতরে যেন আগুন ধরে গেছে। কাতরাতে কাতরাতে মাইককে ধাক্কা দিয়ে ঘুম থেকে তুলল। মাইক খুব ভয় পেয়ে হৈ চৈ শুরু করল। "কি হয়েছে নীনা? ব্যথা হচ্ছে? এম্বুলেন্স ডাকব?"

তাকে ঠাণ্ডা করতে কিছুক্ষণ গেল। গুরুতর কিছু না, বুকে একটু ব্যথা হচ্ছে। ডাঃ ডেভ বলেছে এরকম হতে পারে। কড়া ডোজের ব্যথার ওষুধ প্রেসক্রাইব করেছে। প্রয়োজন হলে খেতে হবে। ওষুধ বাথরুমের মেডিসিন ক্লোজেটে। মাইক নীনাকে ছেড়ে উঠল না। চীৎকার করে মেয়েদেরকে ডাকল। "সাহারা!স্যালি! জলদি আয়।

তোদের মায়ের ব্যথার ওষুধটা দে তাড়াতাড়ি। নীনা! বেশী কষ্ট হচ্ছে?"
স্যালিই আগে দৌড়ে এলো। সাহারা উঠতে গিয়ে শব্দ করায় ফারাহ চীৎকার করে কেঁদে উঠল। সে তাকে কোলে তুলে নিয়ে ছুটে এলো। স্যালি ততক্ষণে ওষুধটা মাইকের হাতে ধরিয়ে দিয়েছে। ব্যথার ওষুধটা খাবার পর ধীরে ধীরে ব্যথাটা কমে এলো নীনার। মেয়েদেরকে উদ্বিগ্ন মুখে তার বিছানার পাশে দাঁড়িয়ে থাকতে দেখে মৃদু হাসল সে। "তোরা এখানে দাঁড়িয়ে থাকলে আমি ভালো হয়ে যাব? যা, ঘুমাতে যা। মাইকি, এর পর আর এই সামান্য কারণে ওদেরকে ঘুম থেকে জাগাবে না। ওখান থেকে দুই পা গিয়ে ওষুধটা তুমি নিজে নিয়ে আসতে পারলে না? যা, তোরা ঘরে যা। সাহারা, যা ফারাহকে নিয়ে গিয়ে শুয়ে পড়। বেচারি মেয়েটাকে খামাখা কাঁদাচ্ছিস।"
আরোও কতক্ষণ চুপচাপ দাঁড়িয়ে থেকে নিশ্চিত হয়ে দুই বোন আবার শুতে চলে গেল।
নীনার আর ঘুম এলো না। ক'দিন ধরে পায়ে হঠাৎ হঠাৎ মাসল জমে যায়। খুব কষ্ট হয়। চাপাচাপি করে নরম করতে হয়। মাইককে সাধ্য সাধনা করে শুইয়ে দিলেও নিজে ঘুমাতে পারল না নীনা। যে দিকে ফেরে সেদিকেই কোথাও না কোথাও ব্যথা করে ওঠে। হঠাৎ করেই যেন ক্যানসার তার বিষাক্ত বাহু মেলে তাকে গ্রাস করতে মরীয়া হয়ে উঠেছে। তার হাসফাসানী শুনে আবার উঠে বসল মাইক। "আবার খারাপ লাগছে, নীনা? বার বার এপাশ ওপাশ করছ কেন? পায়ে কি আবার ক্র্যাম্প হচ্ছে? মেসেজ করে দেব?"
নীনা বিড়বিড়িয়ে বলল, "তুমি একটু ঘুমিয়ে নাও মাইকি। এভাবে সারা রাত জেগে থাকলে দুর্বল হয়ে যাবে। আমি ঠিক আছি। আমার ক্র্যাম্প হচ্ছে না।"
মাইক দৃঢ় গলায় বলল, "আমার ঘুম আসছে না। পানি খাবে একটু?"
"না, আমার পিপাসা লাগে নি। তুমি ঘুমাও," নীনা একটু জোর দিয়ে বলে।
মাইক শুল না। "আমাকে নিয়ে চিন্তা করতে হবে না।" সে নীনার নিষেধ অবজ্ঞা করে তার পা মেসেজ করতে শুরু করল। কয়েকবার মানা করে হাল ছেড়ে দিল নীনা। মাইকের হাতের উষ্ণ অনুভূতিটা অবশ্য ভালো লাগছে পায়ে। আরাম হচ্ছে। তার চোখের পাতা জোড়া একটু লেগেও এসেছিল, ঠিক সেই সময়েই ফোনটা ক্রিং ক্রিং করে বেজে উঠল। নীনা তড়াক করে লাফিয়ে উঠে বসল। ফোনটা বিছানার পাশে একটা সাইড টেবিলে থাকে। হাত বাড়িয়ে ফোন তুলে নিয়েই উত্তেজিত কণ্ঠে 'হ্যালো? হ্যালো?' করল নীনা।
মাইক লাফ দিয়ে উঠল। "আমি দেখছি। আমাকে দাও। কে এত রাতে ফোন করল?"
নীনা তাকে মুখে আঙ্গুল দিয়ে চুপ করতে বলল। "হ্যালো? হ্যালো"
ওপাশ থেকে রনের গম্ভীর কণ্ঠ শোনা গেল। ।"মা! রন বলছি।"
কান্না থামাতে অনেক কষ্ট করতে হল নীনাকে। কতদিন পর এই গলা শুনছে সে। কণ্ঠস্বর শান্ত রাখবার চেষ্টা করতে করতে বলল, "চিনেছি, কেমন আছিস তুই?"

"ভালো আছি মা। তুমি কেমন আছ?" রনের কণ্ঠে তেমন আবেগের ঘনঘটা নেই।

"আছি, ভালোই আছি," নীনাও চেষ্টা করে নিজের আবেগকে নিয়ন্ত্রণ করতে, তার ছেলেটা বরাবরই এইরকম। মনে হয় কারো প্রতিই যেন তার তেমন দরদ নেই। কিন্তু মা হিসাবে সে জানে, হৃদয়ের গভীরে মায়ের জন্য তার অনেক ভালোবাসা আছে। সে শুধু সেটা প্রকাশ করতে চায় না। কিছু কিছু মানুষ আছে যারা ভালোবাসা প্রকাশ করবার ব্যাপারটাকে চারিত্রিক দুর্বলতা মনে করে। রন তাদের একজন। ছোটবেলা থেকেই সে কম বেশী এইরকম। "কয়েক দিনের মধ্যে আমার কিমোথেরাপী শুরু হবে। সাহারা আর স্যালি এখানে এসেছে। আর ফারাহর কথা তো নিশ্চয় শুনেছিস? ওকে দেখার জন্য তোর তো একবার আসতেই হবে। কি যে সুন্দর হয়েছে!"

"আসব মা," রন সংক্ষেপে বলল। একটু চুপ করে থেকে বলল, "চিন্তা কর না, মা। তুমি ভালো হয়ে যাবে।"

নীনা দীর্ঘনিঃশ্বাস চেপে বলল, "জানি, জানি। আমি ঠিক হয়ে যাব। শোন...তোর জীবন কেমন যাচ্ছে? সব ঠিক আছে তো?"

রন আবার একটুক্ষণ চুপ করে থেকে বলল, "হ্যাঁ, সব ঠিকই আছে। একটু ব্যস্ত।"

"বাড়ী আসবি না?" নীনা ভয়ে ভয়ে জানতে চায়।

কয়েক মুহূর্তের নীরবতার পর রন বলল, "আসব। শীঘ্রই।"

নীনার দু'চোখ বেয়ে নিঃশব্দে অশ্রু গড়িয়ে পড়ে। ছেলে মাকে দেখতে আসবে তাহলে। এতদিন আসে নি। তার শরীর খারাপ হয়েছে শুনে তো আসছে, সেটাই বা কম কি?

রন আবার বলল, "মা, ভালো থেক। আমি আবার ফোন করব।"

নীনা মুখ ফুটে কিছু বলে না। সে চায়না তার কান্নার শব্দ ছেলের কানে যাক। সে কোনরকমে 'হু হু' করল। লাইন কেটে দিল রন। ফোনটা হাতে নিয়ে কিছুক্ষণ বসে থাকল নীনা।

মাইক বলল, "কি বলল রন? আসবে?"

নীনা নিঃশব্দে মাথা দোলাল। আসবে।

ষোল

সাহারা ফোন বাজতে শুনেছিল। তার কেন যেন মনে হচ্ছিল রন ফোন করতে পারে। বাবা-মায়ের ঘরের দরজার বাইরে থেকে কান পেতে শুনতেই বুঝল তার ধারনাই ঠিক। গাধাটা শেষ পর্যন্ত তাহলে ফোন করল। ভেবেছিল ভেতরে ঢুকে মায়ের কাছ থেকে ফোনটা নিয়ে বেশ দু'কথা শুনিয়ে দেবে বদমাশটাকে, কিন্তু মুখ বাড়িয়ে ভেতরে তাকিয়ে মায়ের চোখে অশ্রুর স্রোত দেখে সে দ্রুত সরে এলো। থাক, মাকে আর নাজুক অবস্থায় ফেলে দেবার কোন দরকার নেই। সে স্যালির

কামরায় এসে বন্ধ দরজায় টোকা দিয়ে অনুমতির অপেক্ষা না করেই ভেতরে ঢুকে পড়ল। স্যালি পরীক্ষার জন্য পড়ছিল। মুখ তুলে সাহারাকে দেখে বলল, "কি রে আপু?"

সাহারা নিচু গলায় বলল, "রন ফোন করেছিল!"

স্যালি চমকাল। "সত্যিই? কখন?"

"একটু আগে। মা খুব কাঁদছে। কিন্তু ভাবিস না। মন খারাপ করে কাঁদছে না। তোর কি মনে হয়, পাগলাটা বাড়ী আসবে?"

স্যালি খুক খুক করে হাসল। "পাগলাই জানে। এলে তো খুবই ভালো। কবেকার ঘটনা, কেউ কি আর মনে রেখেছে? কি কথা হল মা'র সাথে?"

সাহারাও মুখ টিপে হাসল। "কে মনে রাখবে ওসব। রনটা খামাখা লজ্জা পাচ্ছে। কম বয়েসে সব ছেলেরাই একটু আধটু পাগলামি করে। আমার তো মনে হয় ওর আসা উচিৎ। যা হয়ে গেছে তা তো আর পালটানো যাবে না।"

স্যালি মুখে আঙ্গুল দিয়ে সতর্ক করল। "মা চায়না কেউ এসব নিয়ে কথা বলুক। ও যদি আসেও, মা'র সামনে কিন্তু ওসব কথা একদম তুলবি না।"

সাহারা চোখ বড় বড় করে বলল, "পাগল পেয়েছিস আমাকে? আমার মুখ থেকে কোন কথাই বের হবে না। কবে আসবে সেটাই হল প্রশ্ন। কি কথা হল কে জানে? তুই ক'দিন থাকবিরে? অনেক পরীক্ষা-টরীক্ষা আছে নাকি?"

স্যালি মাথা দোলাল। "পরীক্ষা তো আছেই, অনেকগুলো এসাইনমেন্টও আছে। কিন্তু মাকে এই সময়ে একা রেখে যেতে ইচ্ছে করছে না। তুই ক'দিন থাকবি?"

সাহারা চিন্তিত মুখে বলল, "আমার তো ইচ্ছা মা'র কিমোথেরাপী শুরু না হওয়া পর্যন্ত থাকা। শুনেছি কারো কারো নাকি খুব খারাপ প্রতিক্রিয়া হয়। আমি কাছে থাকলে বাবা একটু ভরসা পাবে। তাছাড়া ফারাহ কাছে থাকলে মাও খুব শান্ত থাকে। কিন্তু ওদিকের কথাও ভাবতে হচ্ছে। শ্বশুর-শাশুড়িকে বাসায় রেখে এসেছি। আমার শাশুড়িকে তো তুই ভালো করেই চিনিস। মুখে যা আসে তাই বলে। ক্যানসার হয়েছে বলে মাফ করবে না। বড়জোর এক সপ্তাহ হয়ত থাকতে পারব।"

স্যালি মন খারাপ করে বলল, "ফারাহ চলে গেলে মা মনে হয় ভেঙ্গে পড়বে।"

"জানি, কিন্তু যেতে তো হবেই। তুই থাক না। বাবারও নানা ধরনের সাহায্য লাগবে। সে যখন কাজে যাবে তখন মাকে কে দেখবে? মার শরীর যদি হঠাৎ করে খারাপ হয়ে যায়, তখন কি হবে?"

স্যালি ঘাড় দুলিয়ে সম্মতি জানাল। "ঠিক বলেছিস। আমি চেষ্টা করব যতদিন থাকা যায় থাকতে কিন্তু আমার তো ক্লাসেও যেতে হবে। সব ক্লাস মিস দেয়া যাবে না।"

সাহারা বোনের আরেকটু কাছে ঘেঁষে বসে। "আচ্ছা, সত্যি করে বল, ইউনিভার্সিটিতে তোর দিনকাল কেমন চলছে? ছেলে বন্ধু-টন্ধু আছে নাকি? আমাকে তো কিছুই বলিস না আর। আমি তোর একমাত্র বোন। মাঝে মাঝে তো

আমাকে ফোন করে একটু কথাবার্তা বলতে পারিস। আমার হয়ত বড় বড় ডিগ্রী নেই কিন্তু আলাপ তো করতে পারি। আমার বিয়ের আগে আমরা কত কথা বলতাম তোর মনে আছে?"

স্যালি হতাশ ভঙ্গী করে মৃদু হাসল। "আপু, বিশ্বাস কর, সবসময় ইচ্ছা হয় তোকে ফোন করে অনেক ক্ষণ কথা বলি। কিন্তু সব সময় কিছু না কিছু একটা বাগড়া বেধেই যায়।"

"আচ্ছা সে না হয় গেল, ছেলে বন্ধু আছে নাকি?" সাহারার চোখে মুখে কৌতূহল।

ছদ্ম বিরক্তিতে ভ্রু কুঁচকাল স্যালি। "কি যে বলিস? সময় আছে নাকি? সবসময় ক্লাস আর পরীক্ষা নয়ত এসাইনমেন্ট নিয়েই দিন রাত কেটে যায়। অনেক পড়া।"

সাহারা অবিশ্বাস ভরা দৃষ্টিতে ওকে দেখল। "আমাকে এটা বিশ্বাস করতে বলিস? তোর মত মেয়ে?"

স্যালি চোখ মটকাল। "কি বলতে চাস তুই? আমি একটা খারাপ মেয়ে?"

ফারাহ হঠাৎ করে কেঁদে উঠল পাশের ঘর থেক। স্যালি শ্রাগ করল, "ঐ যে তোর ডাক এসে গেছে।"

নীনা শোবার ঘর থেকে তীক্ষ্ণ গলায় ডেকে উঠল, "সাহারা! ফারাহ কাঁদছে। সাহারা!"

সাহারা সাড়া দিল। "শুনেছি, মা। যাচ্ছি। তুমি উঠো না।" বেরিয়ে যাবার আগে স্যালিকে লক্ষ্য করে নিচু গলায় বলল, "আমার বিশ্বাসই হচ্ছে না যে তোর কোন দোকলা নেই। এখন না বলিস, এক সময় না এক সময় তোর পেট থেকে ঠিকই বেরিয়ে আসবে।"

সে দ্রুত নিজের ঘরে ঢুকে ফারাহকে কোলে তুলে নিলো। মেয়েটার খিধে লেগেছে। নীনা বার বার ডাকাডাকি করছে ওকে। ফারাহর কান্না থামতে সেও শান্ত হল।

মাইক বলল, "ঘুমাও। তোমার ঘুম দরকার।"

নীনা বিছানায় চুপটি করে শুয়ে থাকল। কিছু বলল না। তার এখন ঘুম আসবার কোন সম্ভাবনা নেই। এতদিন পর রনটা আসবে। তার খুব ভালো লাগছে।

ডঃ ডেভের ব্যক্তিগত উদ্যোগে নীনার কিমোথেরাপী শুরু হল খুব দ্রুত। বেশ সকাল সকাল গিয়ে হাসপাতালের ওয়েটিং রুমে বসে তার ডাক আসবার জন্য অপেক্ষা করছিল নীনা। তার সাথে অন্য সবাইও এসেছে – মাইক, সাহারা, স্যালি এবং ফারাহ। নীনার অনেক ভয় লাগছে কিন্তু ফারাহকে কোলের মধ্যে জাপটে ধরে সে শক্তি সঞ্চয়ের চেষ্টা করছে। মাইক পাশে বসে তাকে ছুঁয়ে আছে, কথা বার্তা তেমন কিছু বলছে না। বোঝাই যাচ্ছে সেও খুবই আশংকার মধ্যে আছে। কিমোথেরাপী যদি কাজ না করে তাহলে সবকিছু অনেক জটিল হয়ে যাবে। আশায় বুক বাধা ছাড়া আর কিছুই করার নেই। আগের বার হাসপাতালে এসে যে ছোট

ছেলেটাকে দেখেছিল মাইক আজ আবার তাকে তার বাবা-মায়ের সাথে বসে থাকতে দেখল। ছেলেটার চারপাশে তিন চার রকমের ইলেকট্রনিক গ্যাজেট - সেলফোন, আইপড, ট্যাবলেট ইত্যাদি। বোঝাই যাচ্ছে তাদের প্রিয় সন্তানের শেষ দিনগুলো যেন যথাসম্ভব আনন্দে কাটে আপ্রাণ সেই চেষ্টাই করে যাচ্ছে শোকাহত পিতামাতা। মাইককে দেখে সে ঝট করেই চিনে ফেলেছে। কিছু দ্বিধা দ্বন্দ্ব করে ওদের কাছে এসে দাঁড়াল ছেলেটা, তার মনোযোগ ফারাহর উপর। ব্যাপারটা লক্ষ্য করে নীনা জিজ্ঞেস করল, "কি নাম তোমার বাবা?"

"আমার নাম সানি," ছেলেটি সহজ কণ্ঠে বলল। "তোমাদের বেবিটা খুব কিউট। ওকে আমার খুব পছন্দ হয়েছে। ও কি অনেক কান্নাকাটি করে?"

সানির বাবা-মা উদ্বিগ্ন দৃষ্টিতে তাকাচ্ছে দেখে হেসে হাত নাড়ল মাইক। দু'জনাই ম্লান ভাবে হাসল। নীনা সানিকে লক্ষ্য করে বলল, "ও একদম কাঁদে না। সারা পৃথিবীর মধ্যে ও হচ্ছে বেস্ট বেবি!"

সানি খিল খিল করে হাসে। "তুমি বাড়িয়ে বলছ। সব বেবিরা কাঁদে। ওদের খিধে লাগলে কাঁদে, মাথা ব্যথা করলে কাঁদে, জ্বর হলে কাঁদে । ওর নিশ্চয় মাঝে মাঝে অনেক খিধে লাগে। ওর মা কে? তুমি না। তুমি অনেক বুড়া।" তার দৃষ্টি চলে যায় স্যালির দিকে। "তুমি ওর মা?"

স্যালি ছদ্ম রাগ দেখিয়ে বলল, "এই ছেলে, আমাকে দেখে কি মা-মা মনে হয়?"

সানি চোখ সরিয়ে সাহারার উপর স্থির করল। "তাহলে তুমিই মা। তুমি মোটা। তোমার বাচ্চা হয়েছে তো, সে জন্যে তুমি মোটা। তোমাকে বাচ্চার জন্য বেশী বেশী খেতে হয়েছে, ঠিক বলেছি না?"

সানির মা তটস্থ হয়ে ছুটে এলো। "বাবা, এভাবে কথা বলতে হয় না।" সাহারার দিকে তাকিয়ে লজ্জিত ভঙ্গীতে বলল, "কিছু মনে কর না। আমি ওর হয়ে ক্ষমা চাইছি। বাবা, সরি বল।"

সানির মুখে আষাঢ়ের ঘনঘটা দেখা দিল। তার মাথা ঝুলে গেল। "আমি ওকে মোটা বলতে চাইনি। ভুল হয়ে গেছে।"

সানির শুকনো মুখ দেখে হাসি আটকাতে পারল না সাহারা। "কিন্তু তুমি তো ঠিকই বলেছ। আমি একটু মোটাই। কিন্তু বেশী মোটা না, তাইনা? কি বল ছোট ভাইয়া?"

সানি চোখ তুলে তাকে পর্যবেক্ষণ করে বলল, "একটুখানি।"

মাইক, স্যালি এবং সাহারা তিন জনেই হেসে ফেলে। সানি তাতে একটু ঘাবড়ে গিয়ে তার মায়ের দিকে ভীত সন্ত্রস্ত দৃষ্টিতে তাকায়। এই বুঝি আবার মা বকা দেয়। তাকে আশ্বস্ত করবার জন্য সাহারা দ্রুত বলল, "তো সানি, তুমি এখানে কেন এসেছ?"

সানির মা শুষ্ক কণ্ঠে বলল, "ওর লিউকেমিয়া।"

সবার দৃষ্টিতে তাৎক্ষনিক একটা দুঃখের ছায়া পড়তে দেখে মুহূর্তের মধ্যে সানির ভাবমূর্তি পালটে গেল। সে দৃঢ় কণ্ঠে বলল, "আমি ক্যানসারকে ভয় পাই না। আমার বাবা বলে মানুষ চাইলে সব কিছুকে হারাতে পারে। আমি ক্যানসারকে

হারিয়ে দেব। তোমরা দেখ।"
নীনার ঠোটের ফাঁকে এক ঝলক হাসি ফুটে উঠল, দৃষ্টিতে স্পষ্ট প্রশংসা। "তুমি ভীষণ সাহসী ছেলে, সানি। তোমার নামটাও খুব সুন্দর। আমার খুব পছন্দ হয়েছে।"
সানির সারা শরীর আনন্দে হেসে উঠল। "আমার নামের মানে তো নিশ্চয় জান। যেদিন অনেক রোদ থাকে সেটাই হচ্ছে সানি ডে।"
নীনা হেসে ফেলল। এইটুকুন ছেলের এতো সাহস আর তার নিজের কেন এতো ভয় করছে? তার বুকের মধ্যে যে ধুকপুক ক্রমাগত চলছে সেটা তাকে পাগল করে দিচ্ছে। সানিকে দেখে সে নিজের মধ্যে কিছুটা হলেও সাহস সঞ্চয়ের চেষ্টা করল।
একজন বয়েসী নার্স দ্রুত পায়ে ওয়েটিং রুমে এসে ঢুকল। "মিসেস নীনা এডামস?"
নীনা তার দিকে তাকিয়ে হাত নাড়তে সে মাথা নেড়ে ভেতরের দিকে ইঙ্গিত করে বলল, "এসো আমার সাথে।"
নীনার ভেতরে ভেতরে ভয়ানক কাঁপুনি শুরু হয়ে গেল কিন্তু সে চেষ্টা করল বাইরে সুস্থির থাকতে। ফারাহকে তার মায়ের কোলে দিয়ে উঠে দাঁড়াল সে। অর্থপূর্ণ দৃষ্টিতে তাকাল মাইকের দিকে। কোন কথা না বললেও মাইক জানে নীনার ভেতরে কি চলছে। সে নার্সকে লক্ষ্য করে বলল, "আমি ওর সাথে আসতে পারি?"
নার্সটি মুচকি হেসে মাথা নাড়ল। "না স্যর। কিন্তু চিন্তার কোন কারণ নেই। তোমার স্ত্রীর কোন সমস্যা হবে না।"
মাইক জানতে চাইল, "ডঃ ডেভ তো থাকবে তাইনা?"
মাথা দোলাল নার্স। "হ্যাঁ, ডঃ ডেভ অল্পক্ষণের মধ্যেই আসবে। এসো নীনা।"
সানির বাবা স্ত্রীর পাশে এসে দাঁড়িয়েছিল। সে বলল, "ডঃ ডেভ কি তোমাদেরও ওনকোলজিস্ট? সানিও তার রোগী। সে খুবই ভালো ডাক্তার। আমাদের পরিচিতও। এইজন্যেই সানিকে আমরা তার কাছে নিয়ে এসেছি।"
সানি বোধহয় নীনার আতংকটা পরিষ্কার দেখে থাকবে। সে গম্ভীর কণ্ঠে বলল, "ভয় পেও না, আন্টি। ভয় পাবার কিচ্ছু নেই। মনে হবে যেন স্যালাইন নিচ্ছ। বুঝেছ?"
নীনা ছেলেটার দিকে তাকিয়ে জোর করে সাহস ভরে হাসি দেবার চেষ্টা করল। একটুখানি একটা ছেলে তাকে সাহস দিচ্ছে। তার চোখে পানি এসে যাচ্ছে। সে দ্রুত নার্সকে অনুসরণ করে ভেতরে চলে গেল। মাইক পেছন থেকে বলল, "নীনা, একটুও চিন্তা কর না। সব ঠিক মত হবে। রিলাক্স কর। ডেভ এলে আমি তার সাথে কথা বলে ভেতরে আসবার চেষ্টা করব।"
নীনা তার দিকে তাকিয়ে নার্ভাস ভঙ্গীতে হেসে দৃষ্টির অন্তরালে চলে গেল। ফারাহ বোধহয় তার নানীর চলে যাবার ব্যাপারটা খুব একটা পছন্দ করল না কারণ সে মায়ের কোলে হাত পা নেড়ে চিৎকার করে কাঁদতে শুরু করল।
সানি উত্তেজিত কণ্ঠে বলল, "ঐ তো ও কাঁদছে! আমি বলেছিলাম না তোমাকে মা,

ও কাঁদবে। দেখ কাঁদছে! সব বেবিরা কাঁদে!"

সাহারা তার উত্তেজনা দেখে চাঁপা গলায় হেসে উঠল। "আমি ওকে নিয়ে বাইরে যাই।"

মাইক বলল, "না, না, আমাকে দে। আমি নিয়ে যাই।"

সাহারা সতর্ক গলায় বলল, "তুমি পারবে ওকে সামলাতে?"

মাইক মাথা দোলাল। পারবে। সাহারা দ্বিধান্বিত ভাবে বাবার কোলে মেয়েকে তুলে দিল। ফারাহর কান্নার তেজ বাড়ল। মাইক দ্রুত তাকে নিয়ে বাইরের করিডোরে চলে গেল। সানি অস্থির গলায় বলল, "আমি ওদের সাথে যাই, মা? যাবো? আমি বেবিটাকে কোলে নিতে চাই।"

তার মা মাথা নাড়ল। "না, বাবা। ওরা তোমাকে যেকোনো সময় ডাকতে পারে।"

সানির দু চোখ ছল ছল করে উঠল। "আমি বেবিটাকে কোলে নিতে চেয়েছিলাম।" সে মাকে জড়িয়ে ধরে তার শরীরে মুখ গুঁজল। সাহারা শুকনো কণ্ঠে বলল, "তোমাদের কষ্টটা আমি বুঝতে পারি।"

সানির মা একটা দীর্ঘনিঃশ্বাস ছেড়ে মৃদু হেসে নাথা দোলাল, কিছু বলল না। তার চোখের কোনে জমে ওঠা অশ্রুর বিন্দুগুলোকে ঢাকবার জন্য অন্যদিকে ফিরল সে। তার স্বামী এক হাতে তাকে জড়িয়ে ধরে ফিসফিসয়ে কিছু বলে তাকে সান্ত্বনা দেবার চেষ্টা করল।

ফারাহকে কোলে নিয়ে হাটতে থাকে মাইক, প্রথমে কান্নাকাটি করলেও ধীরে ধীরে ফারাহ বোধহয় বুঝে ফেলল এই লোকটির হাত থেকে আপাতত তার নিস্তার নেই। সে ধীরে ধীরে চুপ করল এবং এক সময় ঘুমিয়ে পড়ল। সেই নিষ্পাপ শিশুর মুখখানির দিকে তাকিয়ে মাইকের মনের মধ্যে নানান ভাবনা বুদ্বুদীয়ে ওঠে। এই নশ্বর পৃথিবীতে প্রতিটি প্রাণ, প্রতিটি মানুষ আসে মৃত্যুদণ্ড নিয়ে। কিন্তু আশ্চর্য হলেও সত্য বেঁচে থাকতে থাকতে তারা সেই সবচেয়ে অবধারিত সত্যটাই ভুলে যায়। এমনভাবে জীবন নির্বাহ করে যেন জীবন চিরস্থায়ী। এই যে তার কোলে একটি নিষ্পাপ ফুলের মত শিশু নিশ্চিন্তে ঘুমিয়ে আছে একদিন এই স্বর্গীয় শিশুটিও মৃত্যুর অন্ধকার কোলে ঢলে পড়বে। কেউ তাকে রক্ষা করতে পারবে না। সে আলতো করে ফারাহর কপালে আদর করে। যতদিন বাঁচুক এই পুষ্পটি যেন একটি চমৎকার জীবন উপহার পায়। দুনিয়ার যত নোংরামি এবং আবর্জনা যেন তাকে ছুতে না পারে। সে যেন তার সৌন্দর্য আর ভালোবাসা দিয়ে এই পৃথিবীকে সুন্দর আর প্রেমময় রাখতে পারে। মাইক কবে শেষ কেঁদেছে মনে করতে পারে না কিন্তু এই নিভৃতে নীনাকে হারানোর আগ্রাসী চিন্তায় তার সমস্ত সত্তা আচ্ছন্ন হয়ে ওঠে, অশ্রুর দলারা গলা বেয়ে উঠে আসে।

সতের

বার দুয়েক কিমোথেরাপী পড়তেই নীনার চুল গোছা গোছা পড়তে শুরু করল। নিজের চুল এবং সৌন্দর্য নিয়ে বরাবরই একটু অহংকারী ছিল। শারীরিক ব্যথা-বেদনা এবং কিমোথেরাপী সংক্রান্ত অস্বস্তিকর প্রতিক্রিয়া যদিও বা তার সহ্য হচ্ছিল, চুল পড়ে যাবার এই উপদ্রব তাকে ভেতরে ভেতরে আরোও দুর্বল করে দিল। জানত এমনটা হতে পারে। মাইক রাত দিন পড়াশুনা করছে এসব নিয়ে, সুযোগ পেলেই জ্ঞান দান করছে, না জেনে তার উপায় নেই। চিকিৎসা শুরু হতে অবশ্য একটা ভালো ব্যাপার হয়েছে, তার প্রাথমিক ভয়টা যেন হঠাৎ করেই উবে গেছে। আচমকা এমন একটি দুরারোগ্য ব্যাধিতে আক্রান্ত হলে যে ধরনের তীব্র মৃত্যু ভীতি মানুষকে কাবু করে ফেলে সেটা নীনা পরিপূর্ণভাবে অনুভব করেছে। সেই অনুভূতির চেয়ে খারাপ বোধহয় কিছু নেই। শরীরে প্রথম কিমো পড়তে তার মনে হয়েছে সে যেন এক যোদ্ধা, জীবন যুদ্ধে জয়ী হবার এক অদম্য দৃঢ়তা নিয়ে সে এই রোগের মোকাবেলা করবে। কিন্তু আয়নায় নিজেকে দেখে তার চিনতে কষ্ট হয়। মাত্র কয়েক দিনের ব্যবধানে যেন হঠাৎ করেই তার বয়েস অনেক বেড়ে গেছে। মাইক তার ঘন কালো চুল পিঠময় ছড়িয়ে থাকতে দেখলে মুগ্ধ চোখে তাকিয়ে থাকত। ক'দিনেই মাথার বিভিন্ন অংশে চাঁদি বেরিয়ে আসছে দেখে নীনার দু' চোখ ফেটে অশ্রু বেরিয়ে আসার অবস্থা হল। হ্যাঁ জানে, জীবনে বেঁচে গেলে চুল আবার গজাবে কিন্তু মন তো মানে না। কেউ দেখবার আগেই সে মাথায় চাদর দেয়া শুরু করল। ঢেকে থাকলে তবুও এইটুকু ভরসা যে কেউ দেখছে না।

স্যালি ইতিমধ্যে একবার ইউনিভার্সিটিতে গিয়ে কয়েকটা ক্লাস করে আবার ফিরে এসেছে। মায়ের এই অবস্থায় দূরে থাকা তার পক্ষে কোন মতেই সম্ভব নয়। সে ঠিক করেছে মায়ের অবস্থা আরেকটু ভালো হলে কিংবা আরোও কয়েকটা কিমো দেবার পর সে ডর্মে ফিরে যাবে। তার আশা কিমোতে কাজ হবে। অনেকেরই কাজ হয়। দুর্ভাগ্যবশত: সবার হয় না।

সাহারা যাবো যাবো করলেও সপ্তাহ দুই হয়ে গেছে সে যায় নি। তার বাড়ী থেকেও তেমন কোন চাপের সৃষ্টি করা হয়নি। রীতাকে নিয়ে সবাই যতখানি মন্দ কথা বলে সে যে আদৌ তেমনটি নয় সেটা অন্তত এই ক্ষেত্রে কিছুটা হলেও প্রমাণিত হল। একদিন ফোন করে শুধু যে সে নীনার সাথে আলাপ করেছে তাই নয়, সাহারাকেও বিশেষ ভাবে অনুরোধ করেছে তার মায়ের পাশে আরও কিছুদিন থাকতে। সাহারা অবশ্য ফোন রেখেই মুখ বাঁকিয়েছে। দেখানোর জন্য বলা। সুযোগ পেলেই পরবর্তীতে এটা নিয়ে সে দু'কথা শোনাবেই। সেসব ভয়ে মাইক ভীত নয়। তার দুই মেয়ে যে এই কঠিন পরিস্থিতিতে তার এবং নীনার পাশে এসে দাঁড়িয়েছে তার চেয়ে বড় পাওয়া আর কি হতে পারে? ফারাহকে নিয়ে নীনার সময়টাও খুবই ভালো কাটছে, সেটা একটা উপরি পাওনা।

মাইক জানত নীনার কিমো জনিত কিছু কিছু উপসর্গ দেখা দেবে। চুল পড়া যে শুরু হয়েছে সেটা নীনা মাথা ঢেকেও তার কাছ থেকে গোপন করতে পারল না। বেচারি যে এটা নিয়ে মনে মনে একটু কাতর সেটা বুঝতে তার দেরী হয় না। নিজের চুল নিয়ে সে বরাবরই খুব গর্বিত। এমন ঘন এবং দর্শনীয় চুল খুব বেশী মহিলার থাকে না। নীনাকে কিভাবে খুশি করা যায় ভাবতে ভাবতে তার মাথায় একটা মোক্ষম প্ল্যান এলো। সিদ্ধান্ত নিলো সেও চুল ছেঁটে ফেলে অভিনব কিছু একটা করে সবাইকে তাক লাগিয়ে দেবে। জীবনে কখন মাথা চাঁছে নি। ভেবেছিল এর চেয়ে সহজ কাজ আর বুঝি হয় না কিন্তু করতে গিয়ে কত ধানে কত চাল টের পেল। চাঁদিতে বেশ কয়েকটি অনাহুত কাটা ছেড়া হতে সাহারার ডাক পড়ল। বাবার রক্তে মাখামাখি মাথা দেখে হাসবে না কাঁদবে ভেবে পেল না সাহারা। "কি হচ্ছে এসব?"
"চুপ কর, চুপ কর," মাইক নীনাকে চমক দেবার সুযোগটা হাত ছাড়া করতে রাজী নয়। "কাজটা শেষ কর। ন্যাড়া হওয়াও যে এত সমস্যা কে জানত?"
"তোমাকে মাথা চাঁচতে বলেছে কে?" সাহারা তিক্ত গলায় বলে।
"আরে তোর মাকে একটু খুশী করবার জন্য, বুঝছিস না? আয়নার সামনে আর যায় না। চুল টুল পড়ে যাচ্ছে। তাড়াতাড়ি চেঁছে দে। এখনও অনেক কাজ বাকী। বিশাল শো।" মাইক মেয়েকে তাড়া দিল।
সাহারা শ্রাগ করে। "তোমার পাগলামির শেষ নেই, বাবা।"
সাহারা নিজেও যে মাথা চাঁছার ব্যাপারে বিশেষ দক্ষ নয় সেটা খুব শীঘ্রই প্রমাণ হয়ে গেল। ক্ষুরের টান পড়তেই কাতরে উঠল মাইক। "চোখে দেখিস না, নাকি? তোকে করতে দিয়ে তো আরোও খারাপ হল।"
সাহারা প্রতিবাদ করে, "আমার দোষ দিচ্ছ কেন? তুমি তো আগেই ঝামেলা পাকিয়েছ। নড়াচড়া কর না। একটু আধটু কাটলে কিছু হবে না।"
মাথা চাঁছা হতে সাহারার হাতে রঙ ধরিয়ে দিল মাইক। তার চাঁদিতে একটা ক্লাউন ফেস আঁকতে হবে। "ছোটবেলায় তো খুব সারা বাড়ীর দেয়ালে একে বেড়াতিস, এবার আমার মাথায় আঁক।"
সাহারা হাসিমুখে তুলি তুলল। "মনের সুখে আঁকব। কোন চিন্তা কর না। স্যালিকেও ডাকি। এমন সুযোগ আবার কবে হবে। স্যালি! জলদি আয়।"
স্যালি ডাকাডাকি শুনে তড়িঘড়ি করে এসে দৃশ্য দেখে চোখ কপালে তুলে ফেলল। "বাবা, আবার কি পাগলামি করছ?"
সাহারা হাসি মুখে বলল, "মাথায় ক্লাউনের মুখ আঁকবে। মাকে শো দেখাবে। হাত লাগা।"
স্যালি ঠোঁট টিপে হাসল। "দেখ, মা রাগ করবে। পরে যেন আমাদের দোষ দিও না।"
মাইক তাড়া দিল, "জলদি কর। ও ঘুম থেকে ওঠার আগেই সব সারতে চাই।"

স্যালি শ্রাগ করে বোনের সাথে হাত মেলাল। মা নির্ঘাত খুব রাগ করবে, কিন্তু তারপরও বাবা যেটা করবার চেষ্টা করছে সে প্রচেষ্টাকে সাধুবাদ দিতেই হয়। চুল পড়া শুরু হতে মায়ের মন মেজাজ যে অসম্ভব খারাপের দিকে মোড় নিয়েছে সেটা বুঝতে কারো বাকী থাকার কথা নয়। সেটাই স্বাভাবিক। নিজের রূপ নিয়ে মায়ের যে গর্ব আছে সেটা সবাই জানে।

নীনা ক্লান্ত হয়ে ঘুমিয়ে পড়েছিল দুপুরে খাবার পর। খাওয়া দাওয়ায় তার তেমন মনোযোগ নেই কিন্তু মাইক এবং মেয়েরা জোর করে করে খাওয়ানোর চেষ্টা করে। তার প্রিয় খাবারে ঘর ভরিয়ে ফেলছে মাইক – মুড়ি, চানাচুর থেকে শুরু করে নানান পদের জিলাপি। ভালো লাগলে দু' একটা জিনিষ একটু চেখে দেখে নীনা কিন্তু অধিকাংশ সময়েই খাবার দেখলে তার অনীহা লাগে। শুধু খাবার নয়, কোন কিছুই যেন ভালো লাগে না। খুব ধর্ম ভীরু কখনই ছিল না কিন্তু ইদানীং আগের চেয়ে অনেক বেশী সময় সে জায়নামাজে কাটায়। মাইক নিজে ধর্মীয় ব্যাপারে একেবারেই উদাসীন, কিন্তু নীনার ক্ষেত্রে কখনও কোন সমস্যার সৃষ্টি করেনি। ক্যানসার ধরা পড়বার পর থেকে সে যেন আরোও অনুগ্রাহী হয়ে উঠেছে। উপাসনায় বিশ্বাসীর হৃদয় শান্ত হয়, মনোবল বাড়ে। নীনা বোঝে কেন মাইক ইদানীং তাকে নামাজ পড়বার কথা স্মরণ করিয়ে দেয়। এর আগে কখন করেছে বলে তার মনে পড়ে না।

ঘুম থেকে উঠতে শরীরটা একটু ভালো লাগে নীনার। বিকাল বেলা সবাই ফ্যামিলি রুমে বসে চা নাস্তা করে। মেয়েরা বাসায় থাকায় এই একটা সুবিধা হয়েছে। তারাই বাবা-মায়ের পছন্দের খাবার দাবার বানায়। মাইক রান্না বান্নায় কখনই খুব একটা তুখোড় ছিল না। বোঝাই যায় মেয়েদের উপস্থিতিতে সে খুবই খুশী, বিশেষ করে সাহারা। বাবার কাজ কর্ম সব সময়ে সেই করে।

বাথরুমে গিয়ে হাত মুখ ধুয়ে ফারাহর খোঁজে বের হল নীনা। বাসার মধ্যে এত চুপচাপ কেন বুঝতে পারছে না সে। বিকাল ছয়টার দিকে সাধারণত বাবা আর দুই মেয়ে কিছু না কিছু একটা নিয়ে ঝগড়া টগড়া করতে থাকে। আজ একেবারে সুনসান। কয়েক মুহূর্ত পরেই রহস্য উন্মোচন হল। সবাই নীরবে ফ্যামিলি রুমে ঘাপটি মেরে বসে ছিল তাকে চমকে দেবার জন্য। মাইকের মাথা দেখে তার দম বন্ধ হবার অবস্থা। বিস্ফোরিত চোখে তাকিয়ে থাকতে দেখে মাইক তাকে টেনে সোফায় এনে বসাল। "কোন চিন্তা কর না। সামান্য রক্তপাত হলেও আমি বহাল তবিয়তে আছি। আজ আমি এবং আমার মাথা তোমাদের সবাইকে বিনোদন দেব। সাহারা, চা বিসকুট নিয়ে আয়। প্রধান অতিথির আপ্যায়নের যেন কোন কমতি না হয়।"

নীনা জানে মাইকের হাতে পড়ার অর্থ হচ্ছে 'পড়েছ মোগলের হাতে খানা খেতে

হবে একসাথে’ অবস্থা। মাথায় একটা আইডিয়া এসেছে সেটা না করা পর্যন্ত নিজেও শান্তি পাবে না, অন্যকেও শান্তি দেবে না। সে ফারাহকে কোলে নিয়ে সোফায় জাঁকিয়ে বসে চায়ের কাপে চুমুক দিল। “দেখ ফারাহ, তোর পাগলা দাদু কি কাণ্ড করেছে! মাথা ভর্তি কাটা ছেড়া, তার মধ্যে আবার রঙ দিয়ে একেছে ক্লাউন, এখন উনি নেংটি পরে আমাদেরকে কমেডি দেখাবেন। শুরু কর শো।”

মাইক একটা হাফ প্যান্ট পরেছিল। উপরে গেঞ্জি। সে প্রতিবাদ করল। “এটা একটা হাফ প্যান্ট। নেংটি না।”

নীনা খিল খিল করে হেসে উঠল। “ঐ হল। খুব একটা পার্থক্য না। কি করবে তাড়াতাড়ি কর।”

তার হাসি দেখে মাইকের উৎসাহ দ্বিগুন হল। শো শুরু হবার আগেই তার উদ্দেশ্য অনেকখানি সার্থক। সে ইউ টিউব দেখে দেখে বেশ কিছু মুকাভিনয় প্রাকটিস করেছিল। সেই গুলোই একের পর এক ঝেড়ে দিল। তার অভিনয় দক্ষতায় নাকি হাস্যকর প্রচেষ্টায় – যে কারনেই হোক স্ত্রী এবং কন্যাদেরকে হাসতে হাসতে গড়িয়ে পড়তে দেখে প্রচুর আনন্দ পেল মাইক। তার প্ল্যান এক শ’ ভাগ সার্থক। শুধুমাত্র ফারাহ এতো হৈ চৈ আর হট্টগোল দেখে তারস্বরে চীৎকার জুড়ে দিল।

আঠার

রাতে খাবার পর পরই ভয়ানক খারাপ লাগতে শুরু করল নীনার। খুব একটা কিছু খায় নি সে। ক্ষুধা ছিল না। তলপেটটা হঠাৎ করেই গোলাতে শুরু করল। বুকটা জ্বলছে। একসময় বমি করতে শুরু করল। বাথরুমে গিয়ে ঢুকল নীনা। দরজা বন্ধ করে দিল। মাইককে ভেতরে ঢুকতে দিল না। সাহারা এবং স্যালি দৌড়ে এল। মাইক হতাশ কণ্ঠে বলল, “দেখ, কেমন জেদ করে। কাউকে ঢুকতে দেবে না।”

সাহারা বলল, “মা, দরজা খোল।”

নীনা মৃদু কণ্ঠে বলল, “আমি ঠিক আছি। তোরা গিয়ে শুয়ে পড়।”

স্যালি বিরক্ত কণ্ঠে বলল, “দরজা বন্ধ করেছ কেন, মা? আমাদেরকে ঢুকতে দাও।”

নীনা আরোও কয়েকবার বমি করল। উত্তর দিল না। মাইক ফিসফিসিয়ে বলল, “চায় না সবাই ওকে এভাবে দেখুক। দেমাগ বেশী।”

সাহারা ঠোটে আঙ্গুল দিল। “মা যেন না শোনে। ক্ষেপে যাবে।”

নীনা মুখ ধুয়ে বাইরে বেরিয়ে এল। তাকে দূর্বল দেখায় কিন্তু সে চেষ্টা করে ঢাকবার। “আমি ঠিক আছি। সবাই যে যার কাজে চলে যাও। আমি একটা খুক করলেই তোমরা সবাই ছুটাছুটি করে চলে আসবে এটা ঠিক না। আমার দরকার হলে আমিই তোমাদের ডাকব।”

সাহারা মৃদু গলায় প্রতিবাদ করল, "এটা ঠিক না মা। বুঝতে পারছি তুমি আমাদেরকে ব্যাতিব্যাস্ত করতে চাও না কিন্তু তোমার কখন দরকার না দরকার তুমি জানতে পারবে?"
মাইক গলা মেলাল, "ও তো ঠিকই বলেছে। এই অবস্থায় একাকী কিছু না করাই ভালো।"
নীনা বাঁকা কন্ঠে বলল, "ঠিক আছে, এর পর বাথরুম পর্বেও ডাক দেব। এসে দাঁড়িয়ে থেক।"
স্যালি হেসে ফেলল। "খামাখা রাগ করছ, মা।"
নীনা বিছানায় চলে গেল। "আমি একটু ঘুমাব। এখন ভালো লাগছে। চিন্তা করবার দরকার নেই। মাইকি, বিছানায় যখন আসবে, চুপচাপ আসবে। ঘুম ভেঙ্গে গেলে আর ঘুম আসতে কষ্ট হয়।"
শোবার ঘরের দরজা ভিড়িয়ে দিল নীনা। সাহারা এবং স্যালি মাইককে টেনে লিভিংরুমে নিয়ে এলো। বাবার সাথে তাদের জরুরী আলাপ আছে। সবাই বসতে সাহারা বলল, "বাবা, মা'র কিমোথেরাপি কত দিন চলবে?"
মাইক শ্রাগ করল। "বলতে পারি না। ডেভের সাথে আলাপ করলাম। দুই তিন মাসের কথা বলছে। কিমোতে কতখানি কাজ হয় তার উপরেই নির্ভর করছে সবকিছু। তোদের মাও কতখানি সহ্য করতে পারে সেটাও দেখতে হবে।"
স্যালি বলল, "বাবা, তুমি তো জান আমার কি অবস্থা। সামনে পরীক্ষা আসছে। কিছুদিনের জন্য ডর্মে গিয়ে থাকতেই হবে। মাকে তোমার সাথে একা ফেলে চলে যেতে ইচ্ছা করছে না কিন্তু তেমন কোন উপায় দেখছি না। তুমি মায়ের দেখভাল করতে পারবে না?"
মাইক জোর গলায় বলল, "নিশ্চয় পারব। তোর কি ধারনা আমি একটা গুড ফর নাথিং? তুই নিশ্চিন্তে চলে যা, আমি ঠিকই সামলে নেব। যদি দরকার হয় কাজ থেকে ছুটি নিয়ে নেব কিংবা বাসায় বসে কাজকর্ম করা যায় কিনা দেখব। তাছাড়া সাহারাতো আরোও কিছুদিন থাকবে।"
স্যালি সাহারার দিকে তাকাল। "আপু, তুই না কি বলতে চেয়েছিলে?"
সাহারা দ্বিধান্বিত কন্ঠে বলল, "বাবা, আমি জানি আমাদের একজনের এখানে থাকাটা কত দরকার কিন্তু আমার অবস্থাতো তুমি জানই। বেন কিচ্ছু পারে না। দিনের মধ্যে পঞ্চাশ বার কল করছে আমাকে। এটা কোথায়, ওটা কোথায়, কিভাবে নুডলস রান্না করে...জ্বালিয়ে মারছে। তার উপর রয়েছে আমার শ্বশুর-শ্বাশুড়ি। আমাকে কিছু বলছে না কিন্তু নিজেদের মধ্যে নিশ্চয় কথাবার্তা হচ্ছে।"
মাইক হাসল। "তুই এমন লজ্জা করছিস কেন এটা বলার জন্য? তোর মা কি দু'দিনে ভালো হয়ে যাবে। এই যাত্রা কত দিনের কে জানে? সুতরাং কোন তাড়া নেই। আপাতত আমি সামলে নেব। তোকে দরকার হলে ডাক দেব। তুই নিশ্চিন্তে বাড়ী ফিরে যা। নিজের সংসার দেখ।"

সাহারা অল্পতেই মুষড়ে পড়ে। সে চোখ ছল ছল করে বলল, "চলে যেতে হবে ভাবতেও খারাপ লাগছে। বিশেষ করে ফারাহকে নিয়ে গেলে মায়ের সময় কাটবে কিভাবে?"
মাইক মেয়ের মাথায় হাত বুলিয়ে দেয়। "তুই মন খারাপ করিস না। তোর মাকে তো জানিস। ও অন্য একটা কিছু খুঁজে নেবে। অনেক শক্ত মহিলা। তাছাড়া আমিতো আছিই। তুই ফারাহকে নিয়ে চলে যা। তোর মা'র কিচ্ছু হবে না। ওর চোখের সামনেই ফারাহ বড় হবে।"
স্যালি এবং সাহারা চোখাচোখি করল। স্যালি বলল, "বাবা, মনে কিছু নিও না কিন্তু একটা কথা বলি। খুব বেশি কিছু আশা কর না। ডঃ ডেভের কথা শুনে কিন্তু খুব একটা ভরসা পাইনি আমরা। কিমোতে কতখানি কাজ করবে তাতে সন্দেহ আছে। সেতো ঘুরিয়ে ফিরিয়ে বলল বড়জোর হয়ত মা বছর খানেক বাঁচবে। তাও খুব এগ্রেসিভ ট্রিটমেন্ট করলে।"
মাইকের মুখ শক্ত হয়ে উঠল। সে একটু রাগী গলায় বলল, "থাক, এসব নিয়ে আমার সাথে কথা বলিস না। ডাক্তাররা মাতবরী করে এই জাতীয় এস্টিমেট দেয়। ফালতু কথা বলার জায়গা পায় না। আমি রিসার্চ করে দেখেছি ইন্টেরনেটে। বহু ক্যানসার রোগীরা ঐ রকম তিন মাস ছয় মাস পেরিয়ে বছরের পর বছর বেঁচে আছে। ডাক্তারদের কথা বেশী বিশ্বাস করিস না। এহ, খুব ফুটানি মেরে বলে দিল – এক বছর বাঁচবে। কিছু জানে নাকি ওরা?"
স্যালি শান্ত গলায় বলল, "বাবা, আমি যে কোন ডাক্তারের কথা বলছি না। ডঃ ডেভ শুধু মায়ের ওনকলজিস্ট নয়, সে তোমাদের বন্ধুও। তার কথার দাম আছে।"
মাইক বিরস কণ্ঠে বলল, "তুই কি বলতে চাইছিস বুঝতে পারছি। কিন্তু যাই করিস তোর মায়ের সামনে এসব কথা বলিস না। ভবিষ্যতে কি হবে না হবে কে জানে? আপাতত তার মানসিক জোর থাকাটা খুব দরকার। এই ধরনের চিকিৎসায় নিজের উপর বিশ্বাস থাকাটা খুব গুরুত্বপূর্ণ। আমি চাই নীনা আশা নিয়ে প্রত্যেকটা দিন কাটাক, একজন ফাঁসীর আসামীর মত না যার ফাঁসীর দিন ধার্য হয়ে গেছে।"
স্যালি চুপ করে গেল। সাহারা বলল, "বাবা ঠিকই বলেছে। এখন মা'র মনের জোর থাকাটা খুব দরকার।"
মাইকের মন অনেক খারাপ হয়েছে দেখে স্যালি তাকে জড়িয়ে ধরল। "সরি বাবা, তোমার মনটা খারাপ করে দিলাম। আমি ওভাবে কথাটা বলতে চাই নি।"
মাইক নীরবে মেয়ের পিঠে হাত বোলাল। এত অসম্ভব প্রিয় একজনকে হারানোর সম্ভাবনাও যে কত অচিন্তনীয় সেটা বোঝার সময় কি ওদের হয়েছে? সে তো ছেলেমানুষ নয়। সবই বোঝে তবুও মিথ্যে আশায় বুক বাঁধতে চায়।

সাহারা এতো তাড়াতাড়ি চলে যাবে ভাবেনি নীনা। মেয়েটা সাহস করে নিজে এসে বলতে পারে নি। মাইকই বলেছে ওকে। বাসায় শ্বশুর শ্বাশুড়ী আছে, বরটারও

বেশী বুদ্ধি সুদ্ধি নেই, উপায় কি? প্রথমে তার একটু রাগই হয়েছিল। সাহারা একাতো যাচ্ছে না, ফারাহকে নিয়ে যাচ্ছে। জানের টুকরাটা চলে গেলে তার সময় কাটবে কিভাবে? অনেক কষ্টে কান্না দমন করতে হয়েছে। মাইক জানতো তার মন খারাপ হবে। সে চাঁপা গলায় তাকে বোঝানোর চেষ্টা করেছে। উপায় থাকলে সাহারা নিশ্চয় আরোও কিছুদিন থাকত। স্যালি ডর্মে ফিরে যাচ্ছে সেটা এক দিক দিয়ে ভালোই হয়েছে। তার পড়াশুনা আছে। বাসায় থেকে সে যে বিশেষ কোন উপকার করছে তা নয় বরং প্রায়ই বাবার সাথে এটা সেটা নিয়ে ঝগড়া ঝাটি শুরু করে দেয়।

পরের রোববার সকালে জিনিষপত্র গুছিয়ে, ফারাহকে সুন্দর একটা ফ্রক পরিয়ে গাড়িতে নিয়ে তুল্ল সাহারা। গত কয়েক দিন মেয়েটাকে খুব একটা কোল ছাড়া করেনি। অটোয়া খুব বেশি দূর নয় কিন্তু তারপরও ঝট করে যাওয়া হয়ে ওঠে না। বিশেষ করে তার এই অবস্থায় কবে যাওয়া যাবে কে জানে। কয়েক মাসের মধ্যে তো নয়ই, যদি সব কিছু ঠিক ঠাক মত চলে। স্যালিও সাহারার সাথে বেরিয়ে যাচ্ছে। সাহারা তাকে যাবার পথে বাস স্ট্যান্ডে নামিয়ে দিয়ে যাবে। ক'টা দিন দু বোনে খুব গল্পে সল্পে কেটেছে। নীনার খুব ভালো লেগেছে। ছোট বেলা থেকেই তারা সখীর মত ছিল। বিয়ের পর সাহারা চলে যাবার পর স্যালি বোধহয় একটু নিঃসঙ্গও হয়ে পড়েছিল।

গাড়ীতে উঠবার আগে দুই বোন মাকে অনেক্ষন জড়িয়ে ধরে থাকল। খুব ভালো লাগল নীনার। স্বাভাবিক অবস্থায় মানুষ চেষ্টা করে আবেগ ঢেকে রাখতে, অসুখ বিসুখে তার কোন প্রয়োজন থাকে না। সাহারা একটু কাঁদলও। "মা, আমি যত তাড়াতাড়ি পারি আবার ফারাহকে নিয়ে চলে আসব। তুমি কিন্তু একদম দুঃশ্চিন্তা কর না। দেখ, তোমার ক্যানসার ঠিক হয়ে যাবে।"

নীনা মেয়ের মাথায় হাত বুলিয়ে দেল। "আমাকে নিয়ে চিন্তা করিস না। তুই দেখে শুনে গাড়ি চালাস।"

মাইক স্যালিকে বলল, "তুই না হয় পরে যেতিস। আমি তোকে নামিয়ে দিতাম।"

স্যালি মাথা নাড়ল। "না বাবা, যাই। আপুর সাথে আবার কবে দেখা হয়। আমি দু' এক সপ্তাহর মধ্যে আবার আসছি। আমার তো আর ঘর সংসার নেই। ফোন দেব।"

সাহারা তার বাবাকে জড়িয়ে ধরেও আরেক কয়েক ফোটা অশ্রু বিসর্জন দিল। "তোমার যে কোন দরকার হলে আমাকে ফোন দেবে, ঠিক আছে বাবা?"

মাইক মেয়ের পিঠে চাপড়ে দিল। "কাঁদিস না রে। বড় হয়েছিস, এখনও যখন তখন কাঁদিস কেন? যা, গাড়ীতে ওঠ। গিয়েই ফোন দিবি। নইলে আমরা দু'জনাই চিন্তায় থাকব।"

স্যালি বলল, "গিয়ে ফোন দেবে কি? ও পৌছানোর আগেই তো তুমি তাকে দশবার ফোন করবে।"

নীনা হেসে ফেলল। মাইক ঐ রকমই। মেয়েরা যে যার ঠিকানায় না পৌছান পর্যন্ত অস্থির হয়ে থাকবে। শেষ বারের মত বাবা-মাকে বিদায় জানিয়ে গাড়ী নিয়ে রাস্তায় নামে সাহারা। সবাই হাত নাড়ে। ধীরে ধীরে মোড় ঘুরে দৃষ্টির অন্তরালে চলে যায় তারা। নীনার চোখ ভিজে ওঠে অকারনে। আগে কখন এমন হত না। অসুখটা ধরা পড়বার পর তার মনও দূর্বল হয়ে পড়েছে।

উনিশ

পরবর্তি কিমোথেরাপির এপয়েন্টমেন্টের দিন সানির সাথে দেখা। তাদেরকে দেখেই দৌড়ে এলো সে। "বেবিটা কোথায় গেল?"

নীনা হেসে ফেলল। "বেবিতো নিজের বাসায় চলে গেছে ওর মা'র সাথে।"

সানির মুখে মুহূর্তের মধ্যে মেঘের ঘনঘটা নেমে এল। তার দু' চোখ ছলছল করে উঠল। "আমি তো ওকে আজকে কোলে নিতে চেয়েছিলাম।"

ওর বাবা ছুটে এল। "সরি, ও সেদিন থেকেই শুধু বেবি বেবি করছে।"

সানির মা ম্লান কণ্ঠে যোগ করল, "যখনই যে হাসপাতালে যায় বলে আজকে বেবিকে দেখব।"

মাইক বলল, "যাহ, সেদিনই ওকে নিতে দেয়া উচিৎ ছিল। আচ্ছা, তোমাদের সাথে তো ঠিক মত পরিচয় হয় নি আমাদের। আমি মাইক এডাম, আমার স্ত্রী নীনা। আমার দুই মেয়ে সাহারা এবং স্যালি। তাদেরকে সাথে আগেরবার দেখা হয়েছিল।"

সানির বাবা হাত বাড়িয়ে দিল। "আমি মিনেশ। আমার স্ত্রী প্রিয়াঙ্কা।"

সানি মায়ের কোলে গিয়ে মুখ ঢেকেছে। প্রিয়াঙ্কা দূর থেকেই হাত নাড়ল। "ওরা কবে চলে গেল?"

"গত রোববারে," নীনা বলল।

প্রিয়াঙ্কা ঠোঁট নেড়ে নিঃশব্দে বলল, "কাঁদছে!"

নীনা এগিয়ে গিয়ে সানির মাথায় হাত বোলাল। "বেবি আবার আসবে। আমি তোমার আম্মুর কাছ থেকে তোমাদের ফোন নম্বর নেব। বেবি এলে ফোন করব। ঠিক আছে?"

সানি মাথা তুল্ল। "প্রমিজ?"

"প্রমিজ।"

ফোন নম্বর বিনিময় হল। মাইক ঠাট্টা করে বলল, "সানির একটা ভাই বোন দরকার।"

মিনেশ এবং প্রিয়াঙ্কা চোখাচোখি করল। বোঝা গেল ব্যাপারটা নিয়ে তারাও চিন্তা ভাবনা করছে। সানির ডাক এল। মাইক আদর করে তার পিঠ চাপড়ে দিল। "গো অন টাইগার!"

তারা ভেতরে চলে যেতে নীনা ফিসফিসিয়ে বলল, "এই টুকুন একটা ছেলে কিন্তু কি সাহস! আসলেই ভয় পায় না। আর আমার শুধু ভয় লাগে!"
মাইক তাকে আলতো করে জড়িয়ে ধরে। "ভয়ের কিচ্ছু নেই। তোমার কিছুই হবে না। আমি গ্যারান্টি দিচ্ছি।"
নীনা ম্লান হাসল। "মিথ্যুক! আমাকে গাধা পেয়েছ?" কিন্তু মুখে যাই বলুক মাইকের কথা শুনতে ভালো লাগে। বিশ্বাস করতে ইচ্ছে হয়।

নীনা ভেতরে চলে যেতে মাইক বাইরের করিডোরে এসে দাঁড়াল। হাসপাতালে এলে তার মন খারাপ হয়ে যায়। চারদিকে তাকালেই যে ব্যাথা আর বেদনার ছড়াছড়ি চোখে পড়ে সেটা সে এড়িয়ে যেতে চায়। মানুষের শুষ্ক, ব্যাথাতুর মুখ সে দেখতে চায় না। আশ্চর্য হলেও সত্য সভ্যতার এই নতুন দিগন্তে পৌঁছেও মানুষের কাছে কত অসুখের কোন চিকিৎসা নেই। আনমনা হয়ে হাবি জাবি ভাবছিল মাইক, কাধে আলতো হাতের ছোয়ে পেতে চমকে ফিরে তাকাল। প্রিয়াঙ্কা! মিনেশকে কোথাও দেখা গেল না। "তুমি ঠিক আছো তো?" প্রিয়াঙ্কা বলল।
"হ্যা," মাইক সংক্ষেপে বলে। "তুমি একা যে?"
প্রিয়াঙ্কা বলল, "মিনেশ সানির সাথে আছে। হাসপাতালের ভেতরে আমার বেশীক্ষন ভালো লাগে না। বাইরে এসে দেখলাম তুমি একাকী দাঁড়িয়ে আছ। তাই ভাবলাম গিয়ে কথা বলি। বিরক্ত করলাম না তো?"
"একটুও না," মাইক বিনীতভাবে বলল। এই মেয়েটিকে প্রথম দেখাতেও তার ভালো লেগেছিল। তার স্নেহময় আচার আচরন যে কাউকেই জয় করে নেবে।
"এই জাতীয় অসুখ বিসুখ যার হয় সেও যেমন ভোগে তার পরিবারের সবাইও তেমনিই ভোগে," প্রিয়াঙ্কা নরম গলায় বলল।
মাইক সমর্থন করে ঘাড় দোলায়, "ঠিক বলেছ।"
"আচ্ছা, তোমার স্ত্রীর ঠিক কি হয়েছে?" প্রিয়াঙ্কা জানতে চাইল।
"লাংগস ক্যানসার," মাইক বিরস কণ্ঠে বলে। "এডভ্যান্সড। মাত্র মাস খানেক আগে বোঝা গেছে। অথচ বছর বছর চেক আপ কিন্তু করা হয়। এতো দিন কেন জানা গেল না, বুঝতে পারলাম না।"
দীর্ঘশ্বাস ছাড়ে প্রিয়াঙ্কা। "আমাদের প্রযুক্তি এখনও অনেক পিছিয়ে। হয়ত একদিন এইসব অসুখ অঙ্কুরেই ধরা যাবে এবং চিকিৎসা করে সবাইকে সারিয়ে ফেলা যাবে। আমরা হয়ত সেই দিন দেখে যেতে পারব না।"
মাইক মাথা দোলায়। "হ্যাঁ, ভবিষ্যতে হয়ত তেমনটাই হবে। সানির কি অবস্থা?"
প্রিয়াঙ্কা মাথা নাড়ল। "বেশী ভালো না। ওর হয়েছে একিউট লিম্ফোব্লাস্টিক লিউকেমিয়া। বছর তিনেক আগে ধরা পড়েছিল। আমাদের ভাগ্য ভালো যে এখনও টিকে আছে। ক'দিন থাকবে কে জানে?" প্রিয়াঙ্কা নিঃশব্দে কাদতে থাকে।
মাইক তার পিঠে আলতো করে হাত দিল। "কেদো না, মা। ভরসা রাখ। কি চিকিৎসা হচ্ছে ওর এখন?"

"মনে হয় স্টেম সেল ট্রান্সপ্লান্ট লাগবে," প্রিয়াঙ্কা কান্না থামিয়ে বলল।
"দেখ মা, আর যাই কর, আশা ছেড় না। আমার স্ত্রীকে ওর ডাক্তার বছরখানেক দিয়েছে। কিন্তু আমি আশা ছাড়িনি। হার মানতে আমি রাজী নই। তুমিও হার মেন না।"
প্রিয়াঙ্কা চোখ মুছতে মুছতে বলল, "হার মানব না, কিছুতেই না। আমরা আরেকটা বাচ্চার জন্য চেষ্টা করছি। হয়ত বেবিটাকে কোলে নেবার সুযোগ পাবে আমার ছেলেটা।"
"নিশ্চয় পাবে," মাইক দৃঢ় কণ্ঠে বলল। "ওর যে সাহস! দেখ ওর অনেক লম্বা আয়ু হবে। এই অসুখ ওকে কাবু করতে পারবে না।"
প্রিয়াঙ্কার দুই চোখ বেয়ে আরেক পশলা অশ্রুর ধারা নামল। সে মোছার কোন চেষ্টাই করল না।

বিশ

সকাল থেকেই ভালো লাগছিল না নীনার। শরীরে কোন ব্যাথা বেদনা নেই, কিন্তু মনটাই ভালো নেই। কিমো নেয়া শুরু করবার পর থেকেই এই সমস্যাটা শুরু হয়েছে। সব সময় মনে হয় এই বুঝি কিছু একটা হবে – হয় ব্যাথা, নয় কোন খারাপ প্রতিক্রিয়া। কোথাও যেতে ইচ্ছে করে না, কিছু করতেও ইচ্ছে করে না। সারাক্ষন বিছানায় শুয়ে শুয়ে টেলিভিশন দেখে। রাজ্যের যাবতীয় চ্যানেল নিয়েছে মাইক। হিন্দী সিরিয়াল আগে তেমন একটা দেখত না নীনা, এখন সেগুলোও সারাক্ষন চলছে। মাইক প্রায়ই বাসা থেকে কাজ করে। সেও তার পাশে গ্যাট হয়ে বসে দেখে। নীনা তার কান্ড দেখে হাসবে না কাঁদবে বুঝতে পারে না। এই বিশাল লোকটা বউয়ের সাথে বসে ছিঁচকাঁদুনে সোপ অপেরা দেখছে, চিন্তাই করা যায় না। কিন্তু যার এসব করে অভ্যাস নেই সে আর কতদিন এই রুটিন চালিয়ে যেতে পারে? ক' দিন পরেই দুপুর পর্যন্ত স্ত্রীর পাশে ধৈর্য ধরে বসে থেকে শেষে বিশাল এক হাই ছেড়ে উঠল মাইক। "চল, বাইরে গিয়ে লাঞ্চ করি," সে প্রচুর উদ্দীপনা নিয়ে বলল। নীনাকে কোন ব্যাপারেই আজকাল খুব উৎসাহী করে তোলা যায় না, সেই জন্যেই অতিমাত্রায় আগ্রহ দেখাতে হয়। নীনা সেটা বোঝে কিন্তু তার বাইরে যেতে ইচ্ছা হয় না। শুধু যে শারীরিকভাবে খারাপ লাগে তাই নয়, মানসিকভাবেও সমস্যা হয়। মনে হয় সবাই বুঝি জেনে গেছে তার ক্যানসার হয়েছে, চুল সব পড়ে যাচ্ছে, ক'দিন বাঁচবে বলা যাচ্ছে না। মানুষের সহানুভূতি দেখতে তার ভালো লাগে না।
"আমার কোথাও যেতে ইচ্ছে করছে না," নীনা উত্তেজনাহীন কণ্ঠে বলল।
"তোমার প্রিয় ফিশ অ্যান্ড চিপ! যাবে? অথবা থাই? ভালো লাগবে, দেখ। বাসায়

শুয়ে বসে আরোও অসুস্থ হয়ে পড়ছ।" মাইক যথাসম্ভব চেষ্টা করে ব্যাপারটা লোভনীয় করে তোলার।

নীনা মাথা নাড়ে। "বাইরে খেতে ইচ্ছে করছে না। ক্ষুধা নেই।"

সাথে সাথে নতুন প্ল্যান বের করে ফেলে মাইক। "খাওয়া দাওয়া বাদ দাও। চল, এমন একটা জায়গায় যাই, যেখানে গেলেই তোমার মন ভালো হয়ে যাবে।"

ভ্রু কুঁচকে তাকায় নীনা। "কোথায়?"

"গেলেই বুঝবে," মুচকি হেসে বলে মাইক। তার আগ্রহ দেখে বাধ্য হয়ে রাজী হয়ে যায় নীনা। বেচারীকে একটু বাইরের মুক্ত বাতাসে নিয়ে যাওয়া দরকার। তার সাথে গৃহ বন্দী হয়ে আর বেশীক্ষন থাকলে সে পাগলই হয়ে যাবে।

নীনাকে নিয়ে ঘুরতে ঘুরতে মাইক যখন ওদের আগের পাড়ায় এসে ঢুকল তখন নীনা খুব একটা অবাক হল না। সে যেন জানতই এমন কিছু একটা হবে। ছেলেদের দলটা হৈ চৈ করে ফুটবল খেলছিল। মাইককে গাড়ি থেকে নামতে দেখেই ছুটে এলো ওরা।

"বিগ মাইক! খেলবে?" এক যোগে অনেকে কথা বলে ওঠে।

মাইক হেসে সবার নাম ধরে ধরে ডেকে তাদের মাথায়, পিঠে হাত বোলায়। তার আকর্ণ বিসতৃত হাসি দেখে নীনা হাসি চেপে রাখতে পারে না। বুড়ো খোকা! মাইক পুরানো বন্ধুদের সাথে খেলতে নেমে যায়। স্বভাব মোতাবেক নীনাকে বল নিয়ে তার ব্যুতপত্তি দেখাতে গিয়ে পপাত ভূমিতল হল। জামা কাপড় ঘাসে এবং ধুলায় মাখামাখি। ছেলেগুলো খুব হাসছে। নীনা বিরক্ত কণ্ঠে বলল, "কি করছ? জামা কাপড়ে ময়লা লাগাচ্ছ!"

ধুলা ঝেড়ে উঠতে উঠতে শ্রাগ করল মাইক। "না হয় লাগল একটু। কি আর হবে?"

"ঐ ময়লা হাত দিয়ে আমাকে যেন ছোঁবে না," নীনা যথাসম্ভব বিরক্তি ফুটিয়ে বলে। এই পর্যায়ে কোন রকম লাই দিলে মাইক যে কি করবে কে জানে।

নীনাকে ক্ষেপানোর জন্যেই ময়লা হাত নিয়ে তাকে ছুঁয়ে দেবার জন্য বিশাল এক হাসি নিয়ে এগিয়ে এলো মাইক। নীনা হাত তুল্ল। "মারব কিন্তু!"

ঠিক সে সময় একটি অল্প বয়স্ক ছেলে তাদের দিকে দৌড়ে এল। "শোন, আমার মা তোমাদেরকে বাসায় আসতে বলেছে।"

মাইক এবং নীনার কয়েক মুহূর্ত লাগল ছেলেটাকে চিনতে। তাদের পুরানো বাড়ীটা সে দম্পতি কিনে নিয়েছে তাদের ছেলে। পেছনে তাকিয়ে ছেলেটার মাকে দাঁড়িয়ে থাকতে দেখল ওরা। তাদেরকে লক্ষ্য করে হাত নাড়ছে সে। আসতে বলছে। মাইক এবং নীনা চোখাচোখি করে। "হয়ত আমাদেরকে কোথাও দেখেছে," মাইক বলে। নতুন বাড়ীওয়ালদের সাথে তাদের কখন পরিচয় হয় নি। মহিলা কিভাবে তাদেরকে চিনতে পারল সেটা একটা প্রশ্ন।

ছেলেটা যেন তাদের নীরব প্রশ্নটা ধরতে পারল। সে নীনাকে লক্ষ্য করে দ্রুত

বলল, "এজেন্ট আঙ্কেল বলেছে তোমার নাকি ক্যানসার হয়েছে। চল। মা খুব খুশী হবে।"
ব্যাপারটা পরিষ্কার হল এবার। নীনা একটু দ্বিধা করে বলল, "চল যাই। এতো দিনের বাসা। একটু ভেতরে ঢুকে ঘুরতে ফিরতে ভালোই লাগবে।"
মাইক ছেলেটাকে লক্ষ্য করে জানতে চাইল, "তোমার নাম কি, বাবা?"
"রাজু। আমি গ্রেড ফাইভে পড়ি।" ছেলেটি ঝটপট উত্তর দেয়।
"তুমি ফুটবল খেলতে পছন্দ কর না?" মাইক জিজ্ঞেস করে।
রাজু মাথা নাড়ে। "আমার বাস্কেটবল আর বেসবল পছন্দ।"
শ্রাগ করে মাইক। "আমার সব খেলাই পছন্দ। আচ্ছা শোন, আমরা তোমার মায়ের সাথে গিয়ে একটু আলাপ করব। কিন্তু তোমাকে একটা কাজ করতে হবে। তুমি এখানে দাঁড়িয়ে থাক। কোন আইসক্রিম ট্রাক এলে হাত নেড়ে থামাবে। আমি আজ সবাইকে আইসক্রিম খাওয়াব। পারবে?"
রাজু বিশাল করে মাথা দোলায়। "কেন পারব না? তোমরা আমার মাকে বলে দিও।"
মহিলা দূর থেকে আবার হাত ছানি দিয়ে তাদেরকে ডাকল।

ভদ্রমহিলার নাম প্রীতি। তার স্বামী এখনও কাজ থেকে ফেরে নি। তার একটি ছেলে, একটি মেয়ে। মেয়েটির নাম রানী। মাইক এবং নীনাকে খুব জোরাজুরি করে বাসার ভেতরে নিয়ে এল প্রীতি। তাদেরকে নাকি তারা বাড়ী দেখতে এসে একবার দেখেছিল। সেবার শুধুমাত্র সামনে দিয়ে ড্রাইভ করে চলে গিয়েছিল। ওরা দু'জন সামনের লনে কাজ করছিল। নীনার ক্যানসার হয়েছে শোনার পর থেকেই অসম্ভব খারাপ লাগছিল প্রীতির। এভাবে যে দেখা হবে সে চিন্তাও করে নি।
পেছনের আঙ্গিনায় বিশাল একটা চেরি গাছ। নীনার অনেক প্রিয় গাছ। সে নিজেকে সামলাতে পারে না। কাছে গিয়ে সযত্নে গাছটার কান্ডে হাত বোলায়।
মাইক বলল, "ওই লাগিয়েছিল গাছটা, নিজের হাতে। আমরা প্রথম যখন আসি, সেই বছরই। যেমন সুন্দর ফুল হয় তেমনি অনেক ফল হয়। বসন্ত এলে দেখবে।"
প্রীতি সায় দিল। "হ্যাঁ, গাছটা খুবই সুন্দর।"
রানী একটু লাজুক ধরনের। সে মায়ের পেছনে লুকিয়ে তাদের দু'জনকে দেখছিল। এই পর্যায়ে সে চাঁপা স্বরে বলল, "বাবা বলেছে গাছটা কাটতে হবে। অনেক বড় হয়ে গেছে।"
প্রীতি সপ্রতিভ কণ্ঠে বলল, "ওভাবে বল না, মা। তোমার বাবা একবার বোধহয় বলেছিল। বেশী বড় ব্যাকইয়ার্ড নাতো!"
মাইক হেসে বলল, "প্রীতি, এটা এখন তোমাদের গাছ। তোমরা যা ইচ্ছা তাই করবে। এতে লজ্জা পাবার কিছু নেই।"
প্রীতি নীনার দিকে তাকিয়ে করুন ভাবে হাসল। সে যে একটি কোমলমতি মেয়ে বুঝতে বাকী থাকে না মাইকের। তার অনেক মায়া। নীনার মন খারাপ হবে দেখে

সে এই প্রসঙ্গ এড়িয়ে যেতে চায়। মাইক স্নেহময় দৃষ্টি দিয়ে তাকে আস্বঃস্ত করতে চায়। মানুষের মতই গাছের একদিন সময় শেষ হয়ে আসে। তাকেও বিদায় নিতে হয় চিরচেনা পৃথিবীর কাছ থেকে। এর মধ্যে অস্বাভাবিক কিছুই নেই।
প্রীতি তাদেরকে খুব করে ধরেছিল রাতে খেয়ে যেতে হবে। কিন্তু নীনা থাকতে চায়নি। তার বোধহয় পুরানো বাড়ীর জন্য নতুন করে মায়া পড়ে যাচ্ছিল। অযথা মায়া বাড়াতে সে আর চায় না। প্রীতির স্বামীর ফিরবার জন্যও তারা অপেক্ষা করেনি। বাচ্চাদের জন্য আইসক্রিম কিনে দিয়েই বেরিয়ে এসেছে। গাড়ীতে প্রায় কিছুই বলে নি নীনা। মাইক আলাপ শুরু করবার জন্য বলেছিল, "মেয়েটা বেশ ভালো তাই না? মনটা নরম।"
মাথা দুলিয়েছে নীনা। "হ্যাঁ।"
আলাপ জমে নি। তাকে আর বিরক্ত করেনি মাইক। চুপচাপ গাড়ী চালিয়েছে।

একুশ

মানবীয় জীবনের সবচেয়ে কঠিন সময়েও মানুষ একটা রুটিনে অভ্যস্ত হয়ে যায়। নীনাও ধীরে ধীরে হাসপাতাল, কিমো, অনাহুত ব্যাথা-বেদনা, হঠাৎ হঠাৎ বমি, ভয়ানক মাথা ব্যাথা, বুকে ব্যাথা – এমনি যাবতীয় যন্ত্রনাদায়ক ব্যাপারগুলোতে অভ্যস্ত হয়ে উঠতে থাকে। প্রথম প্রথম বিশ্বাস হত না যে তার জীবন এমন একটা অস্বাভাবিক দিকে মোড় নিয়েছে। কিন্তু সময়ের সাথে সাথে সবকিছু কেমন অদ্ভুতভাবে স্বাভাবিক মনে হতে থাকে। কেমন করে যেন মাস দুয়েক পেরিয়ে যায়। সাহারার সাথে প্রায় প্রতিদিনই কথা হয়। ভাইবারে ক্যামেরা দিয়ে ফারাহর সাথে অনেক কথা হয়। নীনাকেই বেশিরভাগ কথাবার্তা চালাতে হয়, মাঝে মাঝে শিশুসুলভ দু' চারটে শব্দ করে ফারাহ তার উপস্থিতি জানান দেয়। মাইক নিয়মিত তার মাথা চেঁছে চলেছে। নীনা তাকে নাপিতের কাছে গিয়ে চাঁচতে বললেও তার কথা শোনে না মাইক। নিজে নিজেই করে। প্রতিবারই মাথা রক্তে মাখামাখি হয়, দেখে শরীর গুলিয়ে ওঠে নীনার। কিন্তু মাইক স্বভাবসুলভ হেসে বলে,"এভাবেই আমার পছন্দ। ভালোবাসার জন্য সামান্য দু' ফোটা রক্ত দিতে পারব না, কেমন ভালোবাসা সেটা?"
নীনা ধমকে ওঠে, "ফাজলামী করার জায়গা পাওনা! তোমার এইসব ছেলেমানুষী দেখে আমার শরীর আরোও খারাপ হচ্ছে।"
সেই সব বকাঝকা গায়ে মাখে না মাইক। সে নিজে নিজে টাক মাথায় চক্র বক্র একে স্ত্রীকে নানা ধরনের কমেডিক শো দেখায়। না দেখে উপায় থাকে না নীনার। বেচারী এতো কষ্ট করছে, তার মন খারাপ করে দিতে ইচ্ছে হয় না।
সানিদের সাথে বেশ খাতির হয়ে গেছে ওদের। সানির অষ্টম জন্মদিন হল ঘটা

করে। সেখানে নীনা এবং মাইককে সাদরে আমন্ত্রন জানানো হয়েছিল। নীনাও তাদেরকে আমন্ত্রন জানিয়েছে। মাইক তাদেরকে তার ন্যাড়া মাথার কমেডিয়ানের রুটিন দেখিয়ে খুব তাক লাগিয়ে দিল। মনিশ এবং প্রিয়াঙ্কা হাসতে হাসতে মাটিতে ঢলে পড়েছে। তাই দেখে মাইকের উৎসাহ এতো বেড়েছে যে সে এখন তার প্রাকটিসের পরিমান বাড়িয়ে দিয়েছে।

স্যালি পরীক্ষার জন্য আসতে না পারলেও ঘন ঘন ফোন করেছে। সাহারাও আসি আসি করে শেষ পর্যন্ত আর সুযোগ করে আসতে পারে নি। তার শ্বাশুড়ির শরীরটাও মাঝখানে একটু খারাপ হয়েছিল। অল্পতেই শয্যাশায়ী হয়ে পড়ে। নীনার মাঝে মাঝে একটু বিরক্তিই লাগে। এই দেশে কোন শ্বশুর শ্বাশুড়ি ছেলেবউয়ের উপর নির্ভর করে পড়ে থাকে? সাহারারই কপাল খারাপ। মাইক অবশ্য এটা নিয়ে খুব গর্বিত। সে মাঝে মাঝে মন খারাপ করে বলে তার নিজের যদি এমন একটা ছেলে বউ হত তাহলে সে নিজের জীবন সার্থক মনে করত। আজকাল কটা মেয়ে বয়েসী শ্বশুর-শ্বাশুড়ির সেবা যত্ন করে? সাহারার উপর কি কোন মেয়ে হয়! স্যালি হলে কবে বাসা থেকে বেরিয়ে যেত। নীনা স্যালির কানে এই কথা তুলে দেবার ভয় দেখাতে সে কান ধরে মাফ চেয়েছে।

দু' মাস পরে সানির মুখ থেকে একটা চমৎকার সুখবর শোনা গেল। "আমার একটা ছোট বেবি হবে," ফোনের মধ্যে সে চীৎকার করে ওঠে।

প্রিয়াঙ্কা তার হাত থেকে ফোন নিয়ে বিস্তারিত জানাল। তাদের প্রচেষ্টা সফল হয়েছে। তার প্রেগন্যান্সি টেস্ট পজিটিভ হয়েছে। এই খবর পাবার পর থেকে সানির ছুটাছুটি আর চীৎকারে বাসায় থাকাই দায় হয়ে উঠেছে। তার ভাব দেখে মনে হচ্ছে বেবি যেন দু' একদিনের মধ্যেই এসে হাজির হবে। খুব হেসেছিল নীনা। বিশ্বাস করতেও কষ্ট হচ্ছিল তার এইরকম অবস্থাতেও সে এমন মন খুলে হাসতে পারবে।

খারাপের মধ্যে একটা ব্যাপারই ঘটল, কিমোথেরাপিতে তার খুব একটা কাজ হল না। ডঃ ডেভ তার অফিসে তাদেরকে আমন্ত্রণ জানাল খোলামেলা আলাপ করবার জন্য। মাইক এবং নীনা দু'জনাই জানত তেমন কোন সুখবর নেই। ডঃ ডেভ রাখঢাক না করেই বলল, "চিকিৎসা শুরু করবার আগেই আমি বলেছিলাম ফলাফল নানা রকমের হতে পারে। কিমোথেরাপি কারো কারো ক্ষেত্রে খুবই ভালো কাজ করে। কারো কারো ক্ষেত্রে আদৌ করে না। নীনা, তোমার ক্ষেত্রে খুব একটা পরিবর্তন হয় নি। কিন্তু চিন্তা কর না। আমাদের হাতে অন্য চিকিৎসা আছে।"

তার কণ্ঠে খুব একটা আশাব্যাঞ্জক কিছু ছিল না। নীনা এবং মাইক দৃষ্টি বিনিময় করল। মাইক শুষ্ক কণ্ঠে বলল, "একটু খুলে বল ডেভ। আমরা খুব আশা করছিলাম কিমোতে কাজ হবে। অন্য কোন ধরনের কিমো দেয়া যায় না?"

মাথা নাড়ল ডঃ ডেভ। "এখনই আবার কিমো দিতে চাচ্ছি না। নীনার শরীর নিতে পারবে না। উপকারের চেয়ে হয়ত অপকারই হবে।"

73

"তাহলে আমাদের পরবর্তি পদক্ষেপ কি হবে?" মাইক ধৈর্য ভরে জিজ্ঞেস করে।
"রেডিয়েশন থেরাপী করা যেতে পারে," ডেভ বলল। "কিছু ঔষুধ আছে, মুখে খাবার জন্য। নতুন ধরনের চিকিৎসা সব সময়েই আসছে। ক্লিনিকাল স্টাডিতে তাকে যোগ করা যেতে পারে। কখন কোনটা যে কাজে লেগে যাবে আগে থেকে বলার কোন উপায় নেই। আমরা চেষ্টা করতে থাকব।"
মাইক মাথা নাড়ল। "কোন ক্লিনিকাল স্টাডিতে আমি ওকে ঢোকাব না। ওকি গিনিপিগ নাকি?"
"আরে ওটাতো একেবারে শেষে, যখন অন্য কোন কিছুতে কাজ হবে না," ডঃ ডেভ মাইককে শান্ত করবার চেষ্টা করে। "যতক্ষন শ্বাস, ততক্ষন আঁশ। ঠিক?"
মাইক মাথা দোলায়। ডঃ ডেভ যে তার সাধ্যমত চেষ্টা করবে তাতে সন্দেহের কোন কারণ নেই। সে বলল, "ঠিক আছে। বল কি করব আমরা এখন?"
ডঃ ডেভ কয়েক মুহূর্ত চুপ করে থেকে বলল, "মাইক, নীনা, আমার কথা শুনে তোমাদের হয়ত একটু মন খারাপ হতে পারে। কিন্তু, এখন আমাদের একটু ধৈর্য্য ধরতে হবে। আমি একটু আগে বলেছিলাম আমাদের আরেকটা উপায় হচ্ছে রেডিয়েশন থেরাপিতে যাওয়া। কিন্তু তাতে একটা সমস্যা আছে। রেডিয়েশন থেরাপি দেবার পর ক্যানসার আক্রান্ত সেলগুলো ঝরে পড়ে। অপারেশন করে সেই বর্জ্য সেলগুলোকে বের করে ফেলতে হয়। দুর্ভগ্যবশতঃ কোন সার্জেন নীনাকে অপারেশন করতে রাজী হয় নি। তারা বলছে ওর ক্যান্সারের যে অবস্থা তাতে এই ধরনের অপারেশন বিপদজনক হতে পারে।"
মাইক স্তম্ভিত হয়ে গেল। "কি বলছ এসব? একটু আগেই বললে আমরা রেডিয়েশন থেরাপি করতে পারব!"
ডঃ ডেভ লজ্জিত কণ্ঠে বলল, "সরি, তোমাদেরকে মিথ্যে আশ্বাস দিতে চাই নি। তখন আমি সাধারনভাবে কি কি ধরনের চিকিৎসা আছে সেটাই বলছিলাম।"
মাইক একটা দীর্ঘ নিশ্বাস ছেড়ে হতাশা ঢাকার চেষ্টা করে। "রেডিয়েশন যদি না দেয়া যায় তাহলে আমাদের সামনে আর কি পথ খোলা থাকল?"
"ঔষধ দিচ্ছি। আপাতত ওটাই চলতে থাকুক।" ডঃ ডেভ বলল। "ইতিমধ্যে আমরা খোজ খবর করতে থাকব। ক্লিনিক্যাল স্টাডির কথা বলেছিলাম, সেদিকেও খোজ নেব। একটু ধৈর্য ধরতে হবে।"
মাইকের মুখ লাল হয়ে উঠছে দেখে মনে মনে প্রমাদ গুনল নীনা। সে যেন জানতই তার সময় প্রায় শেষ হয়ে এসেছে। মাইক মেনে নিতে চায় নি। সে বোধহয় অসম্ভব সব আশায় বুক বেধেছিল। নীনা মাইকের হাত চেপে ধরল, তাকে শান্ত করবার চেষ্টা করল। মাইক তার উষ্মা গোপন করতে পারল না। "তাহলে আমরা এখন বাসায় গিয়ে নাকে তেল দিয়ে ঘুমাব, ডেভ? কোন চিকিৎসা না হলে নীনার ক্যানসার কিভাবে সারবে? কোন জাতের ডাক্তার তোমরা? এতো বড় বড় সার্জেন্ট সব আর একটা সামান্য অপারেশন করতে পারবে না? অনেকেই তো বার বার কিমো দেয়। ওকে কেন আবার কিমোতে দিচ্ছ না? গিনিপিগ ওকে আমি হতে দেব

না।”
ডঃ ডেভ শান্ত কণ্ঠে বলল, “একবার তো বলেছি মাইক, এই মুহূর্তে নীনাকে আমি আবার কিমোতে দেব না। ও নিতে পারবে না। হয়ত কয়েকদিন পরে আবার দেয়া যেতে পারে।”
ডঃ ডেভের একটা মিটিং ছিল। সে একটু পরেই তাদের কাছ থেকে বিদায় নিয়ে চলে গেল। থমথমে মুখ নিয়ে হাসপাতাল থেকে বেরিয়ে এলো মাইক। নীনা তার একটা হাত ধরে আছে। রেগে গেলে লোকটা কি করে বসবে কে জানে। নিজের জীবনের চেয়ে এখন তাকে নিয়েই তার দুঃশ্চিন্তা বেশী হচ্ছে। গাড়িতে উঠেও বেশ কিছুক্ষন কোন কথা বলল না মাইক। যখন মুখ খুল্ল তখন এক নাগাড়ে কিছুক্ষন খিস্তি করল। কানে আঙ্গুল দিল নীনা। “হচ্ছে কি?”
“হারামজাদা! ভাবতাম ভালো ডাক্তার! শালা ইল্লত!” গজরাতে থাকে মাইক।
নীনা নরম গলায় বলল, “এই স্টেজে তেমন কিছু একটা হয়ত করার থাকে না। অযথা তার উপর রাগ করে কি লাভ?”
মাইক চিবিয়ে চিবিয়ে বলল, “কিছু করার নেই মানে? এতো তাড়াতাড়ি ছেড়ে দেব? কক্ষন না। দেখ, কিছু একটা আমি বের করবই। যত সার্জেন্টকে চিনি সবার সাথে আলাপ করব। তুমি কোন চিন্তা কর না। মনে জোর রাখবে।ফারাহর বিয়ে দেখে যাবে তুমি!”
এই অবস্থাতেও হাসি থামাতে পারল না নীনা। মাইক বিরক্ত হল। “হাসির কথা বলিনি।”

বেশ কিছুদিন অফিসে যায়নি মাইক। পরদিন একটা গুরুত্বপূর্ণ মিটিং ছিল, তার ম্যানেজার তাকে ডেকে পাঠাল। নীনাকে বাসায় একা রেখে যেতে তার ভয় করে তবুও না গিয়ে উপায় ছিল না। নীনা অবশ্য তাকে কথা দিল যে কোনরকম সমস্যা হলে সে তাকে সাথে সাথে ফোন করবে। কিন্তু নীনাকে বিন্দুমাত্র বিশ্বাস করে না মাইক। দেখা যাবে খুব জরুরী অবস্থাতেও সে মাইককে ফোন করেনি, অকারনে ব্যাস্ত হয়ে উঠবে সেই জন্যে।
মিটিং শেষ হতে কয়েকজন সহকর্মীর সাথে কাছের একটা কফি শপে যেতে হল। সবাই তার অবস্থা জানে। তারা সবাই সহানুভূতিশীল। তাদের জোরাজুরিতে না করতে পারল না মাইক। তাদের সাথে অল্প কিছুক্ষন সময় কাটিয়ে বেরিয়ে এল মাইক। তার অস্থির লাগছে। যতদিন কিমো চলছিল তবুও একটা কিছু হচ্ছিল, এখন বাসায় বসে ওষুধ খেলে কিভাবে কি হবে সে ভেবে পাচ্ছে না। সে সাহারাকে ফোন করল। মেয়েটা প্রায় প্রতিদিনই ফোন করে খোজ নেয়, কিন্তু গতকাল কথা হয়নি।
সাহারা বাবার ফোন পেয়েই খুব লজ্জায় পড়ে গেল। “সরি বাবা, কাল ফোন করতে পারি নি। ফারাহর শরীরটা একটু খারাপ। তেমন কিছু না। একটু পেট খারাপ হয়েছে। গতকাল তো ডাক্তার ডেভের সাথে বসার কথা ছিল। কি বলল?”

মাইক শুষ্ক কণ্ঠে বলল, “ভালো কিছু না। তার কথা শুনে মনে হল সে একরকম আশা ছেড়েই দিয়েছে। কিমোতে তেমন কোন কাজ হয়নি। আমাদের সামনে দু’টো পথ খোলা আছে। রেডিয়েশন আর ক্লিনিক্যাল ট্রায়াল।”
সাহারা বলল, “অনেকের তো রেডিয়েশনে কাজ হয় বাবা।”
“সেখানেও একটা সমস্যা আছে।” মাইক সার্জারীর ব্যাপারটা মেয়ের কাছে সবিস্তারে ব্যাখ্যা করে। “যা ভেবেছিলাম তার কোন কিছুই ঠিক মত হচ্ছে না। খুব ভয় লাগছে রে।”
“মা কেমন আছে? সব জানে?”
“জানে। আমার সাথে ছিল কালকে। সবই শুনেছে। আমি ওর কাছ থেকে কিছু কিছু জিনিষ লুকিয়ে রাখবার চেষ্টা করেছি, কিন্তু এখন আর সেটা সম্ভব হয় না।”
দু’জনাই কিছুক্ষন নীরব থাকে। সাহারা একটা দীর্ঘ নিশ্বাস ছেড়ে বলে, “বাবা, আমাদের আশা ছাড়লে হবে না। হয়ত ওষুধেই কাজ হবে। কে বলতে পারে?”
“তুই কি ক’দিনের জন্য আসতে পারবি?” লজ্জার মাথা খেয়ে জিজ্ঞেসই করে বসে মাইক। তার একটু মানসিক সমর্থন দরকার। সাহারা কাছে থাকলে সেটা পায়।
সাহারা দ্বিধান্বিতভাবে বলল, “বাবা, আমার শ্বাশুড়ীর আবার জ্বর হচ্ছে ক’দিন ধরে। আমি চলে গেলে বেন একা কিছুতেই সামলাতে পারবে না। তুমি কয়েকটা দিন চালিয়ে নাও, আমি শীঘ্রই আসব।”
মাইক মেয়েকে বিদায় দিয়ে ফোন রেখে দিল। বেচারির উপর বেশী চাপ দিতে চায় না সে। পারলে মেয়েটা ঠিকই চলে আসত। বাসায় ফোন করল। ধরল না নীনা। হয়ত ঘুমাচ্ছে। কিন্তু জানার কোন উপায় নেই। সে অফিসে বলে গাড়ীতে উঠে জোরে ছুটিয়ে দিল। সারাক্ষন শুধু ভয় হয়, এই বুঝি হঠাত কিছু একটা হয়ে যায় নীনার। তার দেখা মত অধিকাংশ ক্যান্সারের রোগীদেরই তেমন হয়। এই ভালো আছে, হঠাৎ পরিস্থিতি অসম্ভব খারাপের দিকে মোড় নেয়। দুই তিন দিনও যেতে পারে না, আপাতত দৃষ্টিতে সুস্থ একটা মানুষ চিরতরে হারিয়ে যায়।

বাইশ

বাসায় যাবার পথে সুপারস্টোরে দ্রুত থেমে অনেকগুলো ফুল নিল মাইক। নীনাকে একটু চমক দেবার ইচ্ছা। সুন্দর করে তোড়া বানিয়ে নিল। বাসায় পৌঁছে দেখল নীনা অন্ধকার ফ্যামিলি রুমে বসে টেলিভিশন দেখছে। ঝটপট সব বাল্ব জ্বালিয়ে দিয়ে চারদিক আলোয় আলোকিত করে ফেলল মাইক। বিশাল ফুলের তোড়াটা নীনার হাতে ধরিয়ে দিল। “হ্যাপি বার্থডে! তোমার প্রিয় ফুল নিয়ে এসেছি।” সে উদাত্ত কণ্ঠে ঘোষনা দেয়। নীনা অবাক হয়ে তার দিকে তাকিয়ে আছে দেখে জোরে বাজনা চালিয়ে দিয়ে উদ্দাম নৃত্য শুরু করে।
নীনা বিস্ফোরিত দৃষ্টিতে তার কাণ্ডকারখানা দেখে ধমকে উঠল, “থামো! হচ্ছে কি

এসব?"
মাইক এক গাল হাসি দিয়ে বলল, "নাচছি! এসো, নাচো আমার সাথে। তুমি না নাচতে পছন্দ কর?"
নীনা মাথা নাড়ল। "এখন আমার নাচতে ইচ্ছা করছে না। আর, আজকে আমার জন্মদিন না। কিন্তু ফুলগুলো সুন্দর হয়েছে। এবার দয়া করে আলোগুলো সব নিভিয়ে দাও। আর ঐ হাউ কাউ বন্ধ কর। কান ঝালাপালা হয়ে যাচ্ছে।"
বাজনা বন্ধ করে দিল মাইক। "সরি। ভেবেছিলাম হয়ত তোমার ভালো লাগবে।" আলোগুলোও সব বন্ধ করে দিল সে।
নীনা নরম গলায় ডাকল, "আমার পাশে এসে বস মাইকি।"
মাইক নীরবে স্ত্রীর পাশে গিয়ে বসে।
নীনা তার বাহুতে হাত রেখে বলল, "তোমাকে কখন বলেছি আমি তোমাকে কত ভালোবাসি?"
মাইক নীনাকে জড়িয়ে ধরল। "আমরা আশা ছাড়ছি না।"
নীনা তার চুলে হাত বুলিয়ে দিল। "এতো চিন্তা ভাবনা করে এই জন্মদিনের প্ল্যানটাই মাথায় এল?"
মাইক ম্লান মুখে বলল, "জন্মদিন কে না পছন্দ করে? বাইরে খাবে? চল।"
নীনা মৃদু কণ্ঠে বলল, "আমার পাশে একটু চুপচাপ বসে থাক। আজ আমার কোথাও যেতে ইচ্ছে করছে না। কাল নাহয় যাওয়া যাবে।"
মাইক বলল, "কালই সই। আচ্ছা, আমি তোমাকে কখন বলেছি তুমি যে কত সুন্দর?"
নীনা হেসে ফেলল। "হিসাব রাখতে গেলে মহাভারত হয়ে যেত। এখন একটু চুপ করে থাক। আমি শো টা দেখছি।"
মাইক বাধ্য ছেলের মত বসে ভারতীয় সোপ অপেরা দেখতে থাকে। প্রচুর আবেগময় সংলাপ, ভাব-ভালোবাসা, মান-অভিমান – আগে হলে মুখ বাকিয়ে উঠে যেত। আজ, এই মুহূর্তে, নীনার পাশে বসে দেখতে দেখতে তার চোখের কোন ভিজে ওঠে।

মাত্র কয়েক দিনেই নীনার কাশিটা বেড়েছে, শ্বাসকষ্ট হয় মাঝে মাঝে। মাইক অসম্ভব নিয়ম মাফিক ওষুধ খাইয়ে চলেছে, কিন্তু তাতে কতখানি কাজ হচ্ছে সন্দেহ আছে। নীনার অবস্থা দেখলেই হাসপাতাল এবং ডাক্তারদের উপর ভয়ানক রাগে ফেটে পড়তে ইচ্ছে হয় মাইকের। সে সমানে খিস্তি করে, নীনার নিষেধাজ্ঞা থাকা সত্ত্বেও। "হারামীর বাচ্চারা! ক্যানসার রোগীকে খান কতক ফালতু কিমো শট দিয়ে বাড়ী পাঠিয়ে দিল। এই ওষুধগুলো খেতে থাক। কপাল ভালো থাকলে দু' চারদিন বেশী বাঁচবে। শুয়োর! ইচ্ছে হয় পিটিয়ে ছাতু করে দেই শালার ডাক্তারগুলোকে।"
নীনা বিরক্ত হয়। "বেচেরীদের খামাখা দোষ দিচ্ছ কেন? এছাড়া আর কি করবে

তারা? স্পিরিচুয়াল সাপোর্ট দেবে?”
মাইক রাগ এবং ক্ষোভে বাড়ীময় পায়চারী করে। “ডাক্তারের কাজ কি শুধু রোগীকে পরামর্শ দিয়ে বাড়ী পাঠিয়ে দেয়া? ডেভ ঠিক সেটাই করেছে। হারামী। একদিন গিয়ে দেব মুখের মধ্যে একটা লাগিয়ে।”
নীনা জানে মানুষটা এমনিতে ঠান্ডা হলেও রাগ হয়ে গেলে উলটো পালটা কাজ করে ফেলতে পারে। সে তাকে বোঝানোর চেষ্টা করে, “গাধার মত কোন কাজ কর না কিন্তু। আমার এই সময়ে তোমাকে আমার পাশে দরকার, জেলে না। মনে থাকে যেন।”
মাইক এই জাতীয় কথার পর সাধারণত শান্ত হয়। “ভেবো না। এই সব হারামীগুলোর গায়ে হাত দিয়ে হাত গন্ধ করতে চাই না। তবে আমি ওদেরকে দেখিয়ে দেব ইচ্ছা থাকলে যে উপায় হয়। শুধু এক বছর না, তুমি আরোও অনেক বছর বাঁচবে।”
নীনা এই জাতীয় আবেগময় কথাবার্তায় খুব একটা গুরুত্ব দেয় না। সে জানে নতুন কোন চিকিৎসা শুরু না হলে তার সময় শেষ হয়ে এসেছে। কিন্তু আশ্চর্যের ব্যাপার হল ভয় কিংবা আতংক তাকে আর গ্রাস করে না। সে ধীরে ধীরে ঠান্ডা মাথায় ভাবতে শিখেছে। “এই ওষুধ কতদিন খাওয়া যাবে? আমার কিডনি টেস্টের রেজাল্ট কি ফিরে এসেছে?”
“না, কেন তোমার কি খারাপ লাগছে?” মাইক সন্ত্রস্থ হয়ে পড়ে। তার আজকাল শুধু ভয় হয় এই বুঝি হঠাৎ কোন অঘটন ঘটে।
নীনা তাকে আশ্বস্ত করে। “না। আমি ঠিক আছি। এমনিই জিজ্ঞেস করলাম। আমার পাশে এসে বস। এভাবে বাড়ীময় হেটে বেড়িও না। আমারই অস্থির লাগে। বেশী ভেব না। সব কিছু ঠিক হয়ে যাবে।”
এই জাতীয় কথাবার্তায় মাইকের মন মানে না কিন্তু তবুও সে নীনার পাশে গিয়ে বসে। বেচারীর মনের মধ্যে কি চলছে কে জানে, নিজের অস্থিরতা আর উদ্বিগ্নতা দিয়ে সে তাকে আরোও ভঙ্গুর করে দিতে চায় না।

নীনার কিডনি টেস্টের রিপোর্ট আসতে তাকে ডেকে পাঠাল তার নতুন ডাক্তার ডঃ এলবার্ট। সে স্থানীয় একটি হাসপাতালের ওনকোলজিস্ট। ডঃ ডেভ যেহেতু এই মুহূর্তে কোন কিছু করতে পারছে না সেই জন্য সে তাদেরকে স্থানীয় হাসপাতালে ট্রান্সফার করে দিয়েছে।
ডঃ এলবার্ট গম্ভীর মানুষ। বেশী ভনিতা না করে সরাসরি মাইককে জানিয়ে দিল, “দেখ, খবর বেশী ভালো না।”
মাইকের বুকটা ধ্বক করে ওঠে। “খারাপ খবর শুনতে শুনতে অভ্যেস হয়ে গেছে। বলে ফেল।”
“নীনার ক্রিয়েটিন লেভেল অনেক বেশী। ওষুধটা খাবার জন্যই হচ্ছে। এটা আরো বেশীদিন চালিয়ে গেলে তার কিডনিতে অসুবিধা দেখা দিতে পারে।”

থমথমে মুখে ডঃ এলবার্টের দিকে তাকিয়ে থাকে মাইক। "তার মানে ওর ওষুধ খাওয়া বন্ধ করে দিতে হবে? রেডিয়েশন ট্রিটমেন্ট করানো যাচ্ছে না কারন কোন সার্জেন্ট অপারেশন করতে সাহস পাচ্ছে না। খুব রিস্কি। এখন বলছ এই ওষুধ ওর কিডনিতে সমস্যা করতে পারে। তাহলে এখন আমরা কি করব? হাত পা ছেড়ে দিয়ে মরার জন্য বসে থাকব? এই প্রগতি আর প্রযুক্তির যুগে এই আমাদের অবস্থা?"

ডঃ এলবার্ট শ্রাগ করল। "এটাই বাস্তবতা। ডাক্তার হিসাবে আমি আমার প্রতিটি রোগীকে কোন না কোন ভাবে সাহয্য করতে চাই কিন্তু মাঝে মাঝে করার মত কিছুই থাকে না।" একটু ভেবে আবার বলল, "একজন রেডিয়েশন থেরাপিস্টের নাম আমি তোমাকে দিতে পারি। তার সাথে আলাপ করে দেখতে পার। তার নাম ডঃ জো ম্যাথিউ। আমি তাকে ব্যাক্তিগত ভাবে চিনি। স্মার্ট মানুষ।সাহায্য করবার কোন রকম উপায় থাকলে সে করবে।"

ডঃ এলবার্ট তাকে ডঃ জো'র নাম, ঠিকানা এবং ফোন নাম্বার একটা কাগজে লিখে দিয়ে দিল। যত শীঘ্রই সম্ভব আলাপ করতে বলল। সে নিজেও ফোনে আলাপ করবে। ভদ্রলোক ব্যাস্ত থাকেন। ডঃ এলবার্টের ব্যাক্তিগত অনুরোধ পেলে হয়ত মাইকের সাথে তাড়াতাড়ি দেখা করবে। মাইক তাকে ধন্যবাদ জানিয়ে বেরিয়ে এল। বেচারীর উপর রাগ করে কি লাভ। সে তো আর ম্যাজিশিয়ান না। চিকিৎসা যদি না থাকে তাহলে সে আর কি করবে। কিন্তু তার কাছে ভেবে অবাক লাগে যে মানুষ যেখানে এই বিশ্ব ব্রহ্মান্ডে কোথায় কি ঘটছে তাই নিয়ে ঘাটাঘাটি করছে আর এই সামান্য পুচকে ক্যান্সারের মোক্ষম কোন চিকিৎসা এখনও বের করতে পারেনি। এটা কি করে সম্ভব?

তেইশ

নীনাকে প্রথমে মিথ্যে বলল মাইক। কিডনি টেস্ট চমৎকার। চিন্তার কোন কারন নেই। নীনা রিপোর্ট দেখতে চাইল। এড়ানো গেল না। রিপোর্ট দেখে নীনা বিশেষ একটা অবাক হল না। সে জানতোই মাইক এমন একটা কিছু করবার চেষ্টা করবে। ধরা পড়ে গিয়ে ডাক্তার জো ম্যাথিউয়ের কথা বলে পরিস্থিতি সামাল দেবার চেষ্টা করে মাইক। সে ইতিমধ্যেই তার সাথে আলাপ করেছে। এক সপ্তাহ পরে এপয়েন্টমেন্ট। নীনা তার উপর খুব রাগ করল। মাইককে কথা দিতে হল এখন থেকে সে নীনার কাছ থেকে কোন কিছু গোপন করবার চেষ্টা করবে না। নীনা হুমকী দিল আবার মিথ্যে বললে সে সন ধরনের চিকিৎসা বন্ধ করে দেবে।

ডাক্তার জো ম্যাথিউ ছোটখাট মানুষ, হাসি খুশী, কথা বলেন দৃঢ়তা নিয়ে। মনে জোর বাড়ে। নীনার সমস্ত রিপোর্ট দেখে বলল, একটা বিশেষ রেডীয়েশন থেরাপীর

ব্যাবস্থা সে করতে পারে যার পর কোন অপারেশন করবার প্রয়োজন হবে না। কিন্তু এই রেডিয়েশন মাত্র পনের মিনিটের জন্য পাঁচদিন দেয়া যাবে। ফলাফল যাই হোক আর কখন এটা রিপিট করা যাবে না।
"কোন উপকার হবে?" নীনা শান্ত গলায় জানতে চেয়েছে।
"হতে পারে," মিথ্যে আশ্বাস দেবার চেষ্টা করে নি ডাক্তার জো। "আগে থেকে বলার কোন নিশ্চিত উপায় নেই। কিন্তু অনেক সময় কাজ হয়। করবে কি করবে না সেটা তোমাদের সিদ্ধান্ত।"
মাইক হতাশ কণ্ঠে বলল, "না করে উপায় কি? আমাদের হাতে চিকিৎসা বলতে তো আর কিছুই নেই।"
ডঃ জো স্বীকার করল। "আগে তো কিছুই ছিল না। এখন অনেক ক্ষেত্রেই আমরা ক্যানসার রোগীকে অনেক দিন বাঁচিয়ে রাখতে পারি। হয়ত এখন থেকে বিশ-ত্রিশ বছর পর এই জাতীয় ক্যানাসারের নিশ্চিত চিকিৎসা আমাদের হাতে থাকবে।"

চিন্তা ভাবনা করবার তেমন কিছু ছিল না। ডাক্তার জো'র রেডিয়েশন থেরাপিতে রাজী হয়ে যায় তারা। খুব দ্রুত থেরাপি শুরু হয়ে যায়। থেরাপির পঞ্চম দিনে হাসপাতাল প্রাঙ্গণে মাইকের সাথে দেখা হল প্রিয়াঙ্কার। সে যে গর্ভবতী সেটা তার উদর দেখে এখনও বোঝা না গেলেও তার ধীর চলাফেরায় ধরা পড়ে যায়। মাইক দূর থেকে চীৎকার করে তাকে ডাকল। "কেমন আছো তুমি? এখানে কি করছ? বাচ্চার কি অবস্থা?" একসাথে অনেক গুলো প্রশ্ন করে মাইক। মেয়েটিকে সে খুবই পছন্দ করে। খানিকটা সাহারার মত চলাফেরা, ব্যবহার।
প্রিয়াঙ্কা তাকে দেখে বিশাল একটা হাসি দিল। "আরে মাইক? কেমন আছো?" নিজের পেটে হাত বুলিয়ে লাজুক হেসে বলল, "মাত্র তো মাস তিনেক হল। নীনা কোথায়? ক'দিন হল তোমাদের সাথে আরে দেখাও নেই, কথাও নেই।"
মাইক হাসল। "যে যার সমস্যা নিয়ে আমরা সবাই ব্যস্ত। নীনা ভেতরে। রেডিয়েশন থেরাপী চলছে। অবস্থা বেশী ভালো মনে হচ্ছে না। আমাদের হিরো কোথায়?"
প্রিয়াঙ্কা করুন মুখে বলল, "হিরো মোটামুটি ভালোই আছে। ওর এই অবস্থায় যে টুকু ভালো থাকা সম্ভব, সেই টুকু আর কি। ওর অনকোলজিস্ট অন্য একজনের কাছে পাঠিয়েছে দ্বিতীয় মতামত নেবার জন্য। সেই জন্যে এখানে নিয়ে এসেছি।"
মাইক তার কাধে আলতো করে হাত রাখে। "কিচ্ছু ভেব না তুমি। ও ঠিক হয়ে যাবে। ওর অনেক মনের জোর। ওর কাছ থেকে আমাদের অনেক কিছু শেখার আছে।"
এতক্ষন নিজেকে দমন করে রাখলেও মাইকের হৃদ্যতায় কাঠীন্যের বাধ ভেঙ্গে যায় প্রিয়াঙ্কার। "শুধু মনের জোরে কি এই সব অসুখ ভালো হয়, মাইক? আমরা শুধু দোয়া করছি ও যেন বেবিটাকে দেখে যেতে পারে। সারাক্ষন আমার পেট ধরে বসে থাকে। বেবি এখন কি করছে? বেবি কখন ঘুমায়? কিভাবে খায়? কত যে আজগুবী

প্রশ্ন ওর!” প্রিয়াঙ্কা কাদতে কাদতে হেসে ফেলে। মাইকও তার সাথে গলা মিলিয়ে হাসে।
“আমি নীনাকে সবসময় কি বলি জান?” মাইক হাসি থামিয়ে বলে। “বলি তুমি ফারাহর বিয়ে দেখে যাবে। ও হাসে। কিন্তু আমার দৃঢ় বিশ্বাস ও অনেক দিন বাঁচবে। তোমার সানিও খুব শীঘ্রই কোথাও যাচ্ছে না। ও একদিন ওর বেবির সাথে তোমার উঠানে দৌড়াদৌড়ি করে খেলবে।”
হাসি আর কান্নার মাঝখানে এক অদ্ভুত অনুভূতির মাঝে দাঁড়িয়ে মাইকের কথা শোনে প্রিয়াঙ্কা। তার শুনতে খুব ভালো লাগে। এই পৃথিবীতে কত অসংখ্য সমস্যা রয়েছে, কিন্তু এই মুহূর্তে তার প্রাণপ্রিয় সানির জীবনের চেয়ে আর কোন কিছুই তার কাছে বেশী গুরুত্বপূর্ণ মনে হয় না। এভাবে চিন্তা করাটা হয়ত স্বার্থপরতা কিন্তু একজন মায়ের কাছে এর চেয়ে বেশী কিছু আশা করাটা বোধহয় ঠিকও নয়।
প্রিয়াঙ্কার ফোন বাজছে। নাম্বারটা দেখেই বলল, “ও ফোন করেছে। মনে হয় ডাক্তার আমাকেও ডাকছে। যাই। পরে ফোন দেব বাসায়।”
নীরবে ঘাড় নাড়ে মাইক। মেয়েটার জন্য তার কষ্টই হয়। সানি নিশ্চয় ভালো হয়ে যাবে। এই চমৎকার মেয়েটির কোল খালি করে সে অন্য কোন অজানায় পাড়ি জমাবে না।
নীনার থেরাপী শেষ হতে মাইক বাইরে খাবার প্রস্তাব দিয়েছিল কিন্তু নীনা কোন আগ্রহ দেখায়নি। সে বাসায় গিয়ে বিশ্রাম নিতে চায়। খাওয়া দাওয়ায় তার বিন্দুমাত্র আগ্রহ নেই আর। মাইক জোর করে নি। নীনা বোঝে সে তাকে নানাভাবে ব্যাস্ত রাখতে চায় যেন অসুখ থেকে তার মনযোগটা অন্য দিকে সরে যায়। সাধারণত ওর কথা ভেবেই ইচ্ছা না থাকলেও অনেক কিছুতে রাজী হয়ে যায় নীনা। যখন হয় না তখন বুঝতে হবে সে নিরুপায়। ফেরার পথে গাড়ীতে প্রিয়াঙ্কার সাথে দেখা হবার কথা বলল। নীনা শুনল, কিছু বলল না। মাইক চুপ করে যায়। নীনার হয়ত এখন ওর বকবকানি শুনবার কোন আগ্রহ নেই।
বাসার সামনে গাড়ী থামাতেই ওদের দুজনারই বুক বোধহয় একসাথেই ধ্বক করে ওঠে। উঠনের উপর ছোট একটা বাকস নিয়ে চুপচাপ বসে আছে রন, মুখভর্তি খোঁচা খোঁচা মোচ দাড়ি, উশকো খুশকো চুল, ক্লান্ত। নীনা একরকম লাফিয়ে নীচে নামে, দৌড়ে গিয়ে ছেলের পাশে সশব্দে বসে পড়ে ছেলের মুখখানা তার দুই হাতের মাঝে চেপে ধরে। “এ কি অবস্থা তোর? শেভ করিস না কেন? শেভ করলে তোকে কত হ্যান্ডসাম লাগে!”
মাইক ধীরে সুস্থে গাড়ী থেকে নামে। “এতোদিনে মাকে দেখতে আসার সময় হল ওনার? কত মুভি বানানো হল, শুনি?”
নীনা তাকে ধমক দেয়। “ওকে জ্বালিও না তো। এতো দিন পর বাড়ী এসেছে। দরজাটা খোল। সবসময় বাঁকা বাঁকা কথা!”
মুখ বাকায় মাইক। “আমার মুখটা বাঁকাতো, কথাবার্তাও বাঁকা বাঁকা বের হয়।”
রন হেসে ফেলে। “বাবা, তুমি একেবারেই বদলাও নি। এখনও ত্যাড়া ত্যাড়া কথা

বল।”
মাইক দরজা খুলতে খুলতে চিবিয়ে বলল, “ত্যাড়া কথা তো এখনও কিছু শোনই নি। থাকো না আরো কয়েক দিন। কত ধানে কত চাল বুঝবে।”
নীনা ছেলেকে হাত ধরে ঘরে ঢোকায়। “তুই তোর বাবার কথায় কান দিস না। আমি তো জানি তুই কত ব্যাস্ত থাকিস সেখানে।”
রন অনুতপ্ত কণ্ঠে বলল, “সরি মা, আরোও আগে আসা উচিৎ ছিল কিন্তু সত্যিই উপায় ছিল না। পরে বলব সব।”
মাইক ব্যাঙ্গ করে বলল, “বল, আমরা দশটা কান খুলে রেখেছি তোমার হলিউডের গল্প শুনবার জন্য।”
নীনা আবার ধমক দিল তাকে, “চুপ কর তো তুমি। যা বাবা, তুই গোছল করে পরিষ্কার হয়ে আয়, আমি তোর জন্য খাবার তৈরী করছি।”
রন তাকে আশ্বস্ত করবার চেষ্টা করল, “মা, তুমি ব্যাস্ত হয়ো না। আমার ক্ষিধে নেই।”
নীনা তার কোন আপত্তিই শুনল না। তাকে একরকম জোর করে বাথরুমে পাঠিয়ে দিল। সে উশকো খুসকো থাকা একেবারেই পছন্দ করে না। শেভিং কিটস আনেনি শুনে মাইকেরটাই তার হাতে ধরিয়ে দিল। রণ হতাশভঙ্গীতে শ্রাগ করে মায়ের কথা মত কাজ করতে চলে গেল। মাইক খোঁচা দিল, “এভাবেই চালিয়ে যাও, আগামীকাল সকাল হবার আগেই ছেলে দৌড় দিয়ে পালাবে। আবার দশ বছর পর দেখা হবে।”
নীনা মুখ ঝামটা দিয়ে ওঠে, “গেলে যাবে, কিন্তু আমার ছেলে এই রকম রাস্তার ফকীরের মত থাকবে এটা আমার সহ্য হবে না।”
মাইক চাপা স্বরে বলল, “তোমার বান্ধবীকেও খবর দাও। সেও চলে আসুক।”
নীনা অনেক কষ্টে রাগ সম্বরন করল। “এই প্রসঙ্গ একদম তুলবে না।”
মাইক দুই হাত তুলে সারেন্ডার করায় তাকে আপাতত ছেড়ে রান্নাঘরের দিকে চলে গেল নীনা। মাইক আপন মনে শ্রাগ করে। ঝামেলা আরেকটা না হলেই হয়।
অল্প সময়ের মধ্যে অনেক কিছু রাধল নীনা। রন টেবিল ভর্তি খাবার দেখে ভড়কে গেল। “এ কি করেছ মা?”
নীনা লাজুক গলায় বলল, “তোর যা খেতে ইচ্ছে হয় খা। আমাদের পেটুক বাবা আছে, সব গাপুস গুপুস করে খেয়ে শেষ করে দেবে।”
মাইক হেসে ফেলল। “বাহ, ছেলেকে পেয়ে এখন আমাকে খুব ঠেস দিয়ে কথা বলছ। ছেলে তো দু'দিন বাদেই ফুটে যাবে। তারপর?”
নীনা তাকে চোখ মটকে শাষানোর চেষ্টা করে। মাইক চুপ করে গেল। শেষ পর্যন্ত যদি সত্যি সত্যিই তাড়াতাড়ি চলে যায় তখন অযথা তাকে দোষারোপ করবে নীনা। কি দরকার তার এইসব হুজ্জতে যাবার।
রন বরাবরই কথাবার্তা কম বলে। সে নিঃশব্দে খেল। নীনার মনে অনেক প্রশ্ন ছিল

কিন্তু নিজেকে দমন করল সে। আস্তে ধীরে জিজ্ঞেস করলেই হবে। অল্প কিছু খেয়ে উঠল রন। ক'দিন ধরে ঘুম প্রায় হয়ইনি, একটু ঘুমিয়ে নিতে চায়।
নীনা রান্না বান্নার ফাকেই ছেলের ঘর গুছিয়ে এসেছে। পথ দেখিয়ে নিয়ে গেল সে। স্যালির পাশের ঘরটাই ছেলের জন্য ঠিক করে দিয়েছে সে। "দরজা বন্ধ করে ঘুমা। তোর বাবা আবার দুপ দাপ করে হাঁটাহাঁটি করে। ঘুমাতে পারবি না।"
মাইক নীচ থেকে বলল, "যত দোষ নন্দ ঘোষ, হ্যাঁ?"
মুখ টিপে হাসল নীনা। সে নীচে নেমে আসছিল, রন পিছু ডাকল। "মা?"
থামল নীনা। "বল।"
রন এক মুহূর্ত দ্বিধা করে বলল, "মা, আমাকে ক্ষমা করতে পেরেছ?"
নীনা একটা দীর্ঘ নিশ্বাস ছাড়ে। "ওসব কথা থাক। এতদিন পর ঐ প্রসঙ্গ তুলে আর লাভ কি? যা হবার হয়েছে। তুই ঘুমা। পরে আলাপ হবে।"
নীনা নিচে নেমে আসে। মাইক কিছু একটা বলতে গিয়েও চেপে যায়। নীনাকে আর খেপিয়ে লাভ নেই।

চব্বিশ

রনির বাড়ী ফেরার খবর পেয়েই তড়িঘড়ি করে পরদিনই চলে এলো স্যালি। পিঠাপিঠি হওয়ায় দু'জনের মধ্যে সবসময়েই প্রচুর ঘনিষ্ঠতা ছিল। একেবারে ছোট থাকতে সারাক্ষণ পিটা-পিটি, চুলাচুলি হত। একটু বড় হতে খোঁচাখুঁচি আর ক্ষেপানো। আরেকটু বড় হতে গলায় গলায় ভাব। ট্রেনে এলো স্যালি। রনি তাকে আনতে গেল। বাবার গাড়ী নিয়েই গেল। ইচ্ছে করে একটু দূরত্ব রেখে পার্ক করল। স্যালি ক্ষেপে টং হবে, মজাই হবে।
স্যালি ট্রেন থেকে নেমে বাবাকে খুঁজল। সবসময় মাইকই তাকে নিতে আসে। মাইক এলে সাধারণত স্টেশনের খুব কাছে গাড়ী পার্ক করে যেন স্যালিকে অনেকদূর না হাঁটতে হয়। সে প্লাটফর্মে এসে ওর জন্য দাঁড়িয়ে থাকে। আজকে প্লাটফর্মে কাউকে না দেখে একটু অবাক হল। মাইকের কি আসতে দেরী হচ্ছে? এমন তো কখন হয় না। গাড়ীর হর্ন শুনে একটু দূরে তাকিয়ে দেখল মাইকের গাড়ীতে রন। কত বড় শয়তান! ইচ্ছে করে আরেক মুল্লুকে গিয়ে গাড়ী পার্ক করেছে। স্যালি কয়েকবার তাকে গাড়ী নিয়ে এগিয়ে আসতে বলল, ইচ্ছে করে না দেখার ভান করল রন। হেটে গাড়ী পর্যন্ত যেতে হল। ভেতরে ঢুকেই ধমক দিল, "এতো আইলসা কেন তুই? এক মাইল দূরে গাড়ি রেখে ড্যাং মেরে গাড়ির মধ্যে বসে আছিস। কোন কাণ্ডজ্ঞান আছে তোর?"
খিক খিক করে হাসল রন। "আছিস কেমন? চেহারা সুরত তো ভালই দেখাচ্ছে।"
"সুরত ভালো হলে তো ভালো দেখাবেই," স্যালি বাঁকা গলায় বলল। "তোকে দেখে তো একেবারে পথের ফকির মনে হচ্ছে। ওজন কমে একেবারে অস্থিসার

হয়ে গেছিস দেখি!"
"তোর মত তো নাকে তেল দিয়ে ঘুরে বেড়াই না, অনেক পরিশ্রম করি।"
"তাই নাকি?" স্যালি অবাক হবার ভান করে। "আমার তো ধারনা ছিল তুই বেকার।"
হাসল রন। "হলিউডে বেকার হওয়াও অনেক পরিশ্রমের কাজ। কিন্তু তুই এরকম নিষ্ঠুরের মত কথাবার্তা বলছিস কেন, বল তো? আগে তো অনেক মাধুর্য ছিল তোর মধ্যে!"
স্যালি কপাল কুঁচকে বলল, "উত্তম প্রশ্ন! একটু ঘাটিয়ে দেখা যাক। গত চার বছরে তোর ভয়েস মেইলে কতগুলো মেসেজ রেখেছি আমি? শ' খানেক হবে? তুই আমাকে কয়বার কল করেছিস? শূন্য। বিশাল একটা শূন্য। ঠিক বলেছি কিনা?"
রনি অনুতপ্ত কণ্ঠে বলল, "মাফ করে দিস। তুই তো জানিস আমি তোকে কত ভালোবাসি। কল করা না করায় কি আসে যায়? তোর মেসেজ শুনে ভালো লাগতো। সবার খবরই পেয়ে যেতাম।"
স্যালি চোখ ছোট ছোট করে বলল, "আমার উপর এখনও কোন রাগ টাগ নেই তো?"
রনি উলটো প্রশ্ন করল, "আমার উপর তোর রাগ আছে কিনা আগে তাই বল।"
শ্রাগ করল স্যালি। "থাক, এখন ঐসব কথা বাদ দে। মনে হলে আমার গা গুলিয়ে ওঠে।"
রনি মাথা দোলায়। "ঠিক বলেছিস। থাক ঐ আলাপ। তুই যে ঝট করে চলে আসতে পেরেছিস এই জন্য খুব ভালো লাগছে। তোকে খুব দেখতে ইচ্ছে করছিল।"
"হয়েছে, আর ভুয়ামী করিস না," স্যালি মুখ ঝামটা দেয়। "মা'র সাথে কথা বার্তা হয়েছে ঠিক মত?"
রনি মাথা নাড়ল, "কিছু হয়েছে, কিন্তু তেমন একটা না। মা'র ক্যান্সারের অবস্থা কেমন রে? বাবাকে জিজ্ঞেস করেছিলাম কিন্তু সে তো মহা আশাবাদী। বলে ফারাহর বিয়ে না দেখে মা কোথাও যাচ্ছে না। কিন্তু রেডিয়েশন থেরাপিতে যদি কাজ না হয় তাহলে আর কি চিকিৎসা করা যাবে?"
স্যালি ম্লান গলায় বলল, "বাবা ক'দিন ধরে জিন থেরাপির কথা বলছে। নতুন ধরনের চিকিৎসা। জানি না কতখানি কাজ করে। কিন্তু খরচ আছে।"
রনি একটু চুপ করে থেকে বলল, "ডাক্তাররা মা কত দিন বাঁচবে বলেছে?"
স্যালি একটা দীর্ঘনিশ্বাস ছাড়ল। "মা যে এখনও টিকে আছে সেটাই একটা মিরাকাল। ডঃ ডেভিড তো বলেছিল বড় জোর কয়েক মাস। তারপর পাঁচ-ছয় মাস তো হয়েই গেল। তুই যে এতো পরে আসবি এটা তো আমি ভাবিই নি।" ভাইকে একটা ত্যাড়া চাহনি দিল সে। "যাই হোক, মায়ের ফ্যামিলিতে বেশ কয়েকজন কঠিন অসুখে ভুগে মারা গেছেন। যার অর্থ আমরা তিন ভাইবোন হাই রিস্কে। কোন একজনের খারাপ কোন অসুখ হবার সম্ভাবনা খুব বেশী।"

রন বলল, “ক্যানসার কি বংশ সূত্রে হতে পারে?”
স্যালি বলল, “হতে পারে। আমারই হয়তো হবে। আমিই অনেকটা মায়ের মত। থাক গিয়ে, এই আলাপ করে কোন লাভ নেই। বল, তোর কোন গার্ল ফ্রেন্ড আছে?”
মাথা নাড়ল রন। “না, তেমন সিরিয়াস কেউ নেই। আচ্ছা, ফারাহর খবর কি?”
“ফারাহর কথা আর বলিস না। একেবারে বেহেশতের পরী! যে মিষ্টি মিষ্টি হাসি দেয়! খানিকটা তোর মত আদল। দেখলে পাগল হয়ে যাবি। আপুও আসছে। দেখা হবে তোর সাথে।”
রন মুচকি হেসে জানতে চাইল, “আর মিস্টার বেনের কি খবর?”
“ভালোই আছে। আমাকে দেখলেই খুব শ্যালিকা শ্যালিকা করে ক্ষেপানোর চেষ্টা করে।”
রন একটু চুপ করে থেকে বলল, “সাহারার পেছনে কত ছেলে লেগেছিল আর ও এই ছাগলটাকে বিয়ে করল!”
স্যালি বলল, “ছাগল হলেও মনটা ভালো। ওর উপর ভরসা করা যায়। সেও আসছে। দেখা হলে ভালো ব্যাবহার করবি।”
হেসে ফেলল রন। “আমাকে নিয়ে কোন রকমের দুশ্চিন্তা করিস না। আমি মাকে দেখতে এসেছি। কোন রকম ঝামেলায় জড়াচ্ছি না।”
তার বাহুতে একটা ঘুষি দিল স্যালি। “দেখা যাবে। তুই হলি একটা ঝামেলাবাজ, না চাইলেও ঝামেলা পাকাস।”

নীনা বহুদিন পর যেন জীবন ফিরে পেয়েছে। ছেলে এসেছে, দুই মেয়েও আসছে। রন গেছে স্যালিকে আনতে। সাহারা রাতে চলে আসবে। বেন অফিস থেকে ফিরলে সে রওনা হবে। ন'টা-দশটার দিকে পৌঁছে যাবার কথা। শারীরিক সব সমস্যা ভুলে রান্না বান্নার বিশাল আয়োজন শুরু করেছে নীনা। তার ক্লান্তি লাগছে কিন্তু চুপচাপ বসে থাকা কোন অবস্থাতেই সম্ভব নয়। কত দিন পর তাদের পুরো পরিবার একসাথে একই টেবিলে বসে খাওয়া হবে! মাইক রান্নাঘরে তার সাথে হাত লাগিয়েছে। তার সব কিছুতেই বাড়াবাড়ি। সে একটা ডেক সেট কিনে এনে বিশাল গান লাগিয়ে দিয়েছে। হিন্দি গজল। এই গান ছাড়া নাকি আসর জমে না। মাইক খুব ফুর্তিতে আছে। একটু পর পর এসে আলাপ জুড়ে দিচ্ছে নীনার সাথে। “খুব আনন্দ হচ্ছে, তাই না? আমার কিন্তু লাফাতে ইচ্ছা করছে। মনে আছে ওরা যখন ছোট ছিল? সারা বাড়িময় ছুটাছুটি করে বেড়াত। ঝগড়া ঝাটি লেগেই থাকত। এই হেসে মাটীতে কুটিপাটি খাচ্ছে তো এই কেঁদে কেটে ভাসিয়ে দিচ্ছে। তুচ্ছ সব জিনিষ নিয়ে কি মারপিট শুরু হয়ে যেত! বিশেষ করে রন আর স্যালি। ক্রিসমাস, ঈদ, থ্যাংকস গিভিংস, জন্মদিন – এক লহমায় কত গুলো বছর যেন পেরিয়ে গেল। দেখতে দেখতে পিচ্চীগুলো বড় হয়ে গেল।”

নীনা মাইককে গোপন করে চোখের কোন বেয়ে নেমে আসা অশ্রু মুছে ফেলে। মাইক দেখলে আবার এটা নিয়ে খেপাবে। নিচু গলায় বলে, "কত ছেলেমেয়েরা তো বাবা-মায়ের কাছাকাছি থাকে, এমনকি এক বাসাতেও থাকে। আমাদেরগুলোই সব পঙ্খীরাজ। দূরে না গেলে এদের শান্তি লাগে না।"
"বেশী দূরে তো না," মাইক শুধরে দেয়। "রনের কথা আলাদা। সে তো আমাদেরকে এক রকম ভুলেই গেছে। তোমার নিজের কথা মনে কর। তুমি যখন তোমার বাবা-মাকে ছেড়ে এসেছিলে, কত দূরে এসেছিলে মনে আছে?"
বাবা-মায়ের কথা উঠে পড়ায় আরেক পশলা অশ্রুর ঝাপটা আসে। বাবার মৃত্যুর সময় থাকতে পারে নি। বাবা তাকে একবার শেষ দেখা দেখতে চেয়েছিল। সে পৌঁছানোর আগেই সব শেষ হয়ে যায়। নীনা একটা দীর্ঘনিশ্বাস ছাড়ে। এই দুঃখ তার মৃত্যু পর্যন্ত থাকবে। মেয়ে বলতে অজ্ঞান ছিল বাবা। বিদেশে পাঠাতে চাননি কিন্তু বাধাও দেননি।
মাইককে কাজ দেয়া হয়েছে পেয়াজ এবং শাক সবজী কাটার। সে পেয়াজ কাটতে কাটতে ঝাঁঝে চোখ লাল করে ফেলেছে। কিন্তু তার মধ্যেও কথার তুবড়ি ছুটছে। "সাহারার কথাই ধর। কত আর দূরে থাকে? তিন-চার ঘণ্টা এমন কোন লম্বা পথ না। ইচ্ছে হলেই ঝট করে গাড়ীতে চড়ে ফারাহকে দেখতে চলে যাওয়া যায়।"
নীনা ভেজা গলায় বলে, "সারাক্ষণ যদি ওদের সবাইকে কাছে পেতাম!"
মাইক হেসে বলল, "সত্যি সত্যিই যদি ঘাড়ে এসে চেপে বসত তখন আবার তাড়ানোর জন্য ব্যস্ত হয়ে পড়তে। দূরে আছে সেটাই ভালো। অনেকেই আছে, বাবারটা খায় পরে, আর গাজা ভাং খেয়ে বেড়ায়।"
নীনা ধমক দেয়, "বাজে কথা বল নাতো। আমাদের বাচ্চারা ওরকম না।"
"ইয়ার্কি মারছ আমার সাথে?" মাইক বিদ্রূপ করে বলে। "তোমার মেয়ে যে এখনও খায় না, হলপ করে বলতে পারবে। আর ছেলে যে কি করছে কে জানে। শুধু বড় মেয়েটা লক্ষ্মী হয়েছে।"
নীনা আঙ্গুল তুলে শাঁসাল, "দেখ, ওদের সামনে কিন্তু এই জাতীয় কথা একেবারেই তুলবে না। এতো দিন পর একসাথে হচ্ছি, কোন রকম সমস্যা চাই না। মনে থাকবে?"
দু হাত তুলে সারেন্ডার করল মাইক। "আমার উপর তোমার এতো অল্প আস্থা কেন?"
"তার কারণ তুমি এই রকম অনেকবার করেছ। ওরা যে ক'দিন এখানে আছে দয়া করে কথাবার্তা একটু সামলে বলবে। ওরা এখন বড় হয়ে গেছে। নিজেদেরটা নিজেরা বুঝবে।"
মাইক বিরস মুখে বলল, "বুঝলেই ভালো। এই শালার পেয়াজগুলোর এতো ঝাঁঝ কেন? একেবারে নাক চোখ ফাটিয়ে দিচ্ছে!"
নীনা হঠাৎ হাউমাউ করে কাঁদতে শুরু করে। মাইক দ্রুত এগিয়ে এসে তাকে জড়িয়ে ধরল। "কি হয়েছে? কাঁদছ কেন?"

নীনা ফোঁপাতে ফোঁপাতে বলল, "এটাই হয়ত আমাদের শেষবারের মত একসাথে হওয়া। মনে হতেই এতো খারাপ লাগছে!"
মাইক স্ত্রীকে জড়িয়ে ধরে জোর গলায় বলল, "এই সব চিন্তা মাথায় আনবেই না। তোমাকে কি বলেছিলাম মনে আছে? তুমি ফারাহর বিয়ে দেখে যাবে।"
কান্নার মাঝেও ফিক করে হেসে ফেলে নীনা। "পাগল!"

পচিঁশ

সাহারা এসে পৌছাতে রাত নটা বেজে গেল। বেন শেষ পর্যন্ত আসতে পারে নি। তার বাবা-মাকে দেখা শোনা করবার জন্য একজন কেয়ারগিভার ঠিক করেছিল। হঠাৎ করে জানিয়েছে করতে পারবে না। বাধ্য হয়ে বেনকেই থেকে যেতে হয়েছে। বাবা-মাকে নিয়েই আসতে চেয়েছিল কিন্তু রীটা আসতে চায়নি।
ফারাহকে নিয়ে খুব হৈ চৈ ফেলে দিল স্যালি। ফারাহ নীনাকে মোটামুটি চেনে। নীনা ইতিমধ্যে বার দুয়েক তাকে দেখতে গেছে। কিন্তু স্যালি এবং রন তার কাছে অপরিচিত। সে ভয়ে ভয়ে দু'জনকে পর্যবেক্ষন করে। রন বাচ্চা কাচ্চা পছন্দ করে কিন্তু কোলে নিতে সাহস পায় না। তার মনে হয় এই বুঝি হঠাৎ করে বাচ্চাটা ঝাপটা মেরে নীচে পড়ে গিয়ে ব্যাথা পাবে। স্যালি ফারাহকে নিয়ে সারা বাড়ী চক্কর দিল। অল্পক্ষনের মধ্যেই তার সাথে ফারাহর সখ্যতা হতে গেল। তার সাধা সাধিতে রন কোনরকমে একবার দুই বাহুর মধ্যে ফারাহকে নিয়েই ঝটপট স্যালির কাছে ফিরিয়ে দিল। সাহারা হাসতে হাসতে বলল, "তুই এখনও বাচ্চা নিতে ভয় পাস? আশ্চর্য!"
রন ফ্যাকাসে হাসি দেয়। স্যালি যোগ করে, "বেন গাধাটাও ভয় পায়। নারে আপু?"
সাহারা ছদ্ম রাগ দেখায়। "আমার বরটাকে সারাক্ষন গাধা গাধা করবি নাতো। মন খারাপ করে।"
স্যালি চোখ নাচায়। "তাই নাকি? আমি সামনে থাকলে তো দাঁত বন্ধ হয় না!"
সাহারা হাসে। "তুই একমাত্র শালি। তোর প্রতি বেচারীর একটু দূর্বলতা আছে।"
রন বলল, "আমিও তো একমাত্র শালা। আমার তো খবরও নেয় না।"
সাহারা মুখ ঝামটা দেয়, "কি রে আমার শালা? খবর নিয়েছিস ওর কখন? বিয়ের পর তো তোর কোন খবরই নেই!"

নীনা খুব যত্ন করে ডাইনিং টেবিলে ডিনার পরিবেশন করেছে। মাইক তাকে নিষেধ করেছে বাড়াবাড়ি না করতে কিন্তু তার কোন কথা সে কানে নিতে রাজী নয়। ডিনার টেবিলটাকে নানান পদের খাবারে বোঝাই করে খাবারের ডাক দিল নীনা। ফারাহকে তার হাই চেয়ারে বসিয়ে টেবিল ঘিরে ঝটপট বসে গেল সবাই।

অনেক্ষন ধরে সারা বাড়ী খাবারে গন্ধে মৌ মৌ করছে। লোভ সম্বরন করা কষ্ট হয়ে যাচ্ছে।

সাহারা উচ্ছসিত হয়ে বলল, "মায়ের রান্নার স্বাদই আলাদা! এমনটা কোথাও খাইনি। বাড়িয়ে বলছি না কিন্তু, মা।"

নীনা মুচকি হেসে বলল, "তোর রান্নাও আমার খুব পছন্দ।"

স্যালি ভ্রু কুচকাল। "দু'জন তো খুব প্ল্যান করে একজন আরেক জনের প্রশংসায় মেতে গেছ। ক্ষিধায় নাড়ীভুঁড়ি হজম হয়ে যাচ্ছে। শুরু করি?"

মাইক ইতস্তত করে বলল, "দাঁড়া। এক সেকেন্ড। কবে আমরা শেষবার সবাই একসাথে বসে খেয়েছিলাম আমার মনেও পড়ে না। আবার যে এই সুযোগ হবে চিন্তাও করিনি। সবাই মিলে একটু দোয়া করলে খারাপ হয় না। ঈশ্বরকে একটু ধন্যবাদ দেয়া আরকি!"

স্যালি অবাক হয়ে বলল, "বাবা, আমরা কিন্তু কখন খাবার টেবিলে প্রার্থনা, দোয়া এসব করিনি।"

মাইক মুচকি হেসে বলল, "আজকে নাহয় একটু করলাম। একটু প্রার্থনা করলে তোর হাত ক্ষয়ে যাবে না। নীনা, তুমি একটা দোয়া কর।"

নীনা মাথা নাড়ল। "তুমি এবাড়ির কর্তা। তুমিই কর।"

মাইক আপত্তি জানাল। "তুমি হচ্ছ এই বাড়ির প্রাণ। তুমি কর।"

সাহারা হেসে বলল, "বাবাকে দিয়ে দোয়া টোয়া হবে না মা। তুমিই কর।"

স্যালি বিরক্ত হয়ে বলল, "আরে, কি যন্ত্রনা! যা করার তাড়াতাড়ি কর দেখি। দেরী করলে আমি কিন্তু খেতে শুরু করব।"

রন হেসে ফেলল। "তুই এখনও আগের মতই ছটফট করিস সারাক্ষন!"

নীনা বাধ্য হয়ে দু হাত তুলে বিড়বিড়িয়ে দোয়া করল, "হে আল্লাহ, আমাদেরকে আজ এখানে সবাই মিলে একসাথে খাবার সুযোগ করে দেবার জন্য তোমাকে অসংখ্য ধন্যবাদ। আমাদেরকে এভাবে সারা জীবন পরস্পরকে ভালোবাসার শক্তি দিও, মাবুদ। আমিন। খাও সবাই এবার।"

মুহূর্তের মধ্যে খাবারের উপর ঝাপিয়ে পড়ল সবাই, একমাত্র নীনা বাদে। রান্না বান্না করলে তার খাদ্যে একেবারেই রুচি থাকে না। মাইক চাপাচাপি করতে গিয়ে ধমক খেল। নীনা অল্প কিছু খাবার নিজের প্লেটে নিয়ে নাড়াচাড়া করতে করতে রনকে লক্ষ্য করে বলল, "বাবা, তোর লেখালেখি কেমন চলছে? কোন স্ক্রীন প্লে বিক্রি করতে পারলি?"

রন প্রত্যুত্তরে কিছু একটা বলতে যাচ্ছিল, তার মুখের কথা লুফে নিল স্যালি। "কি বলছ মা? বিক্রী করতে পেরেছে মানে? তুমি শোননি কিছু? ওর তো দুইটা মুভি এখন থিয়েটারে চলছে। একটার নাম হচ্ছে, "আই এম গুড ফর নাথিং' এবং অন্যটা হচ্ছে 'নো বডি ওয়ান্টস টু হায়ার মি এজ এ রাইটার'। দুইটাই সাংঘাতিক চলছে। ব্লকবাস্টার!"

সাহারা হাসিতে ফেটে পড়ল। "দাঁড়া দাঁড়া, তুই তো আরেকটার কথা ভুলেই গেলি। 'আন্টিকা মজনু'! সেটা বলিউডের ব্লকবাস্টার!"
মাইক অনেক কষ্টে হাসি চেপে বলল, "আরে, তোরা কি শুরু করলি? বেচারী দেখা যাবে খাওয়া দাওয়া ফেলে ঝেড়ে দৌড় দিয়েছে, আগামী পাঁচ বছর তার দেখা পাওয়া যাবে না। এবার কত দিন পরে এল? চার না পাঁচ?"
নীনা গম্ভীর গলায় বলল, "৪ বছর ৫ মাস ৩ দিন। আশ্চর্য ছেলে আমার। এতোগুলো বছরে একটা কল করল না, একটা ইমেইল না, একটা মেসেজ না। আমিতো আশাই করিনি এই জীবনে আবার ওর সাথে আমার দেখা হবে। আমার তো আর খুব বেশীদিন বাকিও নেই। ও যে এসেছে সেটাই অনেক পাওয়া। অনেক ভালো লাগছে আমার।"
ঝট করেই খাবার টেবিলে নীরবতা নেমে এল। মাইক সেই অস্বস্তিকর নীরবতা ভাঙ্গার জন্য বলল, "নিশ্চয় আসতে চেয়েছে, সুযোগ হয়ে ওঠেনি। নীনা, তোমাকে কোক-টোক দেব?"
নীনা বিরস কণ্ঠে বলল, "আমাকে কিছু দিতে হবে না। লাগলে নিজেই নিয়ে নেব। এখনও মরে যাইনি।"
মাইক মন খারাপ করে ফেলল। "আমি কি সেটা বলেছি?"
সাহারা ঠোঁট টিপে হাসল। "আহা রে বাবা, মনে কষ্ট পেলে?"
মাইক হেসে ফেলল, "আমার পেছনে লাগিস না। বরং হলিউডের হিরোকে একটু ঝাড়া দে। কিছু মুখরোচক গল্পটল্প শোনা যেতে পারে।"
স্যালি উচ্ছল কণ্ঠে বলল, "চমৎকার আইডিয়া, বাবা। রন, তোর হলিউডের গল্পটল্প কিছু বল। শুনি কি হাতি ঘোড়া মারছিস সেখানে।"
রন মুচকি হেসে পালটা খোঁচা দিল, "বরং তোর গল্পই শুনি। খুব যে আত্মহত্যা করবার ভড়ং করেছিলি, মনে আছে?"
স্যালি চোখ গোল গোল করে ফেলল। "ভড়ং! ত্রিশটার মত ঘুমের বড়ি খেয়েছিলাম। মরে টরে যেতে পারতাম, জানিস? এটা কি ঠাট্টার কথা?"
রন গম্ভীর মুখে বলল, "ত্রিশটা? খান পাঁচেক হতে পারে বড়জোর। কিন্তু সেই তর্ক থাক। প্রেমিক প্রবরের খবর কি? তার জন্য জীবনতো প্রায় দিয়েই দিয়েছিলি!"
মাইক খুক খুক করে কাশল। "আচ্ছা, এইসব কথা থাক না!"
রন আপত্তি করল, "কেন বাবা, আমাকে নিয়ে তো খুব ঠাট্টা করছে। আমিই বা ওকে ছেড়ে দেব কেন?"
স্যালি রাগী গলায় বলল, "কারন এটা হাসির ব্যাপার না। তুই যে মায়ের বান্ধবীর সাথে খুব প্রেম করবার চেষ্টা করছিলি, সেটা হাসির ব্যাপার।"
রন থমথমে মুখে বলল, "তুই তো আগে শুরু করেছিলি। এখন রাগ করছিস কেন?"
তার হাবভাব দেখে মনে হল সে রাগ করে এখনই টেবিল ছেড়ে চলে যাবে। সাহারা পরিস্থিতি সামলানোর চেষ্টা করল। "এতো সিরিয়াস হয়ে গেলি কেন

তোরা? আমরা একটু ঠাট্টা করছি। রাগ করার কিছু নেই।"
নীনা গম্ভীর মুখে বলল, "তোরা সবাই একটু চুপচাপ বসে শান্তিতে খা তো। এই সুযোগ আর কবে পাবি কে জানে?"
মায়ের কন্ঠ আবেগে বুজে আসছে দেখে সাহারা নিজের আসন ছেড়ে মায়ের পাশে গিয়ে বসল। "মা! তুমি মন খারাপ কর না। আমরা ভাই বোনেরা একটু মজা করছি। রন যখন একবার এসেই পড়েছে, ওকে আমরা আর সহজে যেতে দিচ্ছিনা।"
নীনা ক্ষুব্দ কন্ঠে বিড়বিড়িয়ে বলল, "পাগল একটা!"
স্যালি ঠোঁট টিপে বলল, "পাগল নয় মা, বল ছাগল!"
রন তাকে টেবিলের নীচ দিয়ে একটা লাথি দিল। স্যালি পালটা লাথি চালাল। মুহূর্তের মধ্যে আবার হৈ হট্টগোল শুরু হয়ে গেল।

ছাব্বিশ

রাতে নীনার হঠাত কাশি উঠল, আজকাল প্রায়ই হচ্ছে। সে চেষ্টা করে যতখানি সম্ভব চাপিয়ে রাখতে, কিন্তু পারে না। মাইক গভীর ঘুমের মধ্যে থাকলেও নীনার সামান্য নড়াচড়া কিংবা শব্দে লাফিয়ে উঠে পড়ে। ব্যাপারটা ভালো লাগে না নীনার। নিজেকে অপরাধী মনে হয়। ভালো করে একটু ঘুমাতেও পারে না বেচারী। সারাক্ষন দুশ্চিন্তায় থাকে এই বুঝি নীনার মারাত্বক কিছু একটা হয়ে গেল।
সাহারা, স্যালি এবং রন দীর্ঘক্ষন গল্প সল্প করে মাত্র বিছানায় গিয়েছিল, তারাও নীনার কাশির শব্দে উঠে এল। রাতে দরজা ভিড়িয়ে শোয় নীনা। বন্ধ দরজার বাইরে তাদের উপস্থিতি সহজেই টের পাওয়া যায়।
"মা, তুমি ঠিক আছো?" সাহারার কন্ঠ শোনা যায়। "ভেতরে আসি আমরা?"
নীনা চায় না তার ছেলেমেয়েরা তাকে এই করুন অবস্থায় দেখুক। সে নীরবে মাইককে লক্ষ্য করে মাথা নাড়ল।
মাইক বলল, "ওর একটু বুকে ব্যাথা হচ্ছে। তোরা ভাবিস না। ঠিক হয়ে যাবে।"
রন বলল, "ভেতরে আসি, বাবা?"
নীনা মাথা নাড়ল কিন্তু মাইক মানা করতে পারল না। "আয়।"
রনের পিছু পিছু সাহারা এবং স্যালিও ভেতরে আসে। বিছানার পাশে হাটু গেড়ে বসে তারা। তাদের দৃষ্টিতে প্রগাঢ় ভালোবাসা। মায়ের একটা হাত ধরে রন। "তুমি ঠিক হয়ে যাবে মা।"
নীনা ফুঁপিয়ে কেঁদে ওঠে। "ছোটবেলায় আমার শরীর খারাপ হলে তুই এভাবে এসে আমার হাত ধরে বসে থাকতিস। সেই সব কথা আমি ভুলতে পারি না। মনে হয় এই যেন সেদিনের কথা।"

তার কান্নায় কেউ বাঁধা দেয় না। এটা আনন্দের কান্না। সুখের কান্না। মাইকের নিজেরই চোখ ভিজে ওঠে। সে জানে নীনার কাছে তার তিন ছেলেমেয়ে কতখানি প্রিয়। ওরা যদি এই সময়ে সর্বক্ষন কাছে থাকত তার চেয়ে বড় পাওয়া আর কিছু হত না। কিন্তু তা কি আর হবে? দু'দিন বাদেই যে যার ঠিকানায় চলে যাবে। একাকী শুধু চোখের জল ফেলবে নীনা।

পরদিন অনাক দেরী করে বিছানা ছাড়ল রন। সাহারা এবং স্যালি রাতে দেরীতে ঘুমাতে গেলেও সকাল সকাল উঠে সবার জন্য বিশাল নাস্তার আয়োজন করেছে। রন উঠল দুপুরের দিকে। সে সাধারণত সকালে কিছু খায় না। নীনা দুপুরের খাবারের আয়োজনে ব্যাস্ত। গত রাতের ক্ষনিকের অসুস্থতা কেটে গেছে। তার এখন বেশ ভালো লাগছে। তার ছেলেমেয়েরা কে কি পছন্দ করে সেই সব তাদেরকে রান্না করে খাওয়ানোটা তার কাছে ভয়ানক গুরুত্বপূর্ণ হয়ে উঠেছে। মাইক তাকে বোঝানোর চেষ্টা করেছে, কিন্তু সে মাইককে উলটা ধমক দিয়ে ঠান্ডা করে দিয়েছে।

রন এবং স্যালি নীনাকে রান্নাঘরে সাহায্য করবার প্রস্তাব দিয়েছিল কিন্তু নীনা এক কথায় না করে দিয়েছে। সাহারা আছে, সে দরকার হলে সাহায্য করতে পারবে। তারা দু'জন বরং বাইরে কোথাও থেকে ঘুরে আসুক। রন অনেকদিন পর বাড়ী এসেছে, শহরে কোথায় কি পরিবর্তন হয়েছে দেখে আসুক। চমৎকার আইডিয়া। দুই ভাইবোন বের হল সাহারার গাড়ী নিয়ে। ফারাহকে সাথে নিতে চেয়েছিল, সাহারা অবিশ্বাস ভরা দৃষ্টিতে তাকিয়েছে তাদের দিকে। এই দুই অকালকুষ্মান্ডের কাছে তার সোনার টুকরা মেয়েকে সে তুলে দিতে পারে এমনটা ভাবার ধৃষ্টতা তাদের হল কি করে? তার তাকানোর ভঙ্গী দেখেই সারেন্ডার করেছে ওরা।

স্যালিই ড্রাইভ করছে। তার বেপরোয়া গাড়ী চালাবার বাতিক দেখে একেবারে সিটিয়ে আছে রন। "তুই নেশা টেশা করিস নি তো? আরেকটু হলে তো ঐ গাড়ীটার গায়ে লাগিয়েই দিয়েছিলি।"

স্যালি খিলখিল করে হেসেছে। "তুই এখনও আগের মতই ভিতু আছিস। আরে, তিন ফুট দূরে ছিলাম। লাগিয়ে দেব কেন?"

তারা কিছুক্ষন শহর চক্কর দিল। চার পাঁচ বছরে বেশ কিছু পরিবর্তন হয়েছে। অনেক জনবসতি তৈরী হয়েছে, নতুন দোকান-পাট হয়েছে। আগের চেয়ে ব্যাস্ত হয়েছে শহর। কিন্তু সব মিলিয়ে এখনও আগের সেই মফঃস্বলি স্বাদটা এখনও আছে।

"কি করা যায় বলত?" স্যালি জানতে চাইল।

"চল আইস্ক্রীম খাই। আমরা যে দোকানটাতে যেতাম ওটা কি এখনও আছে?"

"আছে মনে হয়। আমিও অনেক দিন যাই নি।" স্যালি গাড়ী ঘুরিয়ে কাছেই ছোট একটা স্ট্রিপ মলে এসে থামে। সারি বেধে দাঁড়িয়ে থাকা নানা ধরনের ছোট ছট দোকানের ভীড়েও আইস্ক্রিম শপটাকে ঝট করেই সনাক্ত করা যায় তার রঙ চঙে

সাইনবোর্ডের জন্য। ভেতরে ঢুকে দুটা আইসক্রিম নিল দু'জন। গাড়ীতে ফিরল।
"রবের সাথে তোর পরে আর কখনও দেখা হয়েছে," আইসক্রিমে একটা কামড় দিয়ে প্রায় বিড়বিড়িয়ে বলে রন। সে জানে বিষয়টা খুবই স্পর্শকাতর। স্যালিকে ক্ষেপিয়ে দেবার কোন আগ্রহ তার নেই। দেখা যাবে এর পর সত্যি সত্যিই আরেকটা গাড়ীতে লাগিয়ে দিয়েছে।
স্যালি চোখ কুঁচকে ওকে দেখল এক মুহুর্ত। "কি মনে হয় তোর? আমার সাথে দেখা করবার জন্য সে দুই হাত বাড়িয়ে দাঁড়িয়ে আছে?"
মুচকি হাসল রন। "বেচারীর জন্য আমার একটু কষ্টই হয়।"
"বেচারীর জন্য কষ্ট হয়? আমি যে মরতে বসেছিলাম সেটার কি হবে?" স্যালি ধমকে ওঠে।
"খান কতক ঘুমের ওষুধ খেয়ে কেউ মরে না," রন বাঁকা গলায় বলল। "তুই জানতিস বাবা মা তোকে ধরে সাটাবে সুতরাং বুদ্ধি করে আগেই একটা ব্যাবস্থা করেছিলি। মনে করেছিস এটা আমি বুঝব না? তোকে ন্যাংটা কাল থেকে দেখছি। তোর নাড়ী নক্ষত্র সব আমি জানি।"
লাজুক হাসি দেয় স্যালি। "যাক ওসব। অনেক বছর হয়ে গেছে, আমি আর ওসব মনে করতে চাই না।"
"বুঝলাম। কিন্তু রবের খবর রাখিস কিনা তাই বল?" রন এটেল মাটির মত আটকে থাকে।
স্যালি মাথা চুলকাল। "তোর এতো কৌতুহল কেন বলত?"
"ঠিক করে বল!" চাপ দেয় রন।
"আছে ভালই," স্যালি বাধ্য হয়ে বলে। "জেল থেকে ছাড়া পেয়ে একটা বইয়ের দোকান খুলেছে। স্কুলের চাকরীটা ফেরত পায়নি। ভেবেছিলাম গিয়ে দেখা করব কিন্তু সাহস হয়নি।"
"বিয়ে টিয়ে করেছে?"
"যত দূর জানি, এখনও একা। বেচারী! আমার জন্য তার জীবনটা নষ্ট!" স্যালির কন্ঠে স্পষ্ট অনুতপ্ততা।
শ্রাগ করল রন। "শুধু তোর একার দোষ না। পনের বছরের একটা ছাত্রী গায়ের উপর হুমড়ী খেয়ে পড়লেই কি তার সাথে শুয়ে পড়তে হবে নাকি? শিক্ষক হিসাবে তার একটা দায়িত্ব ছিল না তোকে শাষন করবার? কতদিন জেল খেটেছিল?"
স্যালি একটু ভেবে বলল, "জেল তো হয়েছিল ছয়-সাত বছরের। কিন্তু ভালো ব্যবহারের জন্য বছর তিনেক পরেই মনে হয় ছেড়ে দিয়েছিল।"
কিছুক্ষন নীরবে আইস্কক্রিম খেল দু'জন। "দেখা করতে যাবি?" রন হঠাৎ বলল।
"কি!" স্যালি চোখ গোল গোল করে ফেলে। "তোর মাথা খারাপ হয়েছে?"
"কি হবে?" রনের কন্ঠে জিজ্ঞাসা। "মারধোর করার তো আর চেষ্টা করবে না।"
"দরকারটা কি?"
"কৌতুহল!" রন মুচকি হেসে বলল। "বুঝিসই তো, মুভি লাইনে। সব সময়

গল্পের সন্ধানে থাকি। কখন কোন গল্প লেগে যাবে কে জানে?"
"ও, তাই বুঝি?" কণ্ঠে বিদ্রুপ নিয়ে বলল স্যালি। "তো তোমার জলি আন্টির কাছে গিয়ে কেন গল্প খুজছ না শুনি? সে তো এখনও আগের বাড়ীতেই থাকে।"
রনের মুখ রক্তিম হয়ে ওঠে। "তোর মাথা খারাপ? মা আমাকে মেরেই ফেলবে। মাথার মধ্যে যে কি হয়েছিল কে জানে।"
স্যালি হি হি করে হেসে উঠল। "অল্প বয়স্ক ছেলেদের সুন্দরী মহিলাদের উপর ক্রাশ হয়েই থাকে। এটা এমন কোন আশ্চর্যের ব্যাপার না। মহিলাটা মায়ের প্রিয় বান্ধবী না হলে কোন সমস্যাই ছিল না।"
"এখনও মনে হলে লজ্জায় আমার মাথা কাটা যায়," রন লাজুক হেসে বলে।
স্যালি আরোও কিছুক্ষন মন খুলে হাসল। "আচ্ছা, একটা কাজ করা যাক। আয় আমরা একটা আঁতাত করি। আমরা রবের সাথেও দেখা করব, জলি আন্টির সাথেও দেখা করব। কি বলিস? রাজী?"
রন চিন্তায় পড়ে গেল। "মা যদি জানে তাহলে ভয়ানক ক্ষেপে যাবে।"
"ক্ষেপতে পারে," মাথা দুলিয়ে স্বীকার করে স্যালি। "মা এখন পর্যন্ত জলি আন্টির সাথে দেখাও করে নি, কথাও বলে নি। অথচ আগে প্রতিদিন দুই ঘন্টা করে ফোনে আলাপ হত, সপ্তাহে তিনবার আড্ডা। মায়ের বেস্ট ফ্রেণ্ড থেকে এক ধাক্কায় ওয়ার্স্ট এনেমি।"
"দোষটা তোরও আছে। তুই মায়ের কানে না তুললেই পারতিস।"
"আমি না বললেও মা ঠিকই জেনে যেত," স্যালি প্রতিবাদ করে। "আরো অনেকেই জেনে ফেলেছিল। এমন কাড়ী কাড়ী প্রেম পত্র লিখতে কে বলেছিল? সেই প্রেম পত্র আবার জলি আন্টির মেয়ে সবাইকে দেখিয়ে বেড়াচ্ছিল। মনে আছে তোর ডলির কথা?"
মাথা নাড়ে রন। "আমাকে দেখলেই কেমন চোখা চোখে তাকিয়ে থাকত। মনে হত এই বোধহয় খারাপ একটা কিছু বলবে।"
"তুই একটা গাধা!" স্যালি মুখ বাকিয়ে বলে। "ডলি তোর প্রেমে হাবুডুবু খাচ্ছিল। আর তুই ছাগলের মত ওর মায়ের সাথে প্রেম করবার চেষ্টা করছিলি। এখন বুঝতে পারছিস কেন ডলি সবাইকে তোর প্রেম পত্র দেখিয়ে বেড়াচ্ছিল? ওর হিংসা হচ্ছিল।"
বিরস মুখে মাথা নাড়ে রন। "তুই খামাখা বানিয়ে কথা বলছিস। তবে কাজটা ঠিক হয় নি। এখনও মনে হলে লজ্জায় মাথা কাটা যায়। তবে একটা কথা আমাকে বল তো, মা কেন জলি আন্টির উপর ক্ষেপে গেল?"
"বুঝতে পারিস নি?" স্যালি সবজান্তার মত হাসল। "তুই এমন বোকা! সবার ধারনা জলি আন্টি তোকে প্রশ্রয় দিয়েছিল নইলে তোর এতো সাহস হবে কেন? দেয়নি? স্বামীর সাথে বছর খানেক ধরে সেপারাশনে ছিল। তুই সুদর্শন, স্বাস্থ্যবান ছেলে। দুয়ে দুয়ে চার।"

রন কাধ ঝাঁকায়। "কি জানি, হতেও পারে। সে আমাকে কখনও চিঠি লিখতে মানা করে নি।"
শ্রাগ করল স্যালি। "বাদ দে এইসব এনালাইসিস। আমার প্রস্তাবে রাজী আছিস কিনা বল? চল গিয়ে দেখা করি।"
মুচকি মুচকি হাসল রন। "তুই রবকে এখনও ভালোবাসিস, ঠিক কিনা?"
"জানি না," স্যালি একটু লজ্জা পায়। "আমার নিজেকে খুব দোষী মনে হয়।"
হাসল রন। "চল, আমি রাজী। কি আর হবে?"
দু'জনে ঘটা করে হাত মেলাল। "আচ্ছা, ডলি কি সত্যিই আমাকে পছন্দ করত?" রন লাজুক গলায় জিজ্ঞেস করে।
দু' চোখ বড় বড় করে ফেলে স্যালি। "ও! তুই তাহলে ডলির কথা শুনেই রাজী হলি? ও তো এখানেই একটা ইউনিভার্সিটিতে পড়ে। বাসাতেই থাকে। এখনও একলা। সুতরাং তোর এখনও সুযোগ আছে।"
ফিক করে হেসে ফেলে রন। "আমাকে দেখে জুতা বাগিয়ে তেড়ে না আসে। ওর বাবা মা মিলেছে?"
মাথা নাড়ে স্যালি। "নাহ। ডিভোর্স হয়ে গেছে। কিন্তু জলি আন্টি অনেক পালটে গেছে। এখন ভীষণ ধর্ম ভীরু হয়ে গেছে। দেখলে চিনতে পারবি না। আমার সাথে দেখা হলে দূর হতে হাত টাত নাড়ে।" গাড়ীতে স্টার্ট দিল স্যালি। "চল, মিস্টার রবকে একটা চমক দেয়া যাক। ক্ষেপে টেপে গেলে তুই সামলাবি কিন্তু।"
রন হাসল। "দেখ নতুন করে প্রেম নিবেদন করে বসে কিনা। এখনও একা আছে বলছিস।"
স্যালি মুচকি হাসে। কিছু বলে না। পঁচিশ বছরের অসম্ভব সুদর্শন এবং আকর্ষণীয় যুবকটার কথা মনে হতে তার এখনও মনের মধ্যে অদ্ভুত একটা অনুভূতি হয়। অনেকদিন দেখেনি মানুষটাকে। কোথায় গেলে দেখা পাওয়া যাবে জানত কিন্তু কখন যাবার সাহস হয়নি। সে কি এখনও তেমনি সুদর্শন আছে?

সাতাশ

দোকানটা খুঁজে বের করতে একটু সময় লাগল। অনেক দোকানের ভীড়ে ছোট্ট একটা স্থান, প্রধানত পুরান বইয়ের আখড়া, তবে নতুন বইও আছে। দুপুরের দিকে দোকান একেবারেই ফাঁকা। বেশ খানিকটা দূরত্ব রেখে খানিক্ষন দাঁড়িয়ে থাকল স্যালি। এখনও দোনমন করছে, যাবে কি যাবে না। রন খোঁচা দিল। "কি ভাবছিস এত? চল। বইয়ের দোকান। বই কিনতে আসতে পারি না?"
শ্রাগ করল স্যালি। "রেগে টেগে যাবে নাতো? হাজার হোক দোষটা আমারই ছিল।"
"না দোষটা তোর ছিল না," রন জোরের সাথে বলল। "বুড়া হাবড়া একটা ছুকরির

সাথে প্রেম করতে চেয়েছিল, ভালো বাড়ি খেয়েছে। বেশ হয়েছে। দেখা করতে চাইলে ভেতরে চল, নইলে ফিরে যাই। পার্কিং লটের মাঝখানে এইরকম হাবার মত দাঁড়িয়ে থাকতে ভালো লাগছে না।”

পা বাড়াল স্যালি। “এরপর যাব জলি আন্টির বাসায়, মনে আছে তো?”

রন বোনকে একটা খোঁচা দিল। “ওটা আর ভুলছিস না?”

যতখানি নাটকীয় হব ভেবেছিল তার চেয়েও কয়েকগুন বেশী নাটকীয় হল ব্যাপারটা। রন কিংবা স্যালি কেউই এটা আশা করেনি। তাদেরকে দোকানের সামনে দেখেই এক রকম ছুটে এলো রব। তাকে দেখে মনে হল এই শূণ্য দোকানে একা বসে থেকে সে এতই নিঃসঙ্গ বোধ করছিল যে একটা অচেনা মানুষ এলেও তাকে আনন্দে জড়িয়ে ধরত। স্যালি শুধু তার চেনা নয়, পুরোদস্তুর প্রাক্তন প্রেমিকা। “স্যালি! স্যালি! আমি জানতাম তুমি আসবে। কেমন আছো? কতদিন পরে দেখলাম তোমাকে। সব খবর রাখি। ওয়াটার লুতে পড়াশোনা করছ। ফেসবুকে দেখেছি।”

স্যালি রক্তিম হয়ে উঠল। এই মানুষটার প্রতি তার একসময় এতো অসম্ভব ভালোবাসা জন্মেছিল যে সে ঘর বাড়ী, বাবা-মা, ভাই-বোন সব ছেড়ে ছুড়ে চলে যাবার জন্য প্রস্তুত হয়ে ছিল। তার বয়েস তখন ছিল মাত্র পনের। সেটাই একমাত্র সমস্যা ছিল। আজ আসবার সময়েও ভাবছিল হয়ত লোকটা দেখতে শুনতে পালটে গেছে, বুড়োটে হয়ে গেছে, হয়ত গম্ভীর হয়ে গেছে। বাস্তবে ঠিক উলটো দেখল। জেলের ঘানি টেনে মনে হয় শরীর আরোও পেটানো হয়েছে রবের। মুখে ছোট ছোট দাড়ি, খুব মানিয়েছে তাকে। চমৎকার সেই প্রানোচ্ছল হাসি! তার বুকের মধ্যে ঢোল পেটানো শুরু হল। এ কি সমস্যা! “ও তাই?” এই টুকুই কোন রকমে বলতে পারে সে।

রব প্রথমে তাকে আলিঙ্গন করবার জন্য এক পা এগিয়েছিল, কিন্তু স্যালি দ্বিধান্বিত করছে দেখে সে হাত বাড়িয়ে দিল। আলতো করে হাত মেলাল স্যালি। রব রনকে লক্ষ্য করে বলল, “কেমন আছো রন? হলিউডে কোন সুবিধা করতে পারলে?”

রন হাত মেলাল। “চেষ্টা করে যাচ্ছি। হয়ে যাবে কিছু একটা।”

“লেগে থাকলে হবেই। ছেড়ে দিও না,” রবের কণ্ঠে আন্তরিকতা। “আমার মনে আছে ছাত্র অবস্থায় তুমি ইংরেজীতে খুব ভালো ছিলে। তুমি যদি না পার তাহলে কে পারবে?”

শুনে রনের ভালো লাগল। তার প্রিয় শিক্ষকদের মধ্যে একজন ছিল রব। কেমন করে সে স্যালির প্রেমে পড়ে এমন একটা গর্হিত কাজ করল সেটা তার মাথাতেই ঢোকে না। এমন শক্ত মনবলের একজন মানুষ এমন কঠিন একটা ভুল করতে পারে ভাবাই যায় না। পুরো জীবনের গতিধারাই বদলে গেছে লোকটার।

স্যালি অস্বঃস্তি নিয়ে এদিক ওদিক তাকাচ্ছিল, যেন ঠিক কি বলবে বুঝতে পারছে না। রব তাকে বাঁচিয়ে দিল। “স্যালি, লাঞ্চ করেছ তোমরা? চল, একসাথে কোথাও

খাই। দামী কোথাও না। ফাস্ট ফুড। দোকান খুব একটা ভালো যাচ্ছে না। দেখেই বুঝতে পারছ।" লাজুক গলায় হাসল রব। "যাবে?"
স্যালি নীরবে মাথা নাড়ে। রন জিজ্ঞাসু দৃষ্টিতে তাকাল, সে তার কোন প্রত্যুত্তর দিল না। রব দোকান বন্ধ করে দিল। "চল, ঐ সামনেই একটা বার্গারের দোকান আছে। হেঁটেই যাওয়া যাবে। চলবে?"
আবার মাথা দোলায় স্যালি। এমন অভাবনীয় প্রতিক্রিয়ার জন্য সে প্রস্তুত ছিল না কিন্তু তার খুব ভালো লাগছে। এই ভালো লাগা টুকু প্রলম্বিত করতে তার কোন আপত্তি নেই।

লাঞ্চের সময় খাবারে দোকান গুলোতে মোটামুটি ভীড় থাকে। বিশেষ করে জনপ্রিয় ফাস্টফুডের দোকানগুলো গম গম করে। এই বার্গার শপটা অখ্যাত। মনে হয় পারিবারিক ব্যাবসা। অল্প কয়েকজন কাস্টোমার। অধিকাংশ টেবিলই ফাঁকা। রব ভেতরে ঢুকে নীচু গলায় বলল, "দেখে যা-ই মনে হোক এদের বার্গার কিন্তু সাংঘাতিক ভালো। একবার খেলে মুখে লেগে থাকে।"
জোর করেই তিন জনের খাবারের দাম মিটিয়ে দিল সে। তারা ট্রেতে খাবারের পাহাড় নিয়ে কোনার দিকে একটা টেবিল দখল করে বসল। স্যালি এখনও আড়ষ্ঠতা পুরোপুরি ভাঙ্গাতে পারে নি কিন্তু রবকে দেখে মনে হল না সে অতীত নিয়ে আদৌ উদবিগ্ন। একটা চেয়ারে বসে নিজের বার্গারে বিশাল একটা কামড় দিয়ে আয়েশ করে কিছুক্ষন নিঃশব্দে চিবালো সে। তারপর স্যালির চোখে চোখ রেখে বলল, "তোমার অপরাধ বোধ করবার কোন কারন নেই, স্যাল। যা হয়েছে সেটার জন্য দোষ আমারই। কিন্তু সত্যি বলতে কি, আমি এক মুহূর্তের জন্যও অনুশোচনা করিনি নিজের কথা ভেবে। সবসময় শুধু ভেবেছি তোমার কথা। তুমি আত্মহত্যা করবার চেষ্টা করেছিলে। কপাল ভালো কিছু হয়নি। কিন্তু হতে তো পারত। এমন বোকামী কি করে করলে?"
স্যালি কিছু বলবার আগেই রন বলল, "আরে আত্মহত্যা না আমার মাথা। খান কতক ঘুমের বড়ি খেয়ে একটা সিন ক্রিয়েট করবার চেষ্টা।"
স্যালি টেবিলের নীচে দিয়ে তার পায়ে একটা লাথি মারল। ককিয়ে উঠল রন।
রব বলল, "স্যাল, আমি তোমার কাছে ক্ষমা চাইব। ঘটা করে। আমার উচিৎ ছিল তোমাকে খুঁজে বের করে ক্ষমা ভিক্ষা করা কিন্তু ভয় ছিল আবার পুলিশি ঝামেলায় না পড়ে যাই।"
এতক্ষনে স্যালি মুখ খুলবার প্রয়োজন বোধ করে। "অন্যায় আমারই বেশী ছিল। আমিই তোমার পিছু লেগেছিলাম। আমার গড়ন বাড়ন্ত ছিল, দেখে বয়েস বেশী মনে হত। যাই হোক, ওসব নিয়ে আর আলাপ করবার কোন প্রয়োজন নেই। ক্ষমা চাইবারও কোন দরকার নেই। না আমার, না তোমার। যা হবার হয়ে গেছে।" একটু চুপ করে থেকে বলল, "জেলে থাকতে কি অনেক কষ্ট হয়েছিল?"
রন গম্ভীর মুখে বলল, "শুনেছি সেখানে ইজ্জত নিয়ে টানাটানি পড়ে যায়।"

খুক খুক করে হাসল রব। "থ্যাংস গড, আমাকে কঠিন কারাগারে পাঠানো হয় নি। আমি যেহেতু খুন খারাবী করিনি, আমাকে একটা লো সেকিউরিটী জেলখানায় পাঠানো হয়েছিল। সময়টা খারাপ কাটেনি। আসলে, সত্যি বলতে কি, জেলে থাকতেই আমি প্রথম বুঝতে পারি আমার লিখবার প্রতি কি অসম্ভব আগ্রহ আছে। ওখানে বসেই আমার প্রথম উপন্যাস লেখা শেষ করি। পাবলিশার পাওয়াটা অবশ্য সহজ ব্যাপার নয় কিন্তু দু' একজনের সাথে আলাপ হচ্ছে।"
স্যালি অবাক হল। "সত্যিই তুমি উপন্যাস লিখেছ? দেখাবে আমাকে? নাকি পাবলিশ হওয়া পর্যন্ত অপেক্ষা করতে হবে?"
কাঁধ ঝাঁকাল রব। "তুমি চাইলে আমি তোমাকে ইলেক্ট্রনিক কপি পাঠিয়ে দিতে পারি। তোমার ভালো লাগলে বুঝব আমার লেখা সার্থক।"
"আমাকে নিয়ে লেখনি তো?" স্যালি জানতে চায়।
"আমাদেরকে নিয়ে লিখেছি। ভেবনা, তোমার সম্বন্ধে খারাপ কিছু লিখিনি। পড়বে?"
স্যালি নীরবে মাথা নাড়ায়। "আমার ইমেইল আগেরটাই আছে। পাঠিয়ে দিও।"
লাঞ্চ শেষ হতে বিদায় নিয়ে গাড়ীতে চলে এলো ওরা। রব আবার হ্যান্ড শেক করল ওদের দু'জনার সাথে, ফিরে গেল দোকানে।
গাড়ীতে এসে রন বলল, "কেস তো খারাপ মনে হচ্ছে রে!"
ভ্রু কুচকাল স্যালি, "কেন?"
"পাগলা তো তোর অপেক্ষায় দিন গুনছে। তুইও তো একলা। আবার গিট্টু পাকাবি নাকি?'
ফিক করে হেসে ফেলে স্যালি। "ধ্যাত, কি যা তা বলিস। একটা লেখা পাঠালেই কি প্রেম হয়ে যায় নাকি?"
রন খোঁচা দিল স্যালির বাহুতে। "ঢং করছিস? তোর মুখ দেখেই তো বোঝা যাচ্ছিল তুই একেবারে পা বাড়িয়ে দাঁড়িয়ে আছিস। সেই আবার বুড়ার পাল্লাতেই পড়লি!"
গাড়ী রাস্তায় নামাতে নামাতে স্যালি মিনমিনিয়ে বলল, "এমন বুড়া কোথায়। আমার চেয়ে অল্প একটু বড়।"
"অল্প? দশ বছর!"
শ্রাগ করল স্যালি। বিড়বিড়িয়ে বলল,"এই জন্যেই এড়িয়ে চলছিলাম।"
রন ওর দিকে তাকিয়ে মুচকি হাসল। "এতো ভাবিস না। যা হবার হবে। মানুষটা ভালো। হয়ত বড় লেখক টেখক হয়ে যেতে পারে।"
আবার নীরবে শ্রাগ করে স্যালি।

দুপুরে আর জলি আন্টির বাসায় গেল না ওরা। এই সময় বাসায় থাকবে কিনা তারও কোন ঠিক নেই। কাজে থাকতে পারে। সন্ধ্যায় যাবে। তখন ডলিও বাসায় থাকবে। বাসায় ফিরে এলো ওরা। নীনা ওদের জন্য অনেক কিছু রান্না করেছে। পেট ভরা থাকলেও মাকে সেই কথা বলল না ওরা। ঠেসে ঠুসে যতখানি পারল

খেল। বাইরে থেকে খেয়ে এসেছে শুনলে মা কষ্ট পাবে। রবের সাথে দেখা হবার কথাটাও দু'জনাই চেপে গেল। নীনার চেয়ে মাইককে নিয়েই ভয় বেশী। ঘটনা যখন ঘটেছিল তখনই সে রবকে খুন করবে বলে জনসমক্ষে ঘোষণা দিয়েছিল। পুলিশ তাকে গ্রেফতার করার হুমকী দেবার পর সে ঠান্ডা হয়েছিল।

আঠাশ

যখনই সময় পায় ইন্টারনেটে গিয়ে ক্যানসার সঙ্ক্রান্ত চিকিৎসা নিয়ে গবেষনা করে মাইক। সাধারণত নীনার সামনে করে না। সে চেষ্টা করে নীনাকে তার অসুখ সম্বন্ধে কোন কিছু স্মরন না করিয়ে দিতে। নীনা দুপুরে ঘুমানোর চেষ্টা করে। আজও তার ব্যাতিক্রম হয় নি। রন আর স্যালি গেছে বাইরে, সাহারা কিছুক্ষন মায়ের সাথে গল্প সল্প করে ফারাহকে নিয়ে নিজেও একটু শুয়েছে। মাইককে একা দেখে খবর নিয়ে গেছে। মাইক জানে সাহারাও আজকাল একটু ঘুম কাতুরে হয়ে পড়েছে। সে তাকে একরকম জোর করে উপরে শোবার ঘরে পাঠিয়ে দিয়েছে। নিচের রিডিং রুমে ল্যাপটপটা নিয়ে বসেছে সে, ক'দিন ধরে জিন থেরাপী নিয়ে খুব পড়ছে। নতুন ধরনের চিকিৎসা। যতই পড়ছে ততই তার আশা বাড়ছে। ক্যানসার রোগীদেরকে প্রথাগতভাবে যে ধরনের চিকিৎসা করানো হয় তা কারো কারো ক্ষেত্রে বেশ উপকারে আসে আবার কারো কারো ক্ষেত্রে কোন কাজেই আসে না। অনেক ক্যান্সারে আক্রান্ত রোগীরাই দীর্ঘদিন বাঁচে না। জিন থেরাপী তাদের জন্য এক নতুন দিগন্ত খুলে দিতে পারে। জিন থেরাপী বেশ বড়সড় ক্ষেত্র ধরে প্রসারিত হচ্ছে। মূল তিনটি ধারা যেদিকে এই নতুন ধরনের চিকিৎসা অগ্রসর হচ্ছে সেগুলো হচ্ছে – ইম্মিউনোথেরাপি, অঙ্কোলাইটিক ভাইরোথেরাপি এবং জিন ট্রান্সফার। ইম্মিউনোথেরাপীতে জেনেটিকালি পরিবর্তিত সেলকে ব্যবহার করা হয় ইম্মিউন সিস্টেমকে উজ্জীবিত করতে এবং ক্যান্সার সেলগুলোকে ধ্বংস করতে। ইদানিংকার ভ্যাকসিনগুলো অনেক ধরনের ক্যানসার রোগীদের ক্ষেত্রে বেশ সম্ভাবনাময় মনে হয়েছে ক্লিনিক্যাল ট্রায়ালে। লাংগস ক্যানসার, প্যানক্রিয়াটিক ক্যানসার এবং প্রস্টেট ক্যান্সারে এটি বেশ কাজ দিতে পারে। এই বিশেষ ধরনের জিন থেরাপী নিয়েই বেশী আগ্রহী হয়েছে মাইক। তার ধারনা ইম্মিউনোথেরাপী দিতে পারলে নীনাকে দীর্ঘদিন বাঁচিয়ে রাখা যাবে। সে খুঁজে খুঁজে একটা হাসপাতাল পেয়েছে টেক্সাসের হিউস্টনে যেখানে এই জাতীয় চিকিৎসা হয়ে থাকে এবং শুধু আমেরিকা নয়, পৃথিবীর নানা স্থান থেকে মানুষেরা সেখানে আসে জিন থেরাপীর জন্য। প্রতিষ্ঠানটির নাম বারযিন্সকি ক্লিনিক। তার মনে নতুন করে আশার সঞ্চার হচ্ছে। বেশ কিছু রোগী সেখানে গিয়ে অচিন্তনীয়রকম ফলাফল পেয়েছে। নীনার ক্ষেত্রে যে তেমনটি হবে না কে বলতে পারে। সে মনে মনে নানা ধরনের

হিসাব করতে শুরু করল। প্রথমত, জিন থেরাপীর অনেক খরচ। দ্বিতীয়ত তাদেরকে সেখানে গিয়ে বেশ কিছুদিন থাকতে হবে। ফলে কাজ থেকে মাইককে একটা লম্বা সময় ছুটি নিতে হবে। তৃতীয়ত, ছেলেমেয়েরা এবং আত্মীয়স্বজনেরা এই জাতীয় চিকিৎসায় বাধার সৃষ্টি করবে কিনা সে নিশ্চিত নয়। এই চিকিৎসা এখনও গবেষনা মুলক পর্যায়ে রয়েছে। সব অষুধের ফলাফল এখনও নিশ্চিত করে জানা নেই। আবার একেক জনের ক্ষেত্রে ফলাফল ভিন্ন হতে পারে। সুতরাং অনিশ্চয়তা আছে কিন্তু মোটের উপর খুবই সম্ভাবনাময়। অন্য কোন বিকল্প যখন হাতে নেই তখন যেকোন কিছুই আশার আলো নিয়ে আসে।

রন এবং স্যালি ফিরে এসেছে টের পেয়ে কিছুক্ষন পর বিছানা ছেড়ে উঠে আসে নীনা। দুই ছেলেমেয়েকে পেট পুরে খাইয়ে তবে ছাড়ে। তারা মায়ের সাথে কিছুক্ষন গল্প সল্প করে গেল সাহারার সাথে আড্ডা পেটাতে। নীনা বিছানায় ফিরে যাবার আগে একবার মাইকের খোজ নিয়ে গেছে। মাইক টের পেয়ে ল্যাপটপে একটা ভিন্ন বিষয় দেখতে থাকে। নীনা জানতে চাইল সে চা-কফি কিছু খাবে কিনা। কিছু চায়নি মাইক। নীনাকে তার পাশে একটু বসতে বলেছিল। নীনা ক্লান্ত বোধ করছিল। বিছানায় ফিরে গেছে। মাইকও ফিরে গেল তার রিসার্চে। অনেক কিছু প্ল্যান করতে হবে তাকে। এই ধরনের চিকিৎসা করানোটা একটা বিরাট ব্যাপার। সবার আগে তার জানতে হবে সেই ক্লিনিকে তারা নীনার চিকিৎসা করতে আদৌ আগ্রহী হবে কিনা। নীনা ক্যানসার অনেক আগ্রাসী। এই পর্যায়ে কোন চিকিৎসা কি কাজে আসবে? জিন থেরাপী কারো কারো ক্ষেত্রে অলৌকিক ধরনের ফলাফল দিলেও নীনার পরিস্থিতিতে কি হবে কে বলতে পারে। সেখানকার ডাক্তাররা হয়ত তার অবস্থা দেখে সরাসরি না করে দেবে। সোজা সাপ্টা বলে দেবে – কোন আশা নেই। মাইক তবুও নতুন আশায় বুক বেধেছে। যতক্ষন আশ ততক্ষন শ্বাস।

সাহারা স্যালি এবং রবের গল্প শুনে কাদবে না হাসবে বুঝতে পারছে না। সে কিছুক্ষন হতভম্বের মত তাকিয়ে থেকে বলল, “লোকটার কি মাথা খারাপ? তোর জন্য জেল খেটে এসে খুব খুশী!”

স্যালি মুচকি হাসল। তার কেন যেন বেশ ভালই লাগছে। এতো বছর পরও যে রবকে দেখে তার বুকের মধ্যে ঢিব ঢিব করবে এটা সে আদৌ আশা করে নি। ভাগ্য যে কাকে কখন কোথায় নিয়ে ফেলে কে বলতে পারে?

রন ঠাট্টা করে বলল, “ব্যাটা খুবই ধুরন্ধর। স্যালিকে দেখে ফটাফট একটা গল্প ফেদে বসল।”

স্যালি চোখ মটকাল। “বাজে কথা বলিস না। ধুরন্ধর কেন বলছিস?”

রন ছদ্ম গাম্ভীর্য নিয়ে বলল, “অন্যায় হয়েছে। আমি না হয় বাবাকে গিয়ে সবিস্তারে বলি।”

“খবরদার!” স্যালি হুমকী দিল। “বাবা কিন্তু খুব রেগে যেতে পারে।”

সাহারা ম্লান হাসল। "বাবা আর আগের সেই মানুষ নেই। মা'র ক্যানসার ধরা পড়বার পর থেকে পৃথিবীর আর কোন কিছুতে তার কোন মনযোগ নেই। যাইহোক, এটা একদিক দিয়ে ভালই হয়েছে। সব কিছু ভালোয় ভালোয় মিটে যাওয়াই ভালো। মনে দুঃখ কষ্ট পুষে রেখে কোন লাভ নেই।"

রন গম্ভীরমুখে বল্ল, "যে ভাবে দু'জন দাত মুখ খিচিয়ে হাসছিল তাতে ওদের মনে কোন দুঃখ, কষ্ট, রাগ ছিল বলে তো মনে হয় না। যা নাটক হল!"

স্যালি খ্যাপা স্বরে বল্ল, "খুব আমাকে নিয়ে ঠাট্টা করছিস?তুই যে জলি আন্টির বাসায় যেতে চেয়েছিলি সেটা মনে আছে?"

সাহারা চেচিয়ে উঠল, "কি? সত্যি?"

রন লাজুক মুখে হাসল। "তুই না বললি সব কিছু ভালোয় ভালোয় মিটে যাওয়া ভালো? জাস্ট মেটানোর চেষ্টা করছি।"

সাহারা বল্ল, "মেটানোর চেষ্টা করছিস মানে? ঘটনা কি বলত? খুব ইন্টারেস্টিং মনে হচ্ছে!"

স্যালি বলল, "ঘটনা গভীর। আমরা সন্ধ্যায় যাব। সাবজেক্ট এখন আর জলি আন্টি নয়, তার সুন্দরী, যুবতী কন্যা ডলি।"

সাহারা বলল, "আমিও যাচ্ছি তোদের সাথে। এই নাটক আমি মিস করতে চাই না। ডলির না রনের উপর চোখ ছিল?"

স্যালি বলল, "সেটা জানার পরই তো হতভাগাটা আবার প্রেমে পড়েছে।"

রন প্রতিবাদ করল। "বাড়িয়ে বলিস না। দেখা করতে চেয়েছি। প্রেম নিবেদন করতে নয়।"

সাহারা হাসতে হাসতে বলল, "রক্ষে কর রন। একবার যা করেছিলি তাতে দুই আজীবনের বান্ধবীর মধ্যে মুখ দেখাদেখিও বন্ধ করে দিয়েছিস। আবার যেন কিছু করে বসিস না।"

রন শ্রাগ করল। "মুখ দেখা দেখিই যেখানে বন্ধ সেখানে আর খারাপ কি হতে পারে?"

স্যালি বলল, "মারপিট হতে পারে। মা অসুস্থ বলে ভাবিস না ছেড়ে দেবে। সে এখনও অনেক শক্ত।"

মায়ের প্রসঙ্গ উঠতে ওরা তিন ভাইবোনই হঠাৎ করে চুপ করে গেল। কিছুক্ষন পর রন নীচু গলায় বলল, "মা বোধহয় খুব বেশীদিন বাঁচবে না, নারে?"

সাহারা কিংবা স্যালি সেই কথার কোন উত্তর দিল না। বোঝা গেল এই প্রসঙ্গে তারা আগাম কোন চিন্তা করতে চায় না। যা হবার হবে। আগে থেকে ভেবে কি লাভ?

রাতে ফারাহকে নীনার কাছে রেখে তিন ভাই বোন একসাথে বের হল ওরা। উদ্দেশ্য জলি আন্টি এবং ডলির সাথে দেখা করা। বাবা কিংবা মাকে এব্যাপারে কিছু বলে নি ওরা। নীনা শুনলে ভয়ানক রেগে যেতে পারে। স্যালিই ড্রাইভ করল।

ডলিদের বাসায় পৌঁছে জলি আন্টি এবং ডলি দু'জনাকেই বাসায় পাওয়া গেল। দরজা খুল্ল ডলিই। ওদেরকে দেখে সে কয়েক মুহুর্ত অবিশ্বাস নিয়ে তাকিয়ে থাকল। "ও বাবা! আজ কার মুখ দেখে উঠেছিলাম। একেবারে প্রেমিক প্রবরকে নিয়ে দুই বোনের আগমন। আমার মা কিন্তু এখন খুবই পরহেজগার হয়ে গেছে। প্রেম ট্রেমের মধ্যে আর নেই।"

রন লাজুক গলায় বল্ল, "চলে যাবো না ভেতরে আসতে বলবে?"

"প্রেম পত্র টত্র নেই তো?" ডলি হাসি মুখে বলল।

স্যালি এবং সাহারাকে মুখ টিপে হাসতে দেখে ডলিও হেসে ফেলল। "এসো, এসো। ভেতরে এসো। ঠাট্টা করছিলাম। এতদিন পর দেখা। আমার জন্যেই না বেচারীর এতো দুর্ভোগ হয়েছিল। আমারই উচিৎ ছিল ক্ষমা টমা চাওয়া।"

ওদেরকে ফ্যামিলি রুমে এনে বসাল ডলি। রনকে খুটিয়ে খুটিয়ে দেখল। "রোগা হয়ে গেছ দেখি। হলিউডে খেতে টেতে পাও না? কটা মুভি বানালে? দু' একটা অস্কার পেয়েছ?"

রন মুচকি হাসল। "অপমান করছ? আর কত? এবার ক্ষান্ত দাও।"

ডলি একটা দীর্ঘনিশ্বাস ছেড়ে সোফায় ঢপাস করে বসল। "আরে, কে কাকে অপমান করে? তুমি কি ভেবেছ ঐ ঘটনার পর আমরাও খুব আনন্দে ছিলাম? চারদিকে মায়ের নামে ঢি ঢি পড়ে গিয়েছিল। আমার বান্ধবীরাই আমার পেছনে পেছনে কত কথা বলেছে। বয়েস কম ছিল। ভুল করেছিলাম। সবাইকে তোমার চিঠিগুলো দেখান একেবারেই ঠিক হয় নি। কিন্তু বাবা–মায়ের ঝগড়ায় বাবার পক্ষ টানতাম। মায়ের উপর রাগ ছিল। অপমান করবার সুযোগ পেয়ে ছাড়তে পারিনি। তোমার উপর আমার কোন রাগ ছিল না। তুমি বেচারী মাঝখান থেকে অকারনে হেনেস্থা হয়েছ। সব যুবকই কোন না কোন একজন বয়েসি মহিলার প্রেমে পড়েই। ক'দন বাদেই সেই মোহ কেটে যায়। তুমি এমন কিছু অন্যায় কর নি।"

রন বলল, "দোষারোপ করতে আসি নি। এতো দিন পর বাড়ী এলাম। তোমাদের সাথে দেখা করতে ইচ্ছে হল তাই এসেছি।"

"ভালো করেছ। আমারও তোমাকে দেখতে ইচ্ছে করছিল।" মুচকি হেসে বলল ডলি।

সাহারা বলল, "মা'র খবর শুনেছ তো?"

ডলি অবাক হল। "নাতো। কি হয়েছে নীনা আন্টির?"

"ক্যানসার। লাংগস। এডভ্যান্সড।"

ডলি খুব শকড হল। "সত্যি! আমি তো একেবারেই জানতাম না। ছোটবেলায় আমাকে যে কি আদর করতেন আন্টি। ঐ ঘটনার পর থেকে তো মুখ দেখা দেখি বন্ধ। কয়েকবার এখানে সেখানে দেখা হয়েছে কিন্তু এড়িয়ে গেছেন। তাকে দোষ দেই না। আমি দেখা করতে গেলে কি খুব রাগ করবেন?"

স্যালি বলল, "গিয়েই দেখ। মা অনেক নরম হয়ে গেছেন।"

ডলি বলল, "মা শুনলে কালকেই যাবে দেখা করতে। নীনা আন্টি যত রাগই করুক সেসব পাত্তাও দেবে না। বাবার সাথে ছাড়াছাড়ি হবার চেয়ে নীনা আন্টির সাথে ঝগড়া হওয়ায় সে মনে হয় বেশী কষ্ট পেয়েছে।"

কিছুক্ষন সবাই নীরব থাকল। নীরবতা ভাঙল ডলিই। "তোমার হলিউডে কোন কিছু হল?" রনকে জিজ্ঞেস করল সে।

রন মাথা নাড়ল। "এখনও বলার মত তেমন কিছু হয় নি। কিন্তু হয়ে যেতে পারে। কিছু বলা যায় না।"

"ওখানেই পড়ে থাকবে?" ডলির প্রশ্নে অর্থপূর্ন কিছু একটা ছিল, রন মাথা চুলকাল।

"জানি না, কি করব। এতগুলো বছর চেষ্টা করে এখন ঝট করে সব ছেড়ে ছুড়ে চলে আসা সহজ না। মায়ের এই অবস্থায় সেটাই ইচ্ছে হচ্ছিল কিন্ত ইচ্ছে হলেই সব কিছু করা যায় না।"

"সে আমরা সবাই জানি," ডলি ঠাট্টাচ্ছলে বলল। ইঙ্গিত টা বুঝতে কারো অসুবিধা হল না। সাহারা এবং স্যালি হেসে ফেলল।

রন লজ্জায় লাল হয়ে উঠল। "দেখ, কম বয়েসে একটা ভুল করেছি। সেজন্য প্রচুর লজ্জাও পেয়েছি, এবার রক্ষে কর। জলি আন্টি থাকলে একটু ডেকে আনো আমি মাফ চাইব। মাফ না চাওয়া পর্যন্ত আমি শান্তি পাচ্ছি না।"

ডলি মুচকি হাসল। "মাফ চাওয়ার কিছু নেই। মা এখন আর সেই আগের শিফন পরা সেক্সি মহিলা নেই। তাকে দেখলে এখন তুমি চিনতেও পারবে না। হিজাব করেন। আজ রোজা রেখেছেন। সকাল থেকে নিজের ঘরে বসে নামাজ কালাম করছেন। ইফতারের আগে বের হবেন না। কিন্তু আমি তাকে বলব তুমি এসেছিলে। বিশেষ করে নীনা আন্টির ক্যানসার হয়েছে শুনলে অসম্ভব কষ্ট পাবেন। কতদিন আছো তুমি?"

"হয়ত আর দু' একদিন। নিশ্চিত করে বলতে পারছি না," রন বলল।

"তোমার সাথে যোগাযোগের উপায় কি?" ডলি জানতে চাইল। "পুরানো দিনের বন্ধুদের মধ্যে যোগাযোগ থাকা ভাল।"

"তোমার ফোন নাম্বার আমার কাছে আছে," স্যালি বলল।, "আমি রনকে দিয়ে দেব।"

মুচকি হাসল ডলি। "কি খাবে বল? বাসায় কিছু নেই। অর্ডার দেব।"

ওরা কিছু খেল না। ডলির কাছ থেকে বিদায় নিয়ে চলে এল। গাড়ীতে উঠেই স্যালি বলল, "কি বলেছিলাম মনে আছে? ডলি এখনও তোকে পছন্দ করে। তোর যেহেতু আর কোন হিল্লে হল না এবার ওর সাথেই ঝুলে পড়।"

সাহারা বলল, "সেটা নিতান্ত মন্দ হয় না। মেয়েটা ভালো। কখন কোন খারাপ কিছু শুনিনি।"

রন শ্রাগ করল। "হলিউডে বসে এই দূর পাল্লার প্রেম কি করে হবে? কিচ্ছু হবে

না আমার। জীবনটা মাটি হল। জলি আন্টিও বোধহয় আমার ছ্যাবল্যামোর জন্যেই এমন পালটে গেছে।”
সাহারা মাথা দোলাল। “কে কেন পাল্টাবে সেটা তাদের নিজস্ব ব্যাপার। তুই কটা প্রেমপত্র লিখেছিলি, খারাপ কিছু তো করিসনি। তোর এতো পাপবোধে ভোগার কিছু হয়নি।”
রন বিরস মুখে বল্ল, “উনি এতো পালটে যাবেন চিন্তাও করিনি।”
স্যালি গাড়ী চালাতে চালাতে বলল, “কোথায় যাবি? বাসায়?”
সাহারা বল্ল, “বাসাতেই চল। ফারাহটা কি করছে কে জানে?”
স্যালি নীরবে বাসার দিকেই রওনা দিল।

উনত্রিশ

সারাহ দু'দিন বাদে অটোয়াতে ফিরে গেল। বেন তার মাথা খারাপ করে ছাড়ছে। বাবাকে নিয়ে তার তেমন কোন সমস্যা নেই কিন্তু মা তার জীবন বরবাদ করে দিচ্ছে। তার কোন কিছুই রীতার পছন্দ হয় না। এক গ্লাশ পানি দিলেও গ্লাশ কেন ভালো করে ধোয়া হয়নি তাই নিয়ে চরম দুর্ভোগ দেয়। নিজের মায়ের সাথেই তার কথাবার্তা বন্ধ হবার দশা। রন এবং স্যালিকে রেখে চলে যেতে খুব মন খারাপ হল সাহারার কিন্তু উপায় কি। কেউ অবশ্য তার বিদায় নিয়ে বিশেষ মাথা ঘামাল না, তাদের প্রধান বেদনার কারন হল ফারাহ চলে যাচ্ছে ভেবে। একদিন সকালে সবার চোখ টোখ ভিজিয়ে ফারাহকে নিয়ে চলে গেল সাহারা। বলে গেল যত তাড়াতাড়ি সম্ভব আবার আসবে সে।

নীনা ভেবেছিল রন এতদিন পর এসেছে, বেশ কিছুদিন থাকবে। কিন্তু রনও যাবার জন্য ব্যাস্ত হয়ে পড়ল। সে নাকি বেশ কিছু প্রডিউসারের কাছ থেকে আশাব্যঞ্জক কথাবার্তা শুনেছে। দূরে থাকলে তারা দেখা যাবে অন্য কারো দিকে ঝুকে পড়েছে। নীনা দীর্ঘ নিঃশ্বাস ছেড়েছে। এটাইত জীবন। মা দূরারোগ্য ব্যাধিতে আক্রান্ত হয়েছে বলে কি মাকে জড়িয়ে ধরে বসে থাকা সম্ভব? পুত্র কন্যাদের নিজ নিজ জীবনের তরী বেয়ে এগিয়ে যেতে হবে। তার নিজের ইচ্ছে হয় ওদের সবাইকে যদি সারাক্ষন জড়িয়ে থাকতে পারত জীবনের এই শেষ কয়েকটা দিন! কিন্তু সেটা কি আর সম্ভব?
একটা অসম্ভব সাধন হয়েছে রন আসবার পর। জীবনে জলির সাথে আবার তার কখন কথা হবে এটা সে আশা করে নি। রনের প্রেমপত্র লিখবার ব্যাপারটা সে খুব ভালোভাবে নিতে পারেনি। জলির তাতে কোন হাত ছিল না এটা ভাবতে তার কষ্ট হয়। সেই সময় সে জলিকে অনেক খারাপ খারাপ কথা বলেছিল, গালাগালিও করেছিল, অকথ্য ভাষায়। জলি কিছু বলেনি। সেই কারনেই তার ধারনা আরো

বদ্ধমুল হয়েছিল। তার যদি কোন দোষ না থেকে থাকবে তাহলে জলি কেন নীরবে সব অপবাদ মাথা পেতে নেবে? ইদানিং তার সেই সব কথা ভেবে খারাপই লাগত। মানুষ জীবনে নানা ধরনের উত্থান পতনের মধ্য দিয়ে এগিয়ে চলে। জলি সেই সময়ে ভয়াবহ দাম্পত্য কোলাহলের মধ্য দিয়ে দিন যাপন করছিল। একটি তরুনের আগ্রহকে সম্পূর্ণ ঝেড়ে ফেলতে পারার মত মনবল তার হয়ত ছিল না। কিন্তু নিজের থেকে জলিকে ফোন করবার মত সাহস তার হচ্ছিল না। কি ভাবে কথা শুরু করবে? যদি জলি রাগ করে ওঠে? যদি এতদিন পর তার অবমাননার প্রতিশোধ নেবার জন্য তার সাথে খারাপ ব্যবহার করে? তার চেয়ে যেভাবে আছে সেভাবেই থাক। নীনা ভেবেছিল মৃত্যুর আগে তার প্রিয় বান্ধবীর সাথে হয়ত আর কখন দেখা কিংবা কথা হবে না।

সাহারা চলে যাবার দু'দিন পর হঠাৎ ফোন করল জলি। দু'জনে বেশ কিছুক্ষন ফোন ধরে চুপচাপ বসে থাকল। নীনার দু'চোখ বেয়ে সমানে অশ্রু ঝরে, গলায় ব্যাথার দলা, সে কথা বলতে পারে না।

"আমাকে মাফ করতে পেরেছিস?" জলি নীচু স্বরে বলে।

"আমার সময় হয়ে গেছেরে,"নীনা কোন রকমে বলেছিল। "ঐসব কথা ভেবে আর কি লাভ?"

জলি অনেক্ষন কিছু বলল না। বোঝাই গেল সেও নীরবে কাঁদছে। কত দিনের বন্ধু তারা! কত অসংখ স্মৃতি জড়িয়ে আছে দুজনকে জড়িয়ে।

"আমাকে কিছু জানালি না কেন?" জলি কান্না ভেজা গলায় বলে।

"সাহস হয়নি," সত্যি কথাই বলে নীনা। "কেমন আছিস?"

"ভালো। তোকে দেখতে আসব। রন চলে গেলে। ওকে মুখ দেখাবার মত শক্তি আমার নেই।" জলি বলল।

"তুই আয়। খুব দেখতে ইচ্ছে হয়। কিচ্ছু হবে না।" নীনা বলে।

"ডলি খুব যেতে চায়। তোকে ও খুব পছন্দ করে। ও যাবে। আমি পরে আসব। কিছু লাগলে আমাকে বলিস।"

দু'জনাই অসম্ভব আবেগে আপ্লুত ছিল, কথা বার্তা বেশী বলার মত অবস্থা তাদের ছিল না। ডলি এসেছিল। একাই এসেছিল। নীনাকে জড়িয়ে ধরে সেও বেশ কিছুক্ষন কাঁদল। "সব ঠিক হয়ে যাবে, আন্টি।"

মেয়েটাকে দেখে খুব ভালো লেগেছে নীনার। কি সুন্দর আর মায়াময় হয়েছে। ছোটবেলায় কেমন একটু পাগলী পাগলী ছিল। রনের চিঠিগুলো সবাইকে দেখানোর কোন দরকার ছিল? তখন খুব রাগ হয়েছিল মেয়েটার উপর। কিন্তু এবার দেখার পর সেসব রাগ টাগ কোথায় উড়ে গেছে। শুধু মনে হয়েছে রন যদি এমন একটা মেয়ের সাথে জড়াতে পারত তাহলে চলে যাবার আগে তাকে নিয়ে নীনার আর কোন চিন্তা থাকত না।

ডলি রন এবং স্যালি একসাথে কোথায় কোথায় ঘুরল কয়েক দিন। জেনে খুব ভালো লেগেছে নীনার। কখন কি হয়ে যায় কে জানে। হয়ত রনের সাথে ডলির

খাতির হবে, রন অহেতুক হলিউডি চিন্তা ভাবনা বাদ দিয়ে এদিকে এসে একটা ভালো চাকরী টাকরীতে ঢুকে যাবে, সংসার করবে। নীনা হয়ত তখন থাকবে না কিন্তু এমন একটা সম্ভাবনার কথা ভেবে তার ভালোই লাগে।

সপ্তাহ খানেক পর রনের যাবার সময় হয়ে এল। কটা দিন যেন কি ভাবে কেটে গেল। ভাবতেই নীনার অসম্ভব খারাপ লাগে। "আর ক'টা দিন থাকতে পারবি না বাবা?" নীনা অনুনয় করেছিল।

রনকে দেখে নিরুপায় মন হয়েছে। তার আবেগ টাবেগ কিছু কম থাকলেও মায়ের জন্য তার টান আছে। এই সময়ে মায়ের পাশে থাকতে পারলে তার ভালই লাগত। বিশেষ করে ডলির সাথে আবার দেখা হবার পর ব্যাপারটাতে একটা ভিন্ন মাত্রা যোগ হয়েছে। কিন্তু এতদিনের এত কষ্টের ফসল সে ঝট করে ত্যাগ করতে পারবে এটা ভাবাও দুষ্কর।

"আমার ফিরতেই হবে মা। অনেক কাজ পড়ে আছে। না থাকলে সুযোগ হাত ছাড়া হয়ে যেতে পারে।"

স্যালি মুখ বাকিয়েছে। "ফালতু প্যাচাল। কে তোর স্ক্রীনপ্লে কিনবে। তুই আসলে পালাচ্ছিস যদি বন্ধুদের সামনে পড়ে যাস সেই ভয়ে। প্রেমপত্রের কেচ্ছা উঠে মান সম্মান নিয়ে টানাটানি পড়বে, ঠিক কিনা?"

মাইক ধমকে উঠেছে। "থামত! খামাখা জ্বালাচ্ছিস কেন ওকে?"

স্যালি বাবাকেও একটা ভেংচি কেটেছে।

"বাবা, আমরা সবাই ভুল করি," নীনা বলল। "সেই ভুল স্মরন করে পড়ে থাকলে তো চলে না। কে জানে আর ক'দিন আমি বাচব। তোর কাজকর্ম হয়ে গেলে ফিরে এসে আমার সাথে ক'টা দিন থাকিস। আমার খুব ভালো লাগবে। ঠিক আছে, বাবা?"

রন তাকে জড়িয়ে ধরেছে। "ঠিক আছে মা। আমি আসব। তুমি নিজের দিকে খেয়াল রেখ। আমার মনে হয় তুমি ভালো হয়ে যাবে।"

রনকে এয়ারপোর্টে নামিয়ে দিয়ে আসে ওরা সবাই। রাতের প্লেন। যাবার আগে আবার মাকে জড়িয়ে ধরে আসবার প্রতিশ্রুতি দিয়েছে রন। বাবার সাথে তার সম্পর্ক বেশ শীতল। দু'জনে হাত মিলিয়েছে। "মায়ের দিকে খেয়াল রেখ বাবা।"

মাইক বিড় বিড়িয়ে বলেছে, "আমি না রাখলে তোমার ভুত এসে রাখবে?"

নীনা তাকে একটা জোর খোঁচা দিয়েছে। স্যালি ফিক করে হেসে ফেলেছে। রন কিছু বলে নি। বাবার রাগের কারন সে বোঝে। পুত্রদের কাছে বাবাদের বোধহয় কিছু বশেষ ধরনের চাওয়া থাকে। রন তা না পেরেছে মেটাতে না কখন সেই চেষ্টা করেছে। বাবার রাগের কারণ হয়ত যথার্থ। সে শেষবারের মত বিদায় নিয়ে চেক ইনের দিকে রওনা দেয়। স্যালি হাসি মুখে বলল, "তোর –আই এম গুড ফর নাথিং – মুভিটা যখন তৈরী হবে আমাদেরকে জানাস। টিকিট কেটে দেখব।"

মাইক হা হা করে হাসল। রনি মুচকি হাসে। এই বোনটাকে সে নির্ঘাত মিস করবে। ফাজিল!

রাতে বিছানায় শুয়ে খুব কাঁদল নীনা। মাইক বিরক্ত হল। "এত কাঁদার কি হল?"

"ওকে আর কখন দেখব আমার মন বলে না," নীনা চোখের পানি মুছতে মুছতে বলল।

"দেখা হলে হবে না হলে হবে না," মাইক খানিকটা নিরাসক্ত ভাবে বলে। "ওকে ওর জীবন নিজের মত করে সাজাতে দাও।"

"এমন দূরে সরে গেল কেমন করে ও," নীনা যেন নিজেকেই প্রশ্ন করে। "ওর ভাব সাব দেখে মনে হয় যেন আমাদের কারো জন্য ওর কোন সত্যিকারের মনের টান নেই। অথচ ওকে কত ভালোবেসেছি আমি। ও ছিল আমার বুক আলো করা সোনার ছেলে।"

মাইক শ্রাগ করে। "ঐ ছাগলের জন্য খামাখা কেঁদে নিজের চোখের জলের অপচয় কর না।"

এই কথায় নীনার কান্না যেন আরো বেড়ে যায়। বাবা হয়ে মাইক কি তার মনের দুঃখ বুঝবে? মাইক নিজের ভুল বুঝতে পেরে অনুতপ্ত বোধ করে। সে নীনার পাশে বসে তার মাথায় হাত বুলিয়ে দিয়ে তাকে শান্ত করবার চেষ্টা করে। "খামাখা এতো কষ্ট পেও না। কে জানে হয়ত ওর মনের পরিবর্তন হবে। হয়ত তোমার কাছে সত্যি সত্যিই চলে আসবে।"

নীনা মাথা নাড়িয়েছে। "আসবে না। ও একটা পাগল। ও আসবে না। আমি মরে গেলে হয়ত কবর দিতে আসবে।"

মাইক চুপ করে থাকে। মা-পুত্রের এই জটিল সম্পর্কের মধ্যে নিজেকে জড়ানোর কোন চেষ্টা বৃথা।

স্যালি ডর্মে ফিরে গেল ক'দিন বাদে। সে কাছেই থাকে। মাঝে মাঝে আসবে, নিয়মিত ফোন করবে - কথা দিয়ে গেল। এই মেয়েটার সাথে ছোটবেলা থেকেই মাইকের শুধু ফাটাফাটি হলেও মাইক জানে তার যতটুকু করবার সে করবে। পাগলী পাগলী হলেও কর্তব্যবোধ আছে।

ত্রিশ

দেখতে দেখতে দিন চলে যায়। মাস খানেক কেমন করে যেন কেটে গেল। হরেক রঙের বৈচিত্রতা নিয়ে আচমকা এসে হাজির হল শরৎ। নীনার শরীর ক্রমাগত খারাপের দিকে মোড় নিলেও এখনও শেষ অবস্থা নয়। মাইক প্রানান্ত পরিশ্রম করে চলেছে নীনার জন্য জেনেটিক থেরাপীর ব্যবস্থা করতে। অনেক খানি এগিয়েছে। কিন্তু এখনও সব ব্যবস্থা সে করতে পারে নি। কোন কিছুই সহজে হবার নয়। সব

কিছুতেই একশ এক গন্ডা ঝামেলা।

বিকালে প্রায়ই নীনাকে নিয়ে হাঁটতে বেরিয়ে যায়। চেষ্টা করে প্রাকৃতিক সৌন্দর্যের মাঝে নিয়ে গিয়ে নীনার মন থেকে অন্য সব দুঃশ্চিন্তা ঝেড়ে ফেলতে। শীতের দেশের শারদীয় সৌন্দর্যের চেয়ে নয়নাভিরাম বোধহয় আর কিছু হতে পারে না। চোখ ধাঁধানো সেই হলুদ, কমলা আর লালের সমারোহে মনের ভেতর থেকে সব ভয় ভীতি যেন উবে যেতে চায়। নীনার সঙ্গে হাঁটা শুরু করলেও মাইক নিজের অজান্তেই গতি বাড়িয়ে দেয়। কিছুক্ষন পর খেয়াল হয় নীনা খানিকটা পিছিয়ে পড়েছে।

"নীনা, ঠিক আছো?" দূর থেকে গলা উচিয়ে বলল সে।

নীনা চুপচাপ দাঁড়িয়ে গাছগাছালী দেখছে। মাইকের কথার কোন উত্তর দিল না। মাইক দ্রুত হেটে পিছিয়ে এসে তার সংগ ধরল। "কি হয়েছে?"

নীনার দু'চোখ বেয়ে অশ্রু গড়িয়ে নামছে। "প্রতিদিন কত মানুষ মারা যায়," সে চুপি চুপি বলে। "কেউ চুপচাপ, স্বাভাবিকভাবে, আবার কেউ অনেক কষ্ট পেয়ে, জন্তুর মত। কিন্তু মৃত্যু তো সবচেয়ে স্বাভাবিক আমাদের জীবনে। তাহলে মৃত্যুকে মেনে নিতে আমার কেন এতো কষ্ট হচ্ছে বলত? আগে যা দেখে সারা বুকটা আবেগে আপ্লুত হয়ে উঠত, এখন আর তার কিছুই অনুভব করি না। যে দিকে তাকাই শুধু মনে হয় আমি আর থাকব না। সারাক্ষন শুধু সেই কথাই ভাবি। চেষ্টা করলেও মন সরিয়ে নিতে পারি না। আমার নিজেকে অপরাধী মনে হয়, ডরপুক মনে হয়। এর বিরুদ্ধে যোঝার মত ক্ষমতা আমার আর নেই।"

মাইক শক্ত করে নীনার হাত ধরে। "আমার জন্য তোমাকে যুদ্ধ করতেই হবে। তোমাকে আমি চলে যেতে দেব না। জানি, একদিন আমরা সবাই চলে যাব। কিন্তু তোমার যাবার সময় এখনও হয়নি।"

নীনা হতাশ গলায় বলল, "আমি তো বোকা নই। তুমি আমার কাছ থেকে সত্যি লুকানোর চেষ্টা কর কিন্তু আমি ঠিকই ধরে ফেলি। আমি জানি আমার সময় ফুরিয়ে এসেছে।"

মাইক প্রসঙ্গ পালটে বলল, "আমরা কি এখানে বসে বসে মরার কথা বলব নাকি সামনে গিয়ে দেখব গাছের পাতায় কেমন রঙের বাহার ছড়িয়েছে?"

নীনা দীর্ঘনিঃশ্বাস ছেড়ে বলল, "আমি চলে গেলে তুমি খুব একলা হয়ে যাবে।"

মাইক শ্রাগ করল। "বেশী বক বক করলে আমি তোমার সাথেই আসব। এখন চলেন ম্যাডাম। আপনার একটু ফ্রেস বাতাস দরকার। মাথাটা পরিষ্কার হবে।"

"ফ্রেস বাতাসে কি ক্যানসার সেরে যাবে?" নীনা ম্লান হেসে বলল।

"বাতাস সারাবে না, আমি সারাব," মাইক দৃঢ় গলায় বলল। সে নীনাকে একরকম জোর করেই টেনে সামনের দিকে এগিয়ে যায়। কাছেই লেকের পানিতে এক ঝাক হাস খুব ঝাপাঝাপি করছে। মাইক একটা পাতলা পাথর কুড়িয়ে পানিতে ব্যাং লাফ দেয়ালো।

"আটবার! নীনা, তুমি কর এবার।"

"আমি পারি না," নীনা হতাশ গলায় বলল।
"এটা শেখা কোন ব্যাপার হল? পাথরটা এভাবে ধরে ছুড়ে দেবে। চেষ্টা কর।"
নীনা মাইককে খুশী করবার জন্য বার কয়েক চেষ্টা করে। পারে না কিন্তু পাথর ছিটকে হাসগুলোর দিকে যেতে তারা বিরক্ত হয়ে উড়াল দেয়। ওরা দু'জন মুগ্ধ হয়ে দেখে তাদের দল বেঁধে বাতাসে ডানা মেলে দূর আকাশে উড়ে যাওয়া।
"এইভাবে উড়তে চাও?" মাইক বলল।
"চাই কিন্তু আমার তো ডানা নেই," নীনা বলল।
"ডানা নেই কিন্তু প্লেন আছে," মাইক মুচকি হেসে বলল।
নীনা সন্দিহান চোখে তাকাল। "ঘটনা কি বলত? তুমি দেখি অনেক রাত জেগে জেগে কি সব কর। কি করছ?"
"প্রিয়ে, আমরা খুব শীঘ্রই উড়াল দেব।" মাইক নাটকীয় ভঙ্গীতে বলল। "গন্তব্য হিউস্টন, টেক্সাস। নতুন যাত্রা, নতুন জীবন।"
"খুলে বল," নীনা চাপ দিল।
"জিন থেরাপীর উপর খোজ খবর নিচ্ছিলাম। দারুন টেকনলজি। ক্যানসার সারিয়ে ফেলতে পারে। অনেকেই খুব উপকার পেয়েছে। তাদের ক্যানসার পুরোপুরি ভালো হয়ে গেছে। তোমার ক্যান্সারও ভালো হয়ে যাবে। এই জিন থেরাপি শালা ক্যান্সারের নিতম্বে এমন লাথি দেবে যে পালিয়ে বাঁচবে না।তারপর আমারা কি করব জানো? দু'জনে উড়াল দিয়ে আমাজনে ফরেস্টে যাব। সেখান থেকে যাবো মাচু পিচু।"
নীনা নিঃশব্দে মাটিতে বসে পড়ে।
"কিন্তু এই চিকিৎসায়তো অনেক টাকা লাগে। এতো টাকা তুমি কোথায় পাবে? খামাখা ঝামেলা কর না। ছেড়ে দাও এসব। যখন যেতে হয় চলে যাবো।"
মাইক ক্যামেরা বের করল। "টাকা নিয়ে তোমার ভাবতে হবে না, আমাদের টাকার অভাব আছে তোমাকে কে বলল? তুমি শুধু মনে জোর রাখ। এই হারামী ক্যানসারকে তোমার হারাতেই হবে। এবার সুন্দর করে একটা হাসি দাও তো। একটা ছবি তুলি।"
নীনা মুচকি হাসে। সে জানে এই পাগলকে কোনভাবে থামান যাবে না। তার মাথায় যদি কিছু একটা এসেই থাকে সেটার শেষ না দেখে সে কিছুতেই ছাড়বে না। সে নিরুপায় হয়ে একটা চমৎকার পোজ দিল। সে যখন থাকবে না তখন মাইকের জন্য এই ছবিগুলোই হয়ত সংগী হয়ে থাকবে।

স্যালি আশা করে নি মাইক এমন হঠাৎ করে তার ইউনিভার্সিটিতে চলে আসবে। ক্লাশে ছিল। ফোনটা ভাইব্রেশনে দেয়া ছিল। মাইক টেক্সট করেছিল। সে তার ডিপার্টমেন্টের বাইরে অপেক্ষা করছে। একটু ভড়কে গিয়েছিল স্যালি। আগের সপ্তাহে বাসায় যেতে পারেনি কিন্তু মায়ের সাথে কথা হয়েছে মাত্র একদিন

আগেই। সব তো ঠিকই ছিল। সে ক্লাশ ছেড়ে চলে এলো। মনের মধ্যে দুঃশ্চিন্তা নিয়ে কখন লেকচার শোনা সম্ভব না। মাথায় কিছুই ঢুকবে না।
বাইরে বেরিয়ে এসে দেখল গাড়ীতে শরীর এলিয়ে বসে আছে মাইক। দরজা খুলে ভেতরে ঢুকল ও। প্যাসেঞ্জার সিটে বসল। "বাবা, ব্যাপার কি? হঠাৎ এখানে চলে এসেছ কেন? মা ঠিক আছে তো?"
মাইক মৃদু হাসল। "তোর মা ঠিক আছে। গত উইকএন্ডে বাড়ী এলি না। মনে হয় একটু মন খারাপ করেছে। আশা করে ছিল। কিছু বলে নি অবশ্য। সব সময়ইতো একটু চাঁপা।"
"আমার সাথে তো ম'র কথা হয়েছে," স্যালি বলল। "পড়াশুনা ছিল একটু, সেই জন্য যাইনি। যাওয়া উচিৎ ছিল। কাজটা ঠিক হয়নি।"
"তোকে দোষারোপ করবার জন্য এতো পথ আসিনি আমি," মাইক হেসে বলল। "সে এখন খুব ইমোশোনাল হয়ে আছে, সেটাই স্বাভাবিক। কিন্তু তুই ওসব নিয়ে ভাবিস না। তোর এখানে সব কেমন চলছে? গতবার যখন গেলি ভালো করে কথাবার্তা হয়নি। সব ঠিক ঠাক আছে তো?"
ঘাড় নাড়ল স্যালি। "সব ঠিক আছে, বাবা। এবার আমাকে একটা সত্যি কথা বলত। মায়ের ক্যানসার ঠিক কোন পর্যায়ে আছে? মা আমাকে জিন থেরাপির কথা বলছিল। কি সেটা?"
"ইন্টারনেটে গিয়ে পড়ে দেখিস। সংক্ষেপে বলি, এটা হচ্ছে তোর নির্দিষ্ট রোগী ভিত্তিক চিকিৎসা। মেডিকেল সায়েন্সের এটাই হচ্ছে সত্যিকারের ভবিষ্যৎ। একজন ক্যানসার রোগীকে একই জাতীয় কেমিকাল আর রেডিয়েশন দিয়ে জর্জরিত করলেই কি চিকিৎসা হয়ে গেল? অধিকাংশ রোগীর ক্ষেত্রেই এগুলো প্রায় কোন কাজই করে না। আর ঐ সব ডাক্তার আর নার্সদেরকে দেখিস না, ওদের সবচেয়ে বড় কৃতিত্ব কোথায় জানিস – রোগীদেরকে মৃত্যুর মুখে পাঠিয়ে দিয়ে হাত ধুয়ে বসে থাকা। 'দুঃখিত কিন্তু আপনি আর মাত্র মাস খানেক বাচতে পারেন বড়জোর', অথবা 'এই বছরটা যদি বেঁচে যান তাহলে বলতে হবে আপনি ভাগ্যবান' ... বদমায়েশের দল!"
স্যালি পরিষ্কার বুঝল তার বাবা মনের মধ্যে অনেক রাগ পুষে রেখেছে। এটা ভালো লক্ষন নয়। লোকটা এমনিতে ঠান্ডা হলেও রেগে টেগে গেলে উলটা পালটা কাজ করে বসতে পারে। হয়ত কোন ডাক্তারের মুখ বরাবর একটা ঘুষি টুষি বসিয়ে দিতে পারে। এমন বড় সড় শরীর দেখে এমনিতেই তারা একটু ঘাবড়ে যায়।
"বাবা, ঠিক করে বলত আমার এখানে কেন এসেছ?"
"তোর মা হিউস্টন সম্বন্ধে কিছু বলেনি?" মাইক বলল।
"হিউস্টন?" স্যালি মাথা নাড়ল।
"জিন ঠেরাপীর জন্য সেখানে যাচ্ছি আমরা," মাইক বলল। "বেশ কিছুদিন থাকতে হবে সেখানে। তিন থেকে ছয় মাসের মত। এই সপ্তাহেই ফ্লাইট। যাবার আগে

তোর সাথে একটু কথা বলে যেতে মন চাইল।"
স্যালি মাইকের কাধে আলতো করে চাপড় দিল। "কিছু ভেব না বাবা। দেখ সব ঠিক মতই হবে। আমি কি কোন ভাবে সাহায্য করতে পারি?"
"না, না, তোর সাহায্যের কোন দরকার নেই," মাইক দ্রুত বলল। "আমি তোর কাছ থেকে কিছু চাইবার জন্য আসিনি। কেমন আছিস সেটা জানবার জন্যেই এসেছি। তোর সাথে অনেকদিন হল মন খুলে কথা বার্তা হয়নি।"
স্যালি ভ্রু কুচকাল। "বাবা, তুমি কিন্তু আমাকে ধাঁধায় ফেলে দিচ্ছ। তুমি কি বলছ আমি কিছুই বুঝতে পারছি না।"
"তোর কি এখন ছেলে বন্ধু টন্ধু আছে?" মাইক লজ্জার মাথা খেয়ে জিজ্ঞেস করে বসল।
স্যালি অবাক হল। "তেমন সিরিয়াস কেউ নেই। কেন বলত?"
মাইক অস্বস্তি নিয়ে বলল, "তোকে নিয়ে আমার কেন যেন খুব চিন্তা হয়। আমার সবসময় একটা বিশ্বাস ছিল তোর যে কোন ধরনের সমস্যা হলে তুই আমার কাছে এসে খুলে বলবি। কিন্তু তুই সেটা করিস নি।"
স্যালি হেসে ফেলল। "বাবা, তুমি কি আমার সেই আত্মহত্যা করবার ব্যার্থ প্রয়াসের কথা ভেবে মন খারাপ করছ? আমার মাথায় কিছু একটা পোকা ঢুকেছিল মনে হয়। কিন্তু বাস্তব হচ্ছে আমি সত্যি সত্যিই মরতে যাচ্ছিলাম না। কতগুলো ঘুমের অষুধ খেয়েছিলাম সত্যি, কিন্তু খানিকটা জানতামই মরব না। তুমি খামাখা দুঃশ্চিন্তা কর না বাবা। ওরকম আর হবে না। আমাকে নিয়ে তুমি একদম চিন্তা কর না। তোমার এখন অনেক বড় ব্যাপার নিয়ে ভাবতে হবে।"
মাইক অশ্বস্তি নিয়ে বলল, "একটা কথা আমার জিজ্ঞেস করতেই হবে। এটা না জানা পর্যন্ত আমি শান্তি পাচ্ছি না। ঐ যে শিক্ষকটা – তোর সাথে যার সম্পর্ক হয়েছিল, সে কি তোকে ধর্ষন করেছিল?"
স্যালি মুচকি হাসল। "বাবা, তুমি এখনও সেই সব কথা ভেবে মন খারাপ কর?"
"না রে, এটা জানা আমার খুব দরকার," মাইক বলল। "আমি নিজেকে সব সময় দোষ দিয়েছি এই ভেবে যে আমি হয়ত পিতার দায়িত্ব পালন করতে পারি নি। তুই পনের বছরের একটা মেয়ে। এমন একটা ঘটনা তোর জীবনে কেন ঘটবে?"
স্যালি মাইকের পিঠে হাত বুলিয়ে দিয়ে বলল, "নিজেকে অপরাধী মনে করবার তোমার কোন কারন নেই। আমি যা করেছিলাম বুঝেই করেছিলাম। হ্যাঁ বয়েসটা কম ছিল, মনে অনেক রোমান্টিক চিন্তা ভাবনা ছিল, ভুল করেছিলাম। কিন্তু আমার সাথে এমন কিছু হয় নি যেটা ভেবে তুমি মন খারাপ করতে পার।"
মাইক কিছুক্ষন চুপ করে থাকল। "দেখ সাহারাটা কেমন সুন্দর গুছিয়ে বসেছে। ঘর সংসার করছে। তুই যদি একদিন ওর মত গুছিয়ে বসতে পারতিস তাহলে ভালো লাগত। কিন্তু তোর চলা ফেরা দেখে তো মনে হয় না তুই সেই ভাবে চিন্তা করিস। যা হয়ে গেছে, সেসব ভুলে গিয়ে একটা ভালো ছেলে খুঁজে নিচ্ছিস না

কেন?”

স্যালি এবার খিল খিল করে হেসে উঠল। “বাবা, ছেলে কি গাছের মোয়া যে হাত বাড়িয়ে ইচ্ছে মত একটা পেড়ে নিলাম?”

“তাতো বলিনি,” মাইক লাজুক গলায় বলল। “কিন্তু চেষ্টা করছিস বলেত মনে হয় না। তোর মা আর আমি দু’জনাই খুব চিন্তায় আছি তোকে নিয়ে। আমরা হয়ত অর্ধেকটা বছরের জন্য হিউস্টনে থাকব। বেশ লম্বা সময়। তোর মায়ের কি হবে কে জানে। তোর জীবনটা ঠিক পথে যাচ্ছে এটা জেনে গেলে আমাদের দুজনারই সেখানে সময়টা ভাল কাটবে।”

স্যালি নিজের সাথে কিছুক্ষন যুঝল। কথাটা বাবাকে জানানোটা কি ঠিক হবে? ভালোর বদলে খারাপ হয়ে যাবে নাতো? দ্বিধা দ্বন্দ্ব করতে করতে বলে ফেলারই সিদ্ধান্ত নিয়ে নিল। “বাবা, তোমাকে একটা সত্যি কথা বলি। ঠান্ডা মাথায় শুনবে, ঠিক আছে?”

মাইক কৌতুহলী দৃষ্টিয়ে মেয়েকে দেখছে। সে কি তবে তলে তলে অন্য কারো সাথে খাতির করে ফেলেছে? হলে তো খুবই ভালো হয়।

“সেই শিক্ষকটার কথা তোমার মনে আছে, বাবা?”

“কোন শিক্ষক?” মাইক ভ্রু কুঁচকে বলল।

“আমাকে ধর্ষনের দায়ে যে জেলে গিয়েছিল – রব?” স্যালি নীচু গলায় বলল।

মাইক নীরবে মাথা নাড়ে। হঠাৎ করে সেই বদমায়েশটার কথা কেন উঠল সে ঠিক ধরতে পারছে না।

“সে জেল থেকে বেরিয়ে এসেছে, বাবা,” স্যালি বলল। “কয়েক দিন আগে তার সাথে আমার আবার দেখা হয়েছিল। সে আমাকে সত্যিই ভালোবাসে। আমাকে নিয়ে একটা বই লিখেছে। পড়েছি। সুন্দর লিখেছে। আমি যেমন একটা ভুল করেছিলাম, সেও একটা ভুল করেছিল। আমি তাকে ক্ষমা করে দিয়েছি।”

মাইক এটার জন্য প্রস্তুত ছিল না। সে বেশ কিছুক্ষণ মেয়েকে পরখ করল। “বুঝলাম ধর্ষণটা না হয় টেকনিক্যাল, কিন্তু সে তো জেল খাটা আসামী এখন। শেষ পর্যন্ত আবার তার সাথে গিয়েই জুটলি?”

স্যালি ম্লান হাসল। “বাবা, কার সাথে কার কিভাবে হৃদয়ের যোগাযোগ হয়ে যায় সেটা কি কেউ বলতে পারে? তুমি আমাকে নিয়ে আর একদম ভেবো না। প্রথমবার আমি ভুল করেছিলাম। এবার করছি না। সাহারার মত আমার সুখের সংসার হবে কিনা জানি না কিন্তু তোমার এই পাগলী মেয়েটা দেখ ভালোই থাকবে। আমাকে নিয়ে তুমি আর একদম ভাববে না। আমি জানি মায়ের জন্য দুশ্চিন্তায় তোমার সারাটা দিন কাটে। তার সাথে আমাকে আর যোগ কর না। তোমরা হিউস্টনে যাও। সুযোগ মত আমি আর রব তোমাদেরকে দেখতে আসব। ওর সাথে কথা বললে দেখবে কি চমৎকার একটা মানুষ সে। ওকে তোমাদের খুব ভালো লাগবে।”

মাইক একটা দীর্ঘ নিশ্বাস ছাড়ল। "তোর ভালো লাগলেই হল। আমাদের কাছে ভালো লাগার প্রয়োজন নেই। জানি না তোর মায়ের কাছে এই সংবাদ কি ভাবে ভাঙব। হয়ত হিউস্টনে গিয়েই বলব।"
কিছুক্ষণ দু'জনাই চুপ করে থাকল। মাইক শ্রাগ করল। "আসলে তুই ঠিকই বলেছিস। হৃদয়ের ব্যাপারে কি আগে থেকে কিছু বলা যায়? দেখ, তোর জীবন, তুইই বুঝবি। তুই সুখী হলেই আমরা দু'জনাই খুশী। আসিস ছেলেটাকে নিয়ে। আর রনের সাথে কথা হলে বলিস আমরা হিউস্টনে। তোকে বিস্তারিত জানাবো খনে।"
স্যালি বাবাকে আলতো করে জড়িয়ে ধরল। "বাবা, কিচ্ছু ভেবো না তুমি। দেখ সব ঠিক মতই হবে।"
মেয়ের মাথায় হাত বুলিয়ে দিয়ে বিদায় নিয়ে ফিরতি পথ ধরে মাইক। সে যেন জানতই এমন একটা কিছু করবে স্যালি। এই মেয়েটা একেবারে সাহারার উলটো। সোজা পথে কিছুই করে না। কে জানে হয়ত সেই শয়তানটার সাথেই ওর জীবন বাঁধা।

একত্রিশ

হিউস্টনে গিয়ে একটা হলিডে ইনে সুইট ভাড়া করল মাইক। বিশাল কিছু নয় কিন্তু ছোট একটা রান্নাঘর আছে, বেডরুম ছাড়াও মাঝারী সাইজের একটা বসার জায়গা আছে। আর আছে বিশাল একটা বেলকনি। সেখানে দাঁড়ালে অসম্ভব সুন্দর দৃশ্য চোখে পড়ে। একদিকে শহরের একাংশ, অন্যদিকে চমৎকার নীল পানির একটা লেক এবং লেকটাকে ঘিরে সবুজ গাছপালায় ঘেরা একটা চমৎকার পার্ক। অনেক ক্ষণ তাকিয়ে থাকলেও ক্লান্ত লাগে না। রুমে ঢুকে প্রথমেই বেলকনিটাতে নজর পড়ল নীনার। সে বাক্স পোটরা কার্পেটের উপর ফেলেই ছুটল বেলকনিতে। মাইক তার হাবভাব দেখেই বুঝল কামরা তার পছন্দ হয়েছে।
"কি সুন্দর না?" সে কৃতিত্ব নেবার জন্য আগ বাড়িয়েই বলল। "কানাডাতে বসেই ইন্টারনেটে ঘেঁটে ঘেঁটে বের করেছিলাম। হোটেল তো এখানে ভুরি ভুরি, কিন্তু এমন দৃশ্য কটার আছে? শুধু একটা রুম বানিয়ে রাখলেই হলেই?"
নীনা মুচকি হাসল। আহা বেচারি, না জানি কত রাত জেগে জেগে এক হাজার একটা হোটেল খুঁজে বের করেছে। একটুখানি কৃতিত্ব না দিলে মন্দ দেখায়। "চমৎকার হয়েছে!" আবেগ মিশিয়ে বলল নীনা। "প্রথম দেখাতেই প্রেমে পড়ে গেছি। কিন্তু এখান থেকে ক্লিনিক কত দূরে?"
মাইক শ্রাগ করল। "বেশী দূরে না।" সে নীনার মনোযোগ লেকের নীল পানির দিকে আকর্ষণ করবার জন্য বলল, "এই রকম ঝকঝকে পানি একমাত্র লেক

ওন্টারিওতেই হয়।"

নীনা হাসল। "খুব বাইরে এসে নিজের দেশের গুন গাইছ!"

মাইকও লাজুক গলায় হাসল। "নিজ দেশের চেয়ে প্রিয় আর কি হতে পারে? এখানে এতগুলো মাস থাকতে হবে ভেবেই তো মন খারাপ হয়ে যাচ্ছে।"

নীনার বিষণ্ণ মুখে বলল, "আমার জন্য তোমার একটু কষ্ট হবে।"

চোখ মটকাল মাইক। "আরে বাহ, খুব দেখি ন্যাকা ন্যাকা কথা হচ্ছে। তোমার জন্য জাহান্নামে যেতে পারি। এটা কিছু হল? দেখ দিনগুলো কেমন ফুড়ুত করে চলে যাবে। সবচেয়ে বড় কথা হচ্ছে, তুমি ভালো হয়ে যাবে।"

শুষ্ক কণ্ঠে হাসল নীনা। কিছু বলল না। মাইকের অসম্ভব অনুপ্রেরণা দেখে তার খুব ভালো লাগছে, নিজের অজান্তেই মনের মাঝে নতুন করে আশার সঞ্চার হয়েছে, কিন্তু তারপরও খুব একটা ভরসা পায় না। জিন থেরাপি কি সবার ক্ষেত্রে কাজ দেয়? তার কি লাভ হবে? মনের মধ্যে জিজ্ঞাসা থাকলেও সে মাইককে কোন প্রশ্ন করে না। যতক্ষণ আশায় আশায় আছে ততক্ষণই ভালো।

ডঃ রাসেল জোন্সকে দেখে বয়েসের চেয়ে অনেক তরুণ মনে হয়। মাঝবয়েসী হলেও তার হাবে ভাবে সব সময় একটা উচ্ছলতা এবং আগ্রহ। প্রথম পরিচয়েই মাইক এবং নীনার দুজনারই ভদ্রলোককে ভালো লেগেছে। আজকের মিটিং সেই ডেকেছে। তার সাথে রয়েছে একজন তরুণ ডাক্তার জশ ব্রাউন। সে রাসেলের ঠিক উলটো। ভাব গম্ভীর। এই হঠাৎ মিটিংয়ের কারণটা পরিষ্কার ছিল না মাইক এবং নীনার কাছে। ক'দিন আগেই এসে রাসেলের কাছে নীনার টিসুর স্যাম্পল দিয়ে গেছে মাইক। সেই টিসু টেস্ট করে প্রয়োজনীয় তথ্য আহরণ করে নীনার প্রকৃত জিন ভিত্তিক চিকিৎসার একটা প্ল্যান তৈরি করবার কথা ক্লিনিকের। ডঃ রাসেলের অফিসে চেয়ারে বসে একটু নার্ভাসই বোধ করছিল মাইক। রাসেল ভণিতা না করে বলল, "একটা সমস্যা হয়েছে মাইক। তুমি নীনার যে টিসু নিয়ে এসেছিলে কানাডা থেকে সেটা আমরা বোস্টনে আমাদের ল্যাবে পাঠিয়েছিলাম। তারা আমাদেরকে জানিয়েছে টিসু স্যাম্পল সম্পূর্ণ নয়।"

মাইক একটু চিন্তা করে বলল, "যে হাসপাতালে ওর প্রথম চিকিৎসা হয়েছিল সেখানে ওর কিছু টিসু থাকতে পারে।"

"তাহলে তো খুবই ভালো হয়," রাসেল উত্তেজিত হয়ে বলল। "তাদের সাথে এখুনিই যোগাযোগ কর। আমাদের সেই টিসু স্যাম্পলটা দরকার।"

"এখান থেকে বেরিয়েই ফোন করব। ওরা হয়ত আজকেই ওখান থেকে পাঠিয়ে দেবে," মাইক বলল।

জশ এতক্ষণ চুপচাপ তাদের কথা শুনছিল। সে মৃদু কণ্ঠে বলল, "আমার সন্দেহ আছে। এই জাতীয় ব্যাপারে হাসপাতালগুলো অনেক সময় নেয়। তিন চার সপ্তাহ লেগে যাওয়া অসম্ভব নয়। আমি বলব তুমি নিজেই চলে যাও। সময় নষ্ট করা

যাবে না। প্রত্যেকটা দিনই গুরুত্বপূর্ণ।”
মাইক চেয়ার ছেড়ে লাফিয়ে উঠল। “তিন চার সপ্তাহ! ওরা কি পাগল? হারামির দল। আমার স্ত্রীর জীবন নিয়ে কথা।”
নীনা তার হাত চেপে ধরল। “এতো উত্তেজিত হবার কিছু নেই।”
“আছে!” মাইক নিজের উষ্মা চেপে রাখতে পারে না। “এই রকম সিরিয়াস একটা ব্যাপার তারা কি করে এতো সময় লাগাতে পারে? যাই হোক, ডঃ রাসেল, আমি আজই যাচ্ছি। স্যাম্পল না নিয়ে ফিরব না।”
একরকম ছুটেই ক্লিনিক থেকে বের হল মাইক। নীনাকে হোটেলে নামিয়ে দিয়েই ছুটল এয়ারপোর্টে। নীনা এমন ছোটাছুটি করে যেতে দেবার পক্ষপাতী ছিল না কিন্তু মাইক তার কথায় কান দেয়নি। প্লেনের টিকিট পেতে অসুবিধা হল না। রওনা দেবার আগে সে হাসপাতালে ফোন করে একজন নার্সের সাথে কথা বলতে পেরেছিল। মহিলাকে তার ভালো মনে হয়েছে। সব খুলে বলতে সে তাকে কথা দিয়েছে সাধ্যমত সাহায্য করবে। তার কথার উপর নির্ভর করেই যাত্রা করেছে মাইক। এই মানুষের জংগলেও কিছু কিছু মানুষ আছে যারা এখনও অন্যের কথা ভাবে, প্রয়োজনে নিজ দায়িত্বের বাইরে গিয়েও সাহায্য করবার চেষ্টা করে। মহিলাকে তার তেমনটি মনে হয়েছে।
হাসপাতালে গিয়ে ঘণ্টা খানেকের বেশী অপেক্ষা করতে হল মাইককে। যখন প্রায় বিরক্ত হয়ে আবার নার্সের খোজ করবে কিনা ভাবছে সেই সময় মাঝবয়েসী একজন শ্বেতাঙ্গ নার্স হন্তদন্ত হয়ে ছুটে এলো।
“মিস্টার মাইক?” মাইকের দিকে তাকিয়ে প্রশ্নবোধক কণ্ঠে জানতে চাইল সে।
মাইক মাথা নাড়ল। “হ্যাঁ। ফোনে কি তোমার সাথেই আমার কথা হয়েছিল?”
নার্সটি তার সাথে হাত মেলাল। “হ্যাঁ। আমি পলা।”
মাইক খানিকটা আকুতি নিয়ে বলল, “তুমি তো ফোনে বলেছিলে টিসুগুলো পাঠাতে সাধারণত কয়েক সপ্তাহ লাগে। কিন্তু আমার স্ত্রীর ক্যানসার অনেক এডভ্যান্সড স্টেজে। লাংগস ক্যানসার। প্রত্যেকটা দিন গুরুত্বপূর্ণ। প্রত্যেকটা ঘণ্টা গুরুত্বপূর্ণ। আমাকে একটু সাহায্য করবে? টিসু স্যাম্পলগুলো তাড়াতাড়ি পাবার কি কোন উপায় নেই?”
পলা চিন্তিত কণ্ঠে বলল, “দেখ মাইক, হাসপাতালের অনেক নিয়ম কানুন আছে। আমাদেরকে সেসব মেনেই চলতে হয়। কিন্তু তুমি যেহেতু এতোটা পথ ছুটে এসেছ দেখি আমি কিছু করতে পারি কিনা। আমি তোমাকে কথা দিচ্ছি, যত দেরীই হোক আমি আমার সাধ্যমত চেষ্টা করব স্যাম্পলগুলো আজকেই সংগ্রহ করে হিউস্টনের ক্লিনিকে মেইল করে দেবার। ঠিক আছে?”
মাইকের কণ্ঠ ভিজে গেল। “কিভাবে তোমার এই ঋণ আমি শোধ করব?”
পলা মৃদু হাসল। “দেখ মাইক, আমরা হৃদয়হীন নই। কোন না কোন দুরারোগ্যে আমরা সবাই কাউকে না কাউকে হারিয়েছি। আমি তোমাকে আবার কথা

দিচ্ছি, এটা না করে আমি আজকে বাসায় ফিরব না। তুমি নিশ্চিত থাক।"

মাইক দু' হাতে পলার হাত চেপে ধরল। বিপদের সময় যে কোন সাহায্যের হাত কেউ বাড়িয়ে দিলে তা মানুষের মনকে অনেক বেশী স্পর্শ করে।

"তুমি তোমার স্ত্রীর কাছে ফিরে যাও," পলা বলল। "তোমার স্যাম্পল ক্লিনিকে কালকেই পৌঁছে যাবে।"

পলা তার কথা রাখল। পরদিনই স্যাম্পল পেয়ে গেল ডঃ রাসেল। বোস্টন ল্যাবে পাঠিয়ে দেয়া হল সেই স্যাম্পল। স্যাম্পল সম্পূর্ণ। হাঁপ ছেড়ে বাঁচল মাইক। সে ফোন করে পলাকে ধন্যবাদ দেবার চেষ্টা করেছিল কিন্তু পায়নি। পলার মায়ের শরীর খারাপ। সে কয়েক দিনের জন্য জরুরী ভিত্তিতে কাজ থেকে ছুটি নিয়েছে। মাইক ঠিক করে ফেলেছে নীনার চিকিৎসা শেষ হলে কানাডা ফিরে গিয়ে পলাকে সে নিজে গিয়ে দাওয়াত করে বাসায় নিয়ে খাওয়াবে। আজকালকার দিনে একজন অপরিচিত মানুষের কাছ থেকে এতখানি সাহায্য পাওয়া সহজ কথা নয়।

ডঃ রাসেল এবং ডঃ জশের সাথে সপ্তাহ খানেক পরে তাদের আরেকটা মিটিং হল। মাইক অনেক আশায় বুক বেধে এসেছে। জিন থেরাপির কথা এতো শুনেছে এবং পড়েছে যে অতিরিক্ত আশা না করাটাই আশ্চর্যের ব্যাপার হত। ইন্টারনেটে গেলে দেখা যায় কত মানুষের অসুখ ফটাফট সারিয়ে দিয়েছে এই মোক্ষম চিকিৎসা। নীনার ক্ষেত্রে তাহলে এটা কেন কাজ করবে না? নীনা চুপচাপ। তার মনের মধ্যে কি চলছে সেটা সে খুব একটা প্রকাশ করছে না। যা হবার হবে। অযথা আশাব্যঞ্জক কিংবা নিরাশ হবার তো কোন কারণ নেই। দেখা যাক কি হয়। মাইকের জন্যই বরং তার খারাপ লাগে। সে এতো অস্থির হয়ে আছে যে সারা রাত ঘুমাতে পারে না, ছটফট করতে থাকে।

কথাবার্তা ডঃ রাসেলই বলল বেশী। ডঃ জশ মাঝে মাঝে এটা সেটা যোগ করল। একটা রিপোর্ট দেখিয়ে ডঃ রাসেল বলল, "রোগীর শরীর থেকে যে টিসু নেয়া হয় সেগুলোর উপর জেনেটিক এনালাইসিস করে জেনেটিক মার্কার বের করে সেইভাবে চিকিৎসার ব্যবস্থা করা হয়। আমরা নীনার টিসু যে ল্যাবে পাঠিয়েছিলাম তারা এনালাইসিস করে আমাদেরকে সম্পূর্ণ রিপোর্ট পাঠিয়েছে।"

এত বকবক শুনবার কোন আগ্রহ মাইকের নেই। সে জানতে চায় নীনার অসুখ ভালো হবে কিনা। "বুঝলাম। এখন কি? আমাদের দ্রুত কিছু করা দরকার। নীনা এখন কোন ওষুধ খাচ্ছে না। এভাবে কতদিন চলতে পারবে? কিছু একটা চিকিৎসা শুরু করা দরকার।"

ডঃ জশ এইবার মুখ খুল্ল। "আমরা ল্যাবে কিছু টিসু কালচার করব। তারপরই বলতে পারব ঠিক কি চিকিৎসা করতে হবে।"

মাইক ব্যাজার মুখে বলল, "এইসব করতে করতেই তো সময় পেরিয়ে যাচ্ছে। এতো আস্তে এগোলে কি করে হবে? এই কাজগুলো একটু তাড়াহুড়া করে করা যায় না?"

ডঃ জশ গম্ভীরভাবে মাথা নেড়ে ডঃ রাসেলের দিকে তাকাল। ভদ্রলোক ম্লান হাসল। "তোমার মনের অবস্থা আমি বুঝতে পারছি কিন্তু এই জাতীয় ব্যাপারে দ্রুত এগোলে ভালোর চেয়ে খারাপ হবার সম্ভাবনাই বেশী। আমাদের উপর আস্থা রাখ। আমরা আমাদের সম্ভবমত যা করার করব।"
মাইক মনে মনে বলল, হ্যাঁ, মানুষ চলে যাবার পর কর। শুধু কথা আর কথা। কাজের বেলায় অষ্টরম্ভা। নীনা স্বামীর মুখের দিকে তাকিয়েই বুঝেছে তার মেজাজ খারাপ হচ্ছে। দিনকে দিন অস্থির হয়ে পড়ছে সে। কবে যে ক্ষেপে টেপে গিয়ে উলটা পালটা কিছু করে ফেলে, নীনার ভয়ই হয়। এমন বিশাল একটা মানুষ ক্ষেপে গেলে খুব বিতিকিচ্ছির ব্যাপার হবে। সে মাইককে নিয়ে দ্রুত বেরিয়ে এলো ক্লিনিক থেকে। ডঃ রাসেল বলেছে তারা কয়েক দিনের মধ্যেই যোগাযোগ করবে। নীনার চিকিৎসার ব্যাপারে সে খুবই আশান্বিত।

দেখতে দেখতে আরোও সপ্তাহ দুয়েক পেরিয়ে যায়। তেমন কোন অগ্রগতি হয় নি। ডঃ রাসেল অবশ্য বরাবরের মতই আশার কথা শুনিয়েছেন। বলেছেন একটা সুরাহা প্রায় হয়ে এসেছে। খুব শীঘ্রই চিকিৎসা শুরু হবে। মাইক এবং নীনা দু'জনাই জানে তারাই এখন শেষ ভরসা। নিয়মিত চিকিৎসায় কাজ হয়নি বলেই এই ক্লিনিকে আসা। তাদের উপর ভরসা না করে আর উপায় কি?

সাহারা এবং স্যালি প্রায়ই ফোন করে খোজ খবর নেয়। বেশি করে সাহারা।
সেদিন সকাল থেকেই মনটা কেন যেন ভালো লাগছিল না নীনার। মাইক খুব মন মরা হয়ে আছে। অনেক আশা করে এসেছিল। সেইভাবে সব কিছু হচ্ছে না। সকালে ডঃ রাসেলের সাথে ফোনে একটু রাগই দেখিয়েছে। তারা কি সবাই নাকে শর্ষের তেল লাগিয়ে ঘুম দিচ্ছে? এতো সময় লাগার কারণ কি? ইত্যাদি ইত্যাদি। নিজের মনের অবস্থা ভুলে গিয়ে তাকে নিয়ে বেড়াতে বেরিয়েছিল নীনা। এদিক সেদিক ঘুরে যদি মনটা ভালো হয়। দু'জনা বাইরে খেয়েছে, মুভি দেখেছে। মাইক একটু শান্ত হয়েছে।
রাতে হোটেল রুমে সাহারা ফোন করল। মেয়ের গলা শুনেই নীনার চোখে পানি এসে গেল। মনে হচ্ছে যেন কতদিন দেখে না মেয়েটাকে। ফারাহটার কথা সর্বক্ষণ মনে হয়।
সাহারা বলল, "মা, তোমাকে ভীষণ মিস করছি। ফারাহ খুব ঝটপট বড় হয়ে যাচ্ছে। ফিরে এসে ওকে দেখলে তুমি মনে হয় আর চিনতে পারবে না। তোমাদেরকে ওখানে আর কতদিন থাকতে হবে?"
নীনা চোখের পানি চেপে কণ্ঠস্বর যতখানি সম্ভব স্বাভাবিক করে বলে, "জানি না রে, মা। মনে হচ্ছে যেন যুগ যুগ লেগে যাচ্ছে। তোদের সবাইকে যে কি মিস করছি বলে বোঝাতে পারব না। ফারাহ কি করছে রে? কথা বলছে এখনও? হাঁটছে?"

সাহারা বলল, "হ্যাঁ, দু একটা কথা বলে। ফারাহ, নানীকে হ্যালো বল।"

ফারাহ শিশুসুলভ কণ্ঠে কিছু একটা বলার চেষ্টা করে। নীনার চোখ বেয়ে অশ্রু গড়িয়ে নামে। হাসি থামাতে পারে না সে। কথা বলবে কি, আবেগে গলা বুজে এলো।

"মা, ওর এক বছর হতে তো আর বেশী বাকি নেই। তোমরা যখন ফিরে আসবে তখন খুব ধুমধাম করে অনুষ্ঠান করব। ওর জন্মদিন আর তোমার নতুন জীবন।"

নীনা কান্না ভেজা কণ্ঠে বলল, "দোয়া করিস মা। তোদেরকে ছেড়ে যেতে মন চায় না। ফারাহ বড় হবে, আমি দেখব না ভাবলেও সমস্ত শরীর, মন অবশ হয়ে আসে।"

"তুমি একটুও ভেবো না মা। তুমি ভালো হয়ে ফিরবে। আমরা সবাই সারাক্ষণ তোমার জন্য দোয়া করছি। এমনকি বেনের মা রীতাও বলেছে সে ঈশ্বরের কাছে তোমার জন্য প্রার্থনা করে।"

নীনা নিঃশব্দে চোখ মোছে। জীবনের এত মায়া! ছোট ছোট ভালোবাসার টান বোধহয় সবচেয়ে পীড়াদায়ক। মাকড়শার জালের মত মানুষের অস্তিত্বকে এমনভাবে বেধে রাখে যে তার বাইরে আর কিছু ভাবাই যায় না। কেন আসা এই পৃথিবীতে আর কেনই বা চলে যাওয়া?

সেই রাতে তার নিজেরও একেবারেই ঘুম হল না। সারাক্ষণ ফারাহর শিশু কণ্ঠ কানের পাশে বাজল। কবে যে দেখবে মেয়েটাকে? তার আর তর সইছে না।

বত্রিশ

চার মাস পর।

ফারাহর প্রথম জন্মদিন। সাহারাদের বাড়ীতে যেন আনন্দের ফোয়ারা ছুটছে। সামনে পেছনে হরেক রকমের বেলুন আর রঙ্গিন কাগজে তৈরি নানা ধরনের কারুকার্যে ঝলমল করছে। নানা বয়েসী বাচ্চা কাচ্চা এবং তাদের বাবা-মায়েদের ভিড়ে গম গম করছে বাসার ভেতরে এবং পেছনের অঙ্গন। বেন জোরে গান চালিয়ে দিয়েছে। বড়দের কথা বার্তা আর বাচ্চাদের হৈ চইয়ে কিছুই শোনা যায় না কিন্তু কেউ সেসব নিয়ে বিন্দুমাত্র মাথা ঘামাচ্ছে বলে মনে হয় না।

ব্যাক ইয়ার্ডে লম্বা টেবিল লাগিয়ে খাবার দেয়া হয়েছিল। সেই সব খাবারে ফারাহর কোন আগ্রহ নেই। সে হাপুস নয়নে কাঁদছে কখন কেক কাটবে। সাহারা ভেবেছিল সবার খাওয়া শেষ হলে কেক পর্ব শুরু করবে কিন্তু ফারাহর কান্না দেখে নীনা এমন মন খারাপ করছে যে বাধ্য হয়ে বাচ্চাদেরকে নিয়ে সে আগেই কেক কাটার ব্যবস্থা করল। নীনার পাশে দাঁড়িয়ে এক মুখ হাসি নিয়ে কেক কাটল ফারাহ। বাঁ হাতে খানিকটা কেক হাতে চটকিয়ে তুলে নীনার মুখের সামনে ধরল। "খাও নানী বু, খাও!"

নীনা খিল খিল করে হেসে ওঠে। গত কয়েক মাসে তার চুল খানিকটা গজিয়েছে। ঝট করে দেখে শারীরিকভাবে তার কোন সমস্যা আছে সেটা বোঝা যায় না। সে মুখ বাড়িয়ে হাঁ করল। সাহারা ছুটে আসছিল। "খেও না মা। খেও না। ওর হাতে কি ছিল কে জানে? সারাক্ষণ ময়লা হাতাচ্ছে। জুতা স্যান্ডেল চটকা চটকি করে।"
মাইক গাল ভর্তি হাসি নিয়ে তার ফোনে ভিডিও করছিল। সে বাঁধা দিল মেয়েকে। "কিচ্ছু হবে না। তুই ব্যস্ত হস না তো।"
সাহারা উদ্বিগ্ন কণ্ঠে বলল, "শরীরটা খারাপ করবে নাতো আবার?"
"কিচ্ছু হবে না। তুই শান্ত হ।" মাইক তাকে আশ্বস্ত করে।
সাহারা পাশেই দাঁড়িয়ে থাকা স্যালি এবং রনের দিকে তাকায়। তারা হাসি মুখে কাঁধ ঝাঁকাল। ক্ষান্ত দিল সাহারা। নীনা ফারাহর ক্ষুদে আঙ্গুলগুলো মুখে ভরে চেটে দেয়ায় মেয়েটা খুব মজা পেয়ে খিলখিলয়ে হাসছে। সেই হাসি দেখে নীনার ভেতরে আনন্দ আর দুঃখের এক অদ্ভুত অনুভূতি হয়। মুখ ভর্তি হাসি নিয়েও সে কেঁদে ফেলে। ফারাহকে কোলের মধ্যে জড়িয়ে ধরে।
মায়ের চোখে অশ্রু দেখে সাহারাও কেঁদে ফেলে। "মা, তুমি ঠিক আছো তো?"
নীনা অশ্রু মুছে মাথা নাড়ে। হ্যাঁ, সে ঠিক আছে।
কেক পর্ব শেষ হতে ক্লান্ত হয়ে একখানা চেয়ারে শরীর এলিয়ে দেয় নীনা। সাহারা ফারাহকে নিয়ে অন্য বাচ্চাদের সাথে খেলছে। চুপচাপ বসে আঙ্গিনায় তাদের ছুটাছুটি দেখতে ভালো লাগছে নীনার। মাইক কয়েকজন ভদ্রলোকের সাথে রাজনীতি নিয়ে খুব হৈ চৈ করে তর্ক করছে। অনেকদিন ধরে সামাজিকভাবে বেশ খানিকটা দূরত্ব রেখে চলতে হয়েছে তাদেরকে। নীনার চিকিৎসা চলছিল। অনেক দিন পর তাকে সহজ স্বাভাবিক দেখে স্বস্তি বোধ করে নীনা। রোগীর সাথে থাকতে থাকতে সুস্থ মানুষও অসুস্থ হয়ে যায়। মাকে একা বসে থাকতে দেখে খোঁজ নিতে এলো স্যালি। "কিছু লাগবে মা? পানি, ড্রিঙ্কস?"
নীনা মাথা নাড়ল। "না রে। কিচ্ছু লাগবে না। তুই একটু বয় না আমার পাশে। আমার ভাগ্যটা ভালই বলতে হবে। ভাবিনি ফারাহর জন্মদিন দেখে যেতে পারব।"
স্যালি মায়ের শরীর ঘেঁষে বসে। "এভাবে বল না মা। তোমার কিচ্ছু হবে না, দেখ।"
রনি স্যালির পিছু পিছু এলো। মায়ের পাশে বসল। "মা, তোমরা হিউস্টনে থাকতে খুব একটা ফোন টোন করিনি বলে মন খারাপ কর নি তো? আমি কিন্তু স্যালির কাছ থেকে নিয়মিত তোমাদের সব সংবাদ পেয়েছি।"
নীনা মৃদু হাসল। "তুই তো কোন দিনই কথা বার্তায় তেমন তুখোড় ছিলি না। স্বভাবেই চাঁপা। ফারাহর জন্মদিনে যে এসেছিস তাতেই আমি খুশী। আবার দেখা হল। গতবার যখন চলে গেলি ভেবেছিলাম সেটাই বুঝি শেষ দেখা হবে।"
রনি মাথা নাড়ল। "আমার কিন্তু সব সময়েই বিশ্বাস ছিল তুমি ভালো হয়ে যাবে।"
নীনা ম্লান হাসল। "ভালো কি হয়েছি রে বাবা? কোন রকমে টিকে আছি।"

বেন নাচের গান চালিয়ে দিয়েছে। মাইক তর্কাতর্কি ফেলে ছুটে এলো। "সুন্দরী, এসো নাচি।"
হেসে উঠল ওরা। স্যালি খোঁচা দিল, "যে নাচো তুমি, বাবা! হাসাহাসি পড়ে যাবে।"
মাইক পাত্তা দিল না। "পড়ুক।"
সে নীনাকে একরকম জোর করেই হাত ধরে টেনে দাঁড় করাল। আরোও বেশ কিছু অতিথিরা জোড়ায় জোড়ায় নাচতে লেগে গেছে। মাইক নীনাকে নিয়ে তাদের দলে যোগ দিল। বেন তাদেরকে দেখে বাজনার আওয়াজ আরোও বাড়িয়ে দিল।
রন স্যালির দিকে ফিরল। "নাচবি নাকি?"
মুখ ঝামটা দিল স্যালি। "তুই নাচতে পারিস নাকি? দেখা যাবে হাত পা মচকে পড়ে আছিস।"
শ্রাগ করল রন। "এই সব নাচ টাচ আমাকে দিয়ে হয় না। তুই চাইলে হয়ত চেষ্টা করতাম। যাইহোক, বল, আর কি খবর। লেখক মশাইয়ের দিনকাল কেমন যাচ্ছে?"
ঠোঁট টিপে হাসল স্যালি। "বলা যায় না, বিখ্যাত হয়ে যেতে পারে।"
রন ঠাট্টাচ্ছলে বলল, "তাই নাকি? তোর সাথে তার প্রেম লীলার গল্প লিখে ব্যাটা বিখ্যাত হয়ে যাবে? তোর কি লাভ হবে?"
স্যালি শ্রাগ করল। "এতো লাভ লোকসানের হিসাব করা যায় নাকি?"
রন গম্ভীর মুখে বলল, "নিদেন পক্ষে কিছু টাকা পয়সা যেন পাস সেদিকটা খেয়াল রাখিস। ওর গল্পের তুই হলি মুখ্য চরিত্র। বই বেঁচে যদি ভালো টাকাপয়সা পায় তোর তাতে অবশ্যই ভাগ থাকা উচিৎ।"
স্যালি মুখ বাঁকাল। "ঈশ রে, কি আমার উকিল এসেছেন! এতদিনে নিজের একটা হিল্লে করতে পারলি না এখন আমাকে খুব বুদ্ধি দিতে এসেছিস!"
রন রহস্যময় হাসি দিল। "আরে, হিল্লে হতে কতক্ষণ লাগে?"
"কতক্ষণ? বল কত কাল," স্যালি খোঁচা দেয়।
"না সত্যিই," রন গলা নামিয়ে বলল, "ডলির সাথে কিন্তু যোগাযোগ আছে। ওই ফোন করেছিল। নাম্বার মনে হয় তোর কাছ থেকে নিয়েছিল।"
অবাক হবার পালা স্যালির। "বলিস কি? তোকে সত্যিই ফোন করেছিল? আমিতো ভেবেছিলাম করবে না। কতদূর এগুলি?"
হাসি মুখে শ্রাগ করল রন। "ভাবছি চলে আসব। আমার হলিউডে কিচ্ছু হবে না।"
স্যালি লাফিয়ে উঠল। "সর্বনাশ! তাহলে তো অনেকদূর এগিয়েছিস। ডেটিং করেছিস নাকি এর মধ্যে?"
লাজুক হাসি দিল রন। "ডলি গত মাসে হলিউড গিয়েছিল। আমার সাথে দু'দিন ছিল। কিছু হয় নি। স্রেফ ছিল।"
স্যালি বিশাল চোখ করে তাকিয়ে থাকল। "আমার বিশ্বাস হচ্ছে না। এতো কিছু

হয়ে গেল আর তুই আমাকে পর্যন্ত কিছু বললি না? আমি মাকে বলছি।”
ওর হাত চেপে ধরল রন। “না, না, এখনও কিছু বলিস না। আরেকটু দেখি। তবে ডলি এতো আগ্রহ দেখাবে কক্ষন ভাবিনি। আর মাস কয়েক দেখে যদি কিছু না হয় তাহলে চলে আসব। ডলি বলছিল একটা চাকরী নিতে।”
স্যালি তার আনন্দ চেপে রাখতে পারছে না। “তুই জানিস মা কি খুশী হবে? আমার বিশ্বাসই হচ্ছে না!”
রন ঠোটে আঙ্গুল ছোঁয়াল। “আস্তে! কাউকে কিছু বলিস না এখন। খামখেয়ালী মেয়ে। আরেকটু ভালো করে বুঝে নেই।”
নাচের দল থেকে হঠাৎ খুব হৈ হট্টগোল শোনা গেল। অনুসন্ধিৎসু হয়ে তাকাতে নীনাকে মাটিতে পড়ে থাকতে দেখল ওরা। স্যালি লাফ দিয়ে উঠেই ছুটল। রন তার পিছু নিলো। তারা পৌঁছানোর আগেই মাইক নীনাকে কোলে তুলে নিয়ে বাসার দিকে রওনা দিল। বুঝতে অসুবিধা হল না নাচতে নাচতে জ্ঞান হারিয়ে পড়ে গেছে নীনা। তাকে একটা বিছানায় আস্তে করে শুইয়ে দিল মাইক। বাজনা বন্ধ হয়ে গেছে। চারদিকে হঠাৎ নিস্তব্ধতা। সাহারা ফারাহকে কোলে নিয়ে মায়ের পাশে বসল, তার মুখ দুশ্চিন্তায় অন্ধকার হয়ে আছে। ফারাহ এই হঠাৎ ছুটাছুটিতে ঘাবড়ে গেছে। সে কাঁদো কাঁদো গলায় বার বার ডাকছে, “নানী বু! নানী বু!”
মাইক ঠাণ্ডা পানির ছিটা দেয় নীনার মুখে। বার কয়েক চেষ্টার পরেই জ্ঞান ফিরে পায় নীনা। সবাই স্বস্তির নিশ্বাস ফেলে। নীনার অসম্ভব দুর্বল লাগছে। মাইক তাকে ওষুধ খাইয়ে ঘুম পাড়ানোর ব্যবস্থা করে সবাইকে নিয়ে সেই ঘর থেকে বাইরে এলো। নীনার বিশ্রাম দরকার।

উৎসবের আমেজ ঝট করেই কেটে গেছে। অতিথিরা অনেকেই ধীরে ধীরে বিদায় নিয়ে চলে গেছে। যারা তখনও যায়নি তাদেরকে বুঝিয়ে সুজিয়ে বাসায় পাঠিয়ে দিচ্ছে সাহারা এবং বেন। সাহায্য করবার জন্য অনেকেই উন্মুখ। তারা যখন ফ্যামিলি রুমে এসে সবার সাথে যোগ দিল ততক্ষণে নীনা গভীর ঘুমে মগ্ন। মাইক বিষণ্ণ মুখে একটা চেয়ারে শরীর এলিয়ে বসে ছিল। র‍্যান্ডি এবং রীতা তার কাছাকাছি বসে তার সাথে আলাপ চালিয়ে যাবার চেষ্টা করছে।
“তুমি কিচ্ছু ভেবো না মাইক,” র‍্যান্ডি তাকে আশ্বস্ত করবার চেষ্টা করল। “নীনা অনেক শক্ত মেয়ে। দেখবে ও ভালো হয়ে যাবে। ওকে যে আমেরিকা নিয়ে গিয়েছিলে, জিন থেরাপি কেমন হল? আমি সাহারার মুখে অল্প বিস্তর শুনেছি কিন্তু বিস্তারিত জানি না। শুনেছি জিন থেরাপি নাকি অনেকের ক্যানসার সারিয়ে দিচ্ছে।”
মাইক মাথা দোলাল। “ওর চিকিৎসা ভালই হয়েছে। ওর টিসু কালচার করে একটা ওষুধ প্রেসক্রাইব করেছে ডাক্তাররা। এই ওষুধে কাজ হবার কথা।”
রীতা চুপচাপ কথা শুনছিল। সে নিরীহ কণ্ঠে বলল, “শুনেছি এই চিকিৎসায় অনেক টাকা লাগে। আমার পরিচিতদের মধ্যেই কয়েকজন আছে যারা যেতে চায় কিন্তু সামর্থ্য নেই।”

মাইক শ্রাগ করল। "ব্যবস্থা একটা হয়ে যায়। অনেকেই নানাভাবে সাহায্য করেছে। যে কোম্পানিটা ওর টিসু কালচার করেছিল তারা আমাদের কাছ থেকে কোন ফি নেয় নি। নীনা যে ক্যাপসুলটা খাচ্ছে তার একেকটার দাম হচ্ছে একশ' ডলার। একটা ওষুধের কোম্পানি তিন মাসের জন্য আমাদেরকে ফ্রি দিচ্ছে।"

জামান মাইকের পাশে এসে বসেছে। সে বলল, "বড়'পা কি ভালো হয়ে যাবেন? এই থেরাপি আসলেই কি তেমন কাজ করে?"

মাইক আবার শ্রাগ করল। "শুনেছি তো করে। এখন আশা আর প্রার্থনা করা ছাড়া আর কি উপায়। একটাই সমস্যা হচ্ছে ওকে যে ওষুধটা দিয়েছে সেটা কিমোথেরাপীর সাথে দিলে সবচেয়ে ফলপ্রসূ হয়। কিন্তু ওর এই অবস্থায় কেউ দিনের পর দিন কিমো দিতে চায় না।"

"তাহলে কি হবে?" মিনা উদ্বিগ্ন কণ্ঠে বলল।

"জানি না কি হবে," মাইক বিরস মুখে বলল। একটার পর একটা সমস্যা তাকে যেন ন্যুব্জ করে দিয়েছে।

রীতা মনোযোগ দিয়ে শুনছিল, হঠাৎ জানতে চাইল, "আচ্ছা মাইক, তোমার কেমন খরচ হল বলত? অনেকে অনেক কথা বলছে। কিন্তু আমি তোমার মুখ থেকেই শুনতে চাই।"

মাইক একটু গম্ভীর হয়ে পড়ল। সেও জানে আত্মীয়স্বজন বন্ধু বান্ধবেরা এই ব্যাপারে কথা বলছে। কারো কারো ধারনা সে অযথা এতো খরচ করছে। নীনার খুব বেশী দিন বেঁচে থাকার সম্ভাবনা অত্যন্ত কম। ভেতরে ভেতরে এই ধরনের কথা বার্তা শুনলে তার অনেক রাগ হয়। তার যা আছে সে সব দিয়ে দেবে নীনার চিকিৎসার জন্য, তাতে অন্যের কি?

"আমি এটা নিয়ে কথা বলতে চাই না। আমার কাছে নীনার জীবন অমূল্য।"

র‍্যান্ডি প্রসঙ্গ পাল্টানোর জন্য দ্রুত বলল, "তোমার সাহায্যের প্রয়োজন হলে আমাদেরকে জানিও। আমরা ধনী নই কিন্তু যা পারি করব।"

রীতা বিরক্ত কণ্ঠে বলল, "আসলে সাহায্য করবার মত কোন ক্ষমতাই আমাদের নেই, খামাখা মিথ্যে আশা দিচ্ছ কেন?"

মাইক খানিকটা বিরক্ত হয়ে বলল, "এটা নিয়ে তোমাদের চিন্তা করতে হবে না। আমি কারো কাছে কোন সাহায্য চাচ্ছি না। একভাবে সামলে নেব।"

মিনা এতক্ষণ চুপচাপ শুনছিল। সে এবার বলল, "কিভাবে মাইক? এতো খরচ তুমি কিভাবে সামাল দিচ্ছ?"

রনিও এবার নীরবতা ভাঙল। "হ্যাঁ বাবা, ঠিক করে বলত। আমারও মাঝে মাঝে কৌতূহল হয়। একটা কথা কিন্তু আগেই বলে রাখি। আমার পক্ষে কোনভাবেই সাহায্য করা সম্ভব হবে না। আমি একেবারে পথের ফকির। হয়ত স্যালি কোনভাবে সাহায্য করতে পারবে। ক'দিন পরেই তো ওর গ্রাজুয়েশন হয়ে যাবে। নিশ্চয় চাকরী একটা পেয়ে যাবে..."

স্যালি ধমকে উঠল, "চুপ করত!"

মাইক তিক্ত কণ্ঠে বলল, "আমার কিছু টাকা পয়সা জমানো ছিল। কিন্তু যদি দরকার হয় আমি বাড়ীটা রিফাইনান্স করব। বিক্রিও করে দিতে পারি। ব্যাঙ্ক থেকেও বোধহয় ঋণ নেয়া সম্ভব। অনেক উপায় আছে। এইসব নিয়ে আমি মোটেই চিন্তিত নই। একটা ব্যাপারে তোমরা সবাই নিশ্চিত থাক, তোমাদের কারো কাছে আমি সাহায্যের জন্য হাত পাতব না।"

মিনা নরম গলায় বলল, "মাইক, রাগ কর না। আমরা সবাই তোমাকে সাহায্য করবার চেষ্টা করছি মাত্র। ও আমার একমাত্র বোন। ওর জন্য যে কোন কিছু করতে আমি প্রস্তুত। আমাদেরকে জানাতে লজ্জা কর না। ঠিক আছে?"

মাইক মাথা দোলাল। "কথা দিচ্ছি, দরকার হলে জানাব। যাই, দেখে আসি নীনা ঠিক আছে কিনা।" মাইক দ্রুত সেখান থেকে বেরিয়ে গেল।

সে চলে যেতে রীতা বিড়বিড়িয়ে বলল, "নীনার জন্য ও যা করছে সেটা প্রশংসনীয়। কিন্তু শেষ পর্যন্ত সব খোয়াবে বেচারা!"

"মা, চুপ কর ত!" বেন চাঁপা স্বরে ধমকে ওঠে।

"আমার কাছে যা সত্য মনে হচ্ছে আমি তাই বলছি," রীতা গলা আরোও নামিয়ে বলল।

সাহারা চিন্তিত মুখে রনি এবং স্যালির দিকে ফিরল। "বাবা কি সত্যিই বাড়ীটা বেঁচে দেবে? ওটা মা'র ড্রিম হাউস!"

রনি শ্রাগ করল, কিছু বলল না। স্যালি মাথা নাড়ল, সে জানে না।

তেত্রিশ

নীনার শরীর একটু ভালো বোধ না হওয়া পর্যন্ত সাহারার বাসাতেই থাকল মাইক। খুব বেশী দিন থাকবার কোন উপায় নেই। ডাক্তারের সাথে দেখা করতে হবে। সাহারা খুব চেয়েছিল তারা আরোও কয়েকটা দিন থাকুক। ফারাহ কাছে থাকায় নীনার সময়টা কাটে খুব চমৎকার। বাসায় ফিরে গেলে আবার তো সেই অসুখ আর অসুখ। সাহারার পক্ষেও ঝট করে যাওয়াটা আর তেমন সম্ভব হচ্ছে না। তার শ্বশুর শাশুড়ির শরীর হঠাৎ করেই যেন অনেক ভেঙ্গে পড়েছে। তাদেরকে দেখার জন্যেও মানুষ দরকার। মিনা এবং জামানও থেকে গেছে। নীনা চলে যাবার পর তারা যাবে।

নীনার বিদায় নেবার দিন দুই বোনে জড়িয়ে ধরে বেশ কিছুক্ষণ কাঁদল। "সব ঠিক হয়ে যাবে আপু। তুই একটুও ভাবিস না। এই চিকিৎসায় ঠিক কাজ হবে। মনে মনে শক্ত থাক।"

নীনা চোখের জল মুছতে মুছতে বলল, "চেষ্টা করছি রে। কত দিন আর পারব জানি না। কিন্তু আমাকে নিয়ে বেশী ভাবিস না। তোরওতো বয়েস হচ্ছে। আগের

চেয়ে স্বাস্থ্যটা খারাপ হয়েছে। নিজের দিকে খেয়াল রাখিস।”

মিনা ক্ষুণ্ণ গলায় বলল, “ছেলেমেয়েগুলো আমার মাথাটা খাচ্ছে। একেকটা একেক রকম সমস্যা পাকিয়ে বসে আছে। পরে একদিন ফোনে বিস্তারিত বলব তোকে।”

ফারাহ মায়ের কোল থেকে নীনার কোলে ঝাঁপিয়ে পড়ে। “নানী বু...নানী বু... যেও না...”

নীনা তাকে বুকের মধ্যে জড়িয়ে ধরে ঝর ঝর করে কেঁদে ফেলে। এই ভালোবাসার পুটলিটাকে ফেলে সে কোথাও যেতে চায় না।

একসময় বিদায়ের পালা শেষ করতেই হয়। ছেলেমেয়েদেরকে জড়িয়ে ধরে বিদায় জানিয়ে গাড়ীতে ওঠে নীনা এবং মাইক। স্যালি এবং রন আরোও কয়েকদিন থেকে তারপর ফিরবে। রন কোথায় যাবে নিশ্চিত নয়। ছেলের ব্যাবহারের মাথামুণ্ডু কিছুই বুঝছে না নীনা কিন্তু বিদায়ের সময় সেটা নিয়ে আলাপ করতে মন চাইল না।

মাইক সবাইকে হাত নেড়ে গাড়ী চালিয়ে দিয়ে রাস্তায় নামে। নীনা পেছনেই তাকিয়ে থাকে, যতক্ষণ না তারা দৃষ্টির আড়ালে চলে যায়। প্রতিবার বিদায় নেবার সময় তার মনে হয় – আবার ওদের সবার সাথে দেখা হবে তো?

নীনার নতুন ওনকোলজিস্ট ডঃ মিলার বয়েসী মানুষ। সে মাইককে একাই ডেকে পাঠিয়েছিল। নীনার কিছু টেস্ট করা হয়েছিল। সেই ব্যাপারে আলাপ করতে চায়। তার দেখা পাবার জন্য কিছুক্ষণ অপেক্ষা করতে হল মাইককে। ডঃ মিলার অসম্ভব ব্যস্ত মানুষ। কিন্তু শেষ পর্যন্ত তার অফিসে গিয়ে যখন ভদ্রলোকের মুখামুখি বসল মাইক তখন তার বুকের মধ্যে ধড়ফড় করতে শুরু করেছে। ভদ্রলোকের মুখ দেখে মনের ভাব বোঝা যায় না কিন্তু যদি খারাপ কোন খবর থাকে? তা ছাড়া এমনভাবে ডেকে পাঠানোর কি প্রয়োজন?

ডঃ মিলার ভণিতা করল না। “মাইক, ভালো মন্দ দু'টা খবরই আছে। সরাসরিই বলি। তোমার স্ত্রীর লাংগস ক্যানসার কিছুটা সংকুচিত হয়েছে কিন্তু সমস্যা হচ্ছে সেটা লাংগসের বাইরে সামান্য ছড়িয়েছে।”

মাইক সন্দিহান কণ্ঠে বলল, “তার মানে কি? সব মিলিয়ে ভালো না খারাপ?”

ডঃ মিলার শ্রাগ করল। “বলা কঠিন। ক্যাপসুল কিছুটা হলেও কাজ করছে কিন্তু আশাব্যঞ্জক না”।

“কিন্তু তুমিইতো বললে ক্যানসার সঙ্কুচিত হয়েছে,” মাইক জোর গলায় বলল। “তার মানে ক্যাপসুল কাজ করছে। আমাদেরকে ওষুধটা চালিয়ে যেতে হবে।”

ডঃ মিলার ম্লান মুখে বলল, “আমার কথা তোমার ভালো লাগবে না আমি জানি, কিন্তু এই চিকিৎসা চালিয়ে যাওয়া সম্ভব হবে না কারণ কিমোথেরাপী বন্ধ করতে হবে। আমার নার্স আমাকে জানিয়েছে তোমার স্ত্রী অনেক দুর্বল হয়ে পড়েছে এবং আরোও কিমো দিলে সে আরোও অসুস্থ হয়ে পড়বে।”

মাইক ক্ষেপে গেল। “কি যা তা বলছ? কিমো কোন অবস্থাতেই থামানো যাবে না।

ক্যাপসুল নেবার জন্য কিমো চালিয়ে যেতেই হবে।"
ডঃ মিলার তাকে শান্ত করবার চেষ্টা করল। "এতো উত্তেজিত হয়ো না, মাইক। আমার নার্সের মতামতের বিরুদ্ধে আমি যেতে পারি না। বিশ্বাস কর এটা আপনার স্ত্রীর ভালোর জন্যেই করা হচ্ছে। তার এই অবস্থায় আমরা যদি কিমো দিতে থাকি তাতে তার অবস্থার দ্রুত অবনতি হবে। আমি জেনে শুনে সেটা হতে দিতে পারি না।"
"কিন্তু কিমো ছাড়া তার ওষুধ খুব একটা কাজ করবে না," মাইক শেষ চেষ্টা করল। "এখন কিমো বন্ধ করার অর্থ নীনার সামনে যে একটা মাত্র চিকিৎসা আছে সেটাও বন্ধ করে দেয়া। তুমি ডাক্তার হয়ে এটা করতে পার না। আমি সেটা হতে দেব না। কিমো চলবে। রোগী যদি চায় তাহলে তোমাদের কি সমস্যা? দরকার হলে আমি যে কোন কাগজে দস্তখত করে দেব, নীনার কোন সমস্যা হলে সে জন্য আমি দায়ী থাকব, তোমরা না।"
ডঃ মিলার ঠাণ্ডা গলায় বলল, "আমি সত্যিই দুঃখিত মাইক। সেটা সম্ভব না।"
মাইক উঠে দাঁড়াল। তার মাথাটা ভালো লাগছে না। এই ডাক্তারগুলো সব এক। মানুষের জীবনের এদের কাছে কোন দাম নেই। এরা শুধু নিজেদের দিকটাই দেখতে জানে। নিশ্চয় ভাবছে নীনার কিছু হয়ে গেলে তখন কোর্ট কেসে পড়ে যাবে। সে ছোট অফিসটার মধ্যে বার দু'য়েক পায়চারী করল। "আমরা তাহলে এখন কি করব? আমার স্ত্রীর কি হবে?"
"ক্লিনিকের সাথে কথা বল," ডঃ মিলার শান্ত কণ্ঠে বলল। "এই ক্যাপসুল তারাই দিয়েছিল। এই অবস্থায় তারাই তোমাদেরকে সাহায্য করতে পারবে। আমার কিছুই করার নেই। আমার হাত বাঁধা।"
মাইক রাগী গলায় বলল, "না, তোমার হাত বাঁধা না। তুমি স্রেফ স্বার্থপরের মত কাজ করছ। রোগীর পক্ষ যদি বলে তারা চিকিৎসা চালিয়ে যেতে চায় তাহলে বন্ধ করবার কোন অধিকার তোমার নেই। তোমার উচিৎ কিমো চালিয়ে যাওয়া। আমিতো বলেছি সব দায় দায়িত্ব আমার। তারপরও তুমি নিজের ইচ্ছে মত সিদ্ধান্ত নিচ্ছ। এটা তুমি করতে পার না।"
ডঃ মিলার নীরবে মাথা নাড়ল। সে একটু ঘাবড়ে গেছে। মাইক এভাবে ক্ষেপে যাবে হয়ত বুঝতে পারেনি। মাইকের চিৎকার শুনে কয়েকজন নার্স ছুটে এসেছে। তাদেরকে দেখে মাইক কটমট করে তাকিয়ে ডঃ মিলারকে লক্ষ্য করে খিস্তি করল, "শালা শুয়োর! হারামি!"
কেউ কিছু বলার আগেই সে ছিটকে বেরিয়ে গেল ডাক্তারের অফিস থেকে। আরও বেশীক্ষণ থাকলে সে কি করে বসবে নিজেও জানে না। তার মাথার মধ্যে যেন আগুন ধরে গেছে। একটা ডাক্তার হয়ে লোকটা কিভাবে এই কাজ করতে পারে? জানে কিমো ছাড়া নীনার ক্যাপসুল কার্যকর হবে না তারপরও কিমো বন্ধ করে দিতে চায়? সে মনে মনে অকথ্য ভাষায় গালাগালি করতে থাকে সবাইকে –

ডাক্তার, নার্স, গভর্নমেন্ট এবং পরিশেষে নিজের ভাগ্যকে।

রাতে ইদানীং একেবারেই ঘুমাতে পারে না নীনা। শরীর ক্লান্ত থাকে, ঘুমিয়ে যেতে ইচ্ছে হয় কিন্তু ঘুম আসে না। কি এক অদ্ভুত সমস্যা। আর জেগে থাকার অর্থই হচ্ছে দুনিয়ার যত আজগুবি চিন্তাভাবনা মাথার মধ্যে ঘুরপাক খেতে থাকে। ইদানীং মাইকও তার পাশে জেগে বসে থাকে। মানা করেছে নীনা কিন্তু মাইক কথা শোনে না। মানুষটার জন্য অসম্ভব খারাপ লাগে নীনার। ডঃ মিলারের অফিস থেকে ফেরার পর থেকে মানুষটা যেন হঠাৎ করেই অনেক বদলে গেছে। খুব আশা নিয়ে দিন গুনছিল সে, ক্যাপসুলটাতে কাজ হবে, নীনা সম্পূর্ণ না হোক অনেকখানি ভালো হয়ে যাবে। কিন্তু কিমো বন্ধ হয়ে যাওয়ায় পুরো চিকিৎসার কার্যকারিতা কমে গেছে। মন ভেঙ্গে গেছে মাইকের। কিন্তু আশাহত হয়ে মনের দুঃখে চুপচাপ বসে থাকার মানুষ সে নয়। বরং দিনকে দিন তার রাগ বাড়ছে, মনের মধ্যে তিক্ততার সৃষ্টি হচ্ছে। ডাক্তার, হাসপাতাল, নার্স – শুনলেই খিস্তি করতে শুরু করে। এই মানুষটাকে ইদানীং চিনতে কষ্ট হয় নীনার। বিগ মাইকি ছিল এক বিশাল দেহী অসম্ভব বিনীত, হাসিখুশি মানুষ। এই মাইককে সে দেখতে চায় না কিন্তু পরিস্থিতিকে পরিবর্তন করবার ক্ষমতা তার নেই।

রাত কত হয়েছে বলতে পারে না নীনা। বিছানায় শুয়ে থাকতে ভালো লাগে না তাই ফ্যামিলি রুমে টিভি চালিয়ে বসে ছিল। মাইক কম্পিউটারে আবার নানা ধরনের রিসার্চ করছে, বোধহয় খুঁজে বের করার চেষ্টা করছে এমন কাউকে পাওয়া যায় কিনা যে তাকে আবার কিমো দিতে রাজী হবে। সম্ভাবনা খুবই কম, জানে নীনা। তার শরীর হঠাৎ করেই অনেক খারাপের দিকে মোড় নিয়েছে। সে নিজেও জানে খুব বেশীদিন কিমোর অত্যাচার সহ্য করবার মত ক্ষমতা তার আর নেই। হয়ত একটু চোখ লেগে এসেছিল কারণ মাইক কখন ঘরে এসে ঢুকেছে খেয়াল করে নি। মাইকের হাতে ওষুধ।

"খেয়ে নাও," মাইক ফিসফিসয়ে বলে। "ব্যথা করছে? ব্যথার ওষুধ দেব?"

নীনা মাথা নাড়ে। তার ব্যথা করছে কিন্তু ওষুধ খেতে ইচ্ছে করছে না। সে মাইকের হাত থেকে ওষুধ নিলো না। মেঝের দিকে তাকিয়ে খানিকটা উদাসীন কণ্ঠে বলল, "কখন ভেবেছ মানুষ মরে যাবার পর কি হয়?"

মাইক ঠাট্টাচ্ছলে বলল, "আমার কি হবে সেটা আমি ভালো করেই জানি – সোজা দোযখে চালান হয়ে যাব।"

নীনা মনে হল না তার কথা শুনেছে। তার দৃষ্টি মেঝে থেকে খোলা জানালা দিয়ে রাতের এক টুকরো তারা জ্বলা আকাশের দিকে ফিরিয়ে নিচু গলায় বলল, "যেখানে যাই, যেভাবেই থাকি, মনে মনে শুধু একটাই আশা যখন তোমার যাবার সময় হবে তুমি যেন আবার আমার সঙ্গী হও। কিভাবে যেন ঝট করেই ত্রিশটা বছর কেটে গেল, মাইকি! আমাকে এমন মন প্রাণ দিয়ে ভালোবাসার জন্য আমি কৃতজ্ঞ।

আমার সাথে এতগুলো বছর কাটানোর জন্য আমি কৃতজ্ঞ। এই বিশাল পৃথিবীর এতো কোটি কোটি মানুষের মধ্যে আমি খুব সাধারণ একজন ছিলাম, কিন্তু আমার নিজেকে কখন অপূর্ণ মনে হয় নি কারণ আমি তোমার ভালোবাসা পেয়েছিলাম।"
নীনা নিঃশব্দে কাঁদতে থাকে। মাইক তার পাশে বসে তাকে জড়িয়ে ধরে গালে আলতো করে ঠোঁট ছোঁয়ায়। কিছু বলে না। কীইবা বলার আছে? এটাই তো জীবনের অবিরাম চক্র। একদল বিদায় নিচ্ছে, আরেক দল আসছে। সবাই একদিন চলে যাবে, কোথায় যাবে কে জানে?
নীনা মাইককে শক্ত করে জড়িয়ে ধরে বলল, "মাইকি, মৃত্যুর কথা ভাবলে কি তোমার ভয় করে?"
মাইক নিঃসংকোচে বলল,"আমার বিশ্বাস পরকালে গিয়ে আবার আমরা সবাই মিলব। তোমার এবং ছেলেমেয়েদের সাথে আবার দেখা হবে ভাবলে আর ভয় করে না।"

নীনা হু হু করে কেঁদে উঠল। "জানি! আমি ও সবসময় সেই কথাই ভাবি। সেই আশাই আমাকে সাহস যোগায়।"
মাইক কোন কথা বলে না। নিঃশব্দে নীনাকে জড়িয়ে বসে থাকে। কাঁদুক, কখন কখন কান্নার দরকার আছে।

চৌত্রিশ

মায়ের শরীর খারাপের দিকে মোড় নিয়েছে শুনেই সব কিছু ফেলে ছুটে এলো সাহারা। মাইক তাকে আসতে মানা করেছিল। বৃদ্ধ শ্বশুর শাশুড়ির দায়িত্ব মেয়েটার উপর। বললেইতো আর বাক্স পোটরা গুছিয়ে রওনা দেয়া যায় না। সাহারা শোনে নি। ফারাহকে নিয়ে বেনের উপর বাড়ী ঘরের দায়িত্ব দিয়ে ছুটে এসেছে। নীনা মুখে বিরক্তি প্রকাশ করলেও মনে মনে অসম্ভব খুশী হয়েছে। মেয়েকে কাছে পাবার আনন্দ তো আছেই, তার চেয়েও বড় আনন্দ ফারাহকে বুকের মধ্যে পাবার। মেয়েটা যেন ঝট করেই বড় হয়ে উঠছে। সারাক্ষণ দৌড়াদৌড়ি করছে, বকবক করছে, কত রকমের প্রশ্ন তার। এমন পাকা পাকা কথা! যতক্ষণ জেগে থাকে তার অধিকাংশ সময় নীনার কাছেই কাটায়। ওকে পাবার পর নীনার দুর্বল, অসুস্থ শরীরেও যেন নতুন করে শক্তির সঞ্চয় হয়েছে।
মাইক স্যালির পরীক্ষা-টরিক্ষা আছে জেনে তাকে নীনার শারীরিক অবস্থার কথা খুব বিশদভাবে বলে নি। কষ্ট করে জীবনটাকে আবার দাঁড় করিয়েছে, পরীক্ষায় খারাপ করে দেখা যাবে আবার পিছিয়ে গেছে। মাইক সাহারার কাছে শুনেছে সেই হারামি রবটার সাথে নাকি দেখা টেখাও হচ্ছে এখন। মেয়ের ইচ্ছে-অনিচ্ছার মূল্য আছে জানে মাইক, কিন্তু এইরকম একটা বয়েসী ছেলের সাথে কিভাবে লটকে পড়তে পারল স্যালির মত একটা মেয়ে, ভাবতেও তার কষ্ট হয়। ঈশরে, জেল খেটে এসে

এখন খুব লেখক হয়েছেন! একটা থাপ্পড় দিয়ে দাঁতগুলো সব খুলে দিতে হয়। সাহারাই স্যালিকে জানিয়ে থাকবে কারণ সাহারা আসবার দু'দিন বাদেই সে হঠাৎ এসে হাজির হল। মায়ের সামনে তার অসুখ নিয়ে কোন আলাপ না করলেও সে যে খুব দুশ্চিন্তায় আছে সেটা তার হাব ভাব দেখেই বোঝা গেল। রাতে নীনা বিছানায় চলে যাবার পর ফারাহকে ঘুম পাড়িয়ে মাইক এবং স্যালির সাথে ফ্যামিলি রুমে জড় হল সাহারা। স্যালি আসা অবধি তাকে এত অস্থির লাগছে যে সাহারা একটু চিন্তাতেই পড়ে গেছে। স্যালিকে পরীক্ষার মাঝে এইভাবে ডাকাটা হয়ত তার ঠিক হয়নি। চারদিকের চাপে পড়ে স্যালিকে তটস্থ মনে হচ্ছে।

"মা'র হঠাৎ করে এমন খারাপ অবস্থা হল কেন?" স্যালি জেরা করার ভঙ্গীতে জানতে চায়। প্রশ্নটা মাইককে লক্ষ্য করেই করা। বোঝাই গেল বাবার উপর সে নাখোশ।

সাহারা তার কণ্ঠে ক্ষুব্ধতা ধরতে পেরে তাড়াতাড়ি বলল, "ডাক্তার কিমোথেরাপী বন্ধ করে দিয়েছে। ক্যাপসুল আর খুব একটা কার্যকরী হচ্ছে না।"

মাইক রাগী গলায় বলল, "হারামি শালা! আগেই জানত এমনটা হবে। আমি কত করে বললাম দায় দায়িত্ব সব আমার। তোমরা কিমো চালিয়ে যাও। কানেই নিলো না। বস্তাপচা কতগুলো যুক্তি দেখাল। এখন ওকে আবার হিউস্টনে নিয়ে যেতে হবে। হয়ত ওরা নতুন কিছু একটা ব্যবস্থা করতে পারবে।"

সাহারা কৌতূহলী হয়ে বলল, "মাকে যে আবার সেখানে নিয়ে যাবে, টাকাপয়সা আছে তোমার কাছে? ঐ ক্লিনিক নিশ্চয় বিনা অর্থে চিকিৎসা করবে না। আমার কাছে যা জমানো টাকা আছে আমি দিতে পারি। খুব বেশী নয় কিন্তু যদি কাজে লাগে..."

মাইক মাথা নাড়ল। "তুই এসব নিয়ে ভাবিস না। টাকার দরকার হলে আমি বাড়ীটা বেঁচে দেব। প্রয়োজন হলে আমার যা আছে সব বেঁচে দেব। স্যালি, আমার ইচ্ছে ছিল তোর মাস্টার্স করবার খরচটা আমি দেব কিন্তু সেটা বোধহয় আর সম্ভব হবে না। যদি শেষ পর্যন্ত মাস্টার্স করবার সিদ্ধান্ত নিস তাহলে খরচ তোর নিজেকেই বহন করতে হবে। তুই স্মার্ট মেয়ে, ঠিকই সামলে নিতে পারবি।"

স্যালি বলল, "বাবা, তুমি আমাকে নিয়ে ভেবো না। আমার ব্যবস্থা আমি করে নেব। মায়ের চিকিৎসা ছাড়া অন্য কিছু নিয়ে তোমার চিন্তা করবার কোন দরকার নেই।"

মাইক অপরাধী কণ্ঠে বলল, "তোর একটু মন খারাপ হয়েছে আমি জানি কিন্তু কি করব, আমার হাত বাঁধা।"

"থাক আর এমন ঢং করতে হবে না," স্যালি বিরক্ত কণ্ঠে বলল। "তুমি কোনদিনই আমাকে নিয়ে খুব একটা চিন্তা ভাবনা কর নি, আমি জানি।"

মাইক স্যালির কণ্ঠে অভিমানের চিহ্ন দেখে অবাক হল। "কি বলছিস এসব? তোর ধারনা আমি তোকে কম ভালোবাসি?"

127

স্যালি চাঁপা গলায় বলল, "নয়ত? আমি যখন এত্তগুলো ঘুমের বড়ি খেয়ে মরতে বসেছিলাম তখনকার কথা মনে আছে? আমি হাসপাতালে মরার মত বিছানায় শুয়ে আছি আর তুমি গলা ফাটিয়ে আমাকে বকাবকি করছ! ভেবেছ আমি ভুলে গেছি? আমি বাঁচি কি মরি সেটা নয়ে তোমার কোন মাথা ব্যথাই ছিল না। তুমি শুধু ভাবছিলে অন্যেরা কি মনে করবে।"

মাইক অবাক হয়ে বলল,"তুই এতদিন পর সেই কথা তুলছিস? আমার টিন এজ মেয়ে হাইস্কুলের এক মাঝবয়েসী শিক্ষকের সাথে শারীরিক সম্পর্ক করে আত্মহত্যা করবার চেষ্টা করছে এটা জানার পর আমার আনন্দে নৃত্য করা উচিৎ ছিল, নাকি? তুই ঐ সব ছাইভস্ম খাবার আগে আমার সাথে কিংবা তোর মার সাথে এসে কথা বলিস নি কেন? এখন খুব গলা উচিয়ে আমাকে দোষারোপ করছিস তখন তোকে বকছিলাম বলে!"

স্যালিও দমে যাবার পাত্রী নয়। "কেন করব না? আমার তখন মানসিকভাবে কত খারাপ অবস্থা। তোমার উচিৎ ছিল না আমার সাথে একটু মিষ্টি করে কথা বলা? গোঁয়ারের মত চিৎকার করছিলে। ছিঃ ছিঃ!"

সাহারা বলল, "এই স্যালি, এইসব কথা এখন খামাখা তুলছিস কেন?"

"কেন তুলব না?" স্যালি জেদ ধরে বলল। "তার যখন যা মন চায় সে করবে আর আমরা কিছু বলতে পারব না? তুই ভেবেছিস সে আমাদের কারো জন্য কেয়ার করে? ভুল ভেবেছিস।"

মাইক ভ্রু কুঁচকে বলল, "এতো বাজে কথা বলার তো দরকার নেই। আমি নাহয় তোকে একটা লোনের ব্যবস্থা করে দেব।"

স্যালি ক্ষ্যাপা গলায় বলল, "তোমার কিচ্ছু চাই না আমি। তুমি মায়ের সেবাটা অন্তত মন দিয়ে কর।"

সে পা দাপিয়ে সেখান থেকে বেরিয়ে গেল। সিঁড়ি বেয়ে উপরে উঠে নিজের ঘরে ঢুকে ধড়াম করে দরজা লাগাল। শব্দে নীনার ঝিমুনি ছুটে গেছে। সে দুর্বল গলায় ডাকল, "মাইকি! এই মাইকি! কি হচ্ছে? স্যালি বকাবকি করছে কেন? সাহারা! কেউ কথা বলছিস না কেন?"

সাহারা বলল, "মা, কিচ্ছু হয় নি। তুমি বিশ্রাম কর।"

নীনা কি বুঝল কে জানে কিন্তু সে আর কিছু জানতে চাইল না। সাহারা মনে মনে প্রমাদ গুনল। মা কি কিছু শুনেছে? সে আবার না ভাবে স্যালি চিকিৎসার খরচের কথা ভেবে উত্তেজিত হয়ে উঠেছে। তেমন মেয়ে স্যালি নয়। মায়ের জন্য ও সব করতে পারে। সমস্যা বাবার সাথে। বরাবরই বাবার উপর বেশী অধিকার ফলায়। আলতু ফালতু কাজ করবে অথচ বাবা রাগ করলে মন খারাপ করবে। আজব মেয়ে!

সেই রাতেই হঠাৎ করে নীনার শরীর খারাপ লাগতে শুরু করল। বিছানায় ধড়ফড় করছিল। মাইক বোধহয় কয়েক মুহূর্তের জন্য দু' চোখের পাতা লাগিয়েছিল, শব্দ

শুনে লাফ দিয়ে উঠে বসল।
"নীনা! কি হয়েছে? খারাপ লাগছে?"
নীনা কাতর গলায় বলল, "মনে হচ্ছে আমি যেন মরে যাচ্ছি। শ্বাস নিতে পারছি না। মাইকি!"
মাইক তাকে জড়িয়ে ধরে উঁচু করে ধরল। খুব একটা লাভ হল না। সে নীনাকে বিছানায় নামিয়ে দিয়ে দ্রুত ৯১১ ডায়াল করল। নীনাকে যত দ্রুত সম্ভব হাসপাতালে নিতে হবে। তার ভয় হচ্ছে হয়ত খারাপ কিছু একটা হয়ে যেতে পারে।
সাহারা এবং স্যালি দৌড়ে এলো। নীনার পাশে বসে তাকে শান্ত করবার চেষ্টা করল। নীনা ছটফট করছে। মাইক দৌড়ে বাইরে বেরিয়ে এলো। এম্বুলেন্স আসতে কি খুব বেশীক্ষণ লাগবে? এতো রাতে কি এম্বুলেন্স সার্ভিস খুব একটা ব্যস্ত থাকবে? মিনিট পাঁচ দশের মধ্যেইতো চলে আসা উচিৎ। সে ছটফট করতে করতে ভেতরে বাইরে পায়চারী করতে লাগল।
আধা ঘন্টা পর এম্বুলেন্স নীনা এবং মাইককে নিকটবর্তী হাসপাতালের এমার্জেন্সীতে নামিয়ে দিল। সাহারা এবং স্যালি আসতে চেয়েছিল, মাইক মানা করেছে। প্রয়োজন হলে সে ফোন করে তাদেরকে আসতে বলবে। হাসপাতাল বেশী দূরে নয়। তারা ঝট করেই চলে যেতে পারবে। একজন নার্স খুব দ্রুত নীনাকে একবার দেখে কিছু প্রশ্ন করে একটা নাম্বার ধরিয়ে দিল। ওয়েটিং রুমে তাকে নিয়ে ধৈর্য ধরে ডাক্তারের সাক্ষাৎ পাবার অপেক্ষায় বসে আছে মাইক। তার ভাবতেও কষ্ট হচ্ছে নীনার এমন অবস্থায় তাকে তৎক্ষণাৎ চিকিৎসা না করে বসিয়ে রাখা হয়েছে। একজন ক্যানসার রোগীর সাথে কি এইভাবে আচরণ করা উচিৎ? নীনার কষ্ট হচ্ছে, কিন্তু সে সঠিকভাবে বলতে পারছে না ঠিক কোথায়। সব মিলিয়ে পীড়াদায়ক অভিজ্ঞতা। একটা চেয়ারে শরীর এলিয়ে দিয়ে কোনরকমে বসে আছে সে। মাইক কয়েক মুহূর্ত পর পর খোজ নিচ্ছে, "ব্যথা করছে? বেশী নড়াচড়া কর না।"
প্রায় চল্লিশ মিনিট অপেক্ষা করে বিরক্ত হয়ে উঠে নার্সের রুমে গিয়ে হানা দিল মাইক। "এই যে, নার্স, আমার স্ত্রীকে ডাক্তার কখন দেখবে? সে ক্যান্সারের রোগী। এডভান্সড। তাকে কি একটু তাড়াতাড়ি দেখা যায় না? আমরা প্রায় ঘন্টা খানেক বসে আছি।"
নার্স শান্ত কণ্ঠে বলল, "আমাদের আরোও সিরিয়াস রোগী আছে। ডাক্তার মাত্র একজন। ভেবো না, তোমার স্ত্রী নেক্সট ।"
মাইক বিরক্ত কণ্ঠে চিবিয়ে চিবিয়ে বলল, "এতক্ষণ পরে তার পালা এলো? তাকে আগে কেন দিলে না তুমি? তার চেয়ে সিরিয়াস অবস্থা আর কার হতে পারে? এমন হৃদয়হীন কি করে হও তোমরা? এতক্ষণ ঐখানে একটা চেয়ারে বসে বসে বেচারি মৃত্যু যন্ত্রণা ভোগ করছে আর তুমি এমন ভাব করছ যেন কিছুই হয় নি।"
পাশের একটা কামরা থেকে একজন তরুণ ডাক্তার বেরিয়ে এলো। "এতো উত্তেজিত হয়ো না। আমি এখুনিই তাকে দেখব। নার্স, ওদেরকে একটা কামরায়

এনে বসাও।”
মাইক গজরাতে গজরাতে বলল, “প্রায় একটা ঘণ্টা বসে আছি এখানে। আশ্চর্য! বিশ্বাস করতেও কষ্ট হচ্ছে।”
নার্স নীনা এবং মাইককে একটা ছোট কামরায় নিয়ে এলো। নীনা বিছানায় শুয়ে পড়ল। তার বসে থাকতেও কষ্ট হচ্ছে। ডাক্তার প্রায় সাথে সাথেই এলো। বেশ সময় নিয়ে নীনাকে দেখল। পরিশেষে বলল, “ওর ইউনারি ট্র্যাকে ইনফেকশন হয়েছে বলে মনে হচ্ছে। একটা প্রেসক্রিপশন লিখে দিচ্ছি। তার এই অবস্থায় নানা ধরনের সমস্যা দেখা দেবে। সবসময় খেয়াল রেখ।”
মাইক থমথমে মুখে বলল, “নানা ধরনের সমস্যা বলতে কি বোঝাচ্ছ?
তরুণ ডাক্তার অস্বস্তি নিয়ে বলল, “কথার কথা বলছি। খামাখা কিছু একটা বলে তোমাকে ভয় পাইয়ে দিতে চাই না। সে হয়ত ধীরে ধীরে ভালো হয়ে যাবে। সবই সম্ভব।”
মাইক অনেক কষ্টে রাগ দমন করল। এই বেচারির সাথে খারাপ ব্যাবহার করে কি লাভ? এরা নতুন ডাক্তার, লম্বা সময় কাজ করতে হয় এমার্জেন্সীতে। তার সাথে রুঢ় হবার কোন অর্থ হয় না? সে স্যালিকে ফোন করল। স্যালি গাড়ী নিয়ে এসে তাদেরকে বাসায় ফিরিয়ে নিয়ে গেল। যাবার পথে একটা ফার্মেসী থেকে ওষুধগুলো নিয়ে নিলো মাইক কিন্তু তার মনে ভরসা নেই। নীনার সময় হয়ত সত্যিই ফুরিয়ে এসেছে। সেই সম্ভাবনার কথা সে ভাবতেও চায় না কিন্তু সেই অবধারিতকে সে কিভাবে যুঝবে?

পয়ত্রিশ

সেই রাতের পর নীনার শরীর ভালোর দিকে ছিল। সাহারা এই সুযোগে মেয়েকে নিয়ে অটোয়া ফিরে গেছে। প্রয়োজন হলেই সে আবার ঝট করে চলে আসবে। স্যালিও ফিরে গেছে। তার পরীক্ষা এখনও শেষ হয় নি।
কিন্তু সপ্তাহ খানেকও গেল না নীনার শরীর আবার খুব দ্রুত খারাপের দিকে মোড় নিলো। তার উদরে পানি জমতে শুরু করল। মাইক ক্যানসার রোগীদের সম্বন্ধে প্রচুর রিসার্চ করেছে। সে জানে এর কারণ কি। তারপরও ডঃ মিলারকে ফোন করল। সে ব্যস্ত ছিল। এক কথায় তাকে হাসপাতালে নিয়ে যাবার পরামর্শ দিল। মনে মনে ফোঁসে মাইক। ডাক্তারদের নির্বিকার ভাব ভঙ্গী এবং কথাবার্তা শুনলে তার এখন শরীর জ্বলতে থাকে। প্রতিদিন একটার পর একটা রোগী দেখছে বলেই কি তাদের মনুষ্যত্ব উবে যেতে হবে? তাদের মধ্যে কি কোন মায়া মমতা থাকতে পারে না? মানুষের জীবনের মূল্য যদি তাদের কাছে না থাকে তাহলে এই প্রফেশনের সাথে জড়ান কেন? মনে মনে তাদেরকে লক্ষ্য করে নানা ধরনের খিস্তি ঝাড়ে সে।

নীনাকে হাসপাতালে নিয়ে গেল মাইক। ভর্তি করাতে হল। প্যারাসেন্টিসিস করাতে হবে। ফ্লুইড বের করতে হবে। তার অসম্ভব ভাব গম্ভীর আচার আচরণ দেখেই অশনি সংকেত পেয়েছে নীনা। সে তাকে শান্ত করবার চেষ্টা করছে। "মাইকি, মাথা ঠাণ্ডা রাখ। আমার কিচ্ছু হবে না। পেট ফুলেছে কিন্তু কোন ব্যথা বেদনা নেই। আমি মোটামুটি ভালই আছি। তবে ফারাহকে খুব দেখতে ইচ্ছে হচ্ছে। সাহারা কি আসছে?"

মাইক দ্বিধান্বিত কণ্ঠে বলল, "ও তো মাত্র ক'দিন আগেই গেল। খবর দেব? আজকে তোমার সাথে কথা হয় নি?"

"হয়েছে, বোধহয়," নীনা খাপছাড়া ভাবে বলে। "নাকি গতকাল কথা হয়েছিল? মাথাটা মনে হয় যাচ্ছে। আমার কি হবে, মাইকি?"

মাইক তাকে আলতো করে জড়িয়ে ধরে। "তুমি ভালো হয়ে যাবে। কোন চিন্তা কর না। আমি ফারাহকে নিয়ে সাহারাকে এখুনিই চলে আসতে বলছি।"

সাহারা খবর পাবার সাথে সাথেই বেরিয়ে পড়ল। সে সাধারণত খুব জোরে গাড়ী চালায় না কিন্তু আজ তার ব্যতিক্রম হল। মায়ের কিছু হয়ে যাবার আগে ফারাহকে নিয়ে তার পৌঁছাতে হবেই। মা ফারাহকে দেখতে চেয়েছে। বিকালের দিকে হাসপাতালে পৌঁছল ও। মাইক ওর জন্য বাইরে অপেক্ষা করছিল।

"কি হয়েছে মায়ের?" জানতে চায় সাহারা।

"পেটে পানি জমছে," মাইক বলল। "ক্যানসার রোগীদের জন্য স্বাভাবিক একটা ব্যাপার। একটা প্রসিজার করে পানিটা বের করে দিতে হবে।"

"বের করে দিলে আর জমবে না?" সাহারা উদ্বিগ্ন কণ্ঠে জানতে চায়।

একটা দীর্ঘনিশ্বাস ছাড়ে মাইক। "খুব সম্ভবত আবার জমবে। আবার বের করতে হবে। অন্য কোন একটা কারণে এটা হয়েছে। সেই সমস্যা না মেটা পর্যন্ত হয়ত বারবার হতে থাকবে।"

ফারাহকে কোলে নিয়ে মাইককে অনুসরণ করে নীনার হাসপাতাল কামরার দিকে ব্যস্ত পায়ে এগুচ্ছিল ওরা সেই সময় খেয়াল করল জনৈক বয়েসী নার্স তাদের দিকে খুব বিরক্ত ভঙ্গীতে তাকিয়ে বিড়বিড়িয়ে কি যেন বলল। মাইকের মুখ তৎক্ষণাৎ শক্ত হয়ে গেল। সাহারাকে লক্ষ্য করে দাঁত চেপে বলল, "দেখেছিস নার্সটা কেমন মুখের ভাব করল? এদের মন টন বলে কিচ্ছু নেই। কোন অনুভূতি নেই। চোখের সামনে মানুষকে রাত দিন ভুগতে ভুগতে মরতে দেখে ওদের আর এসবে কিচ্ছু মনে হয় না। আমরা ওদের কাছে বিরক্তিকর।"

সাহারা জানে এর পেছনে অন্য কোন কারণ আছে। তার বাবাকে সে ভালো করেই চেনে। "কি হয়েছে বাবা, ঠিক করে বল তো।"

মাইক তার কানের কাছে মুখ নিয়ে বলল, "ওরা চায় না আমি নীনার আশে পাশে বেশীক্ষণ থাকি। সব তো ফাঁকিবাজ। আমি থাকলে ওদের ফাঁকিবাজি সব জেনে যাব। সেটা ওরা চাইবে কেন? তুই জানিস, কত রোগী প্রতিদিন মারা যায় ডাক্তার এবং নার্সদের অবহেলার কারণে?"

রহস্যটা পরিষ্কার হল। সাহারা কিছু বলল না। মাইকের মনে যদি কোন কারণে সন্দেহ ঢুকে থাকে তাহলে তাকে কিছু বলে থামানো যাবে না।
নীনাকে একটা ডাবল বেডের সেমাই প্রাইভেট রুমে রাখা হয়েছে। সাহারা ভেতরে ঢুকতেই নীনা প্রায় চেঁচিয়ে উঠল, "সাহারা! ফারাহ! এসেছিস তোরা! কতক্ষণ ধরে অপেক্ষা করছি। আয়, আমার কাছে আয়।"
ফারাহকে কোলে তুলে নিয়ে চুমুতে চুমুতে ভরিয়ে দেয় নীনা। ফারাহ নিঃশব্দে সেই আদর নেয়। এতদিনে সে এইটুকু বোধহয় ধরতে পেরেছে যে তার নানী বু-র খুব একটা সমস্যা আছে। সে নীনার গলা জড়িয়ে ধরে থাকে। নিচু গলায় কি কি যেন বলে, নীনা তার অর্ধেকই বোঝে না কিন্তু চোখের পানি বন্ধ করা দুষ্কর হয়ে ওঠে।
"ওর দ্বিতীয় জন্মদিন খুব হৈ চৈ করে করবি, বুঝেছিস?" সাহারাকে লক্ষ্য করে বলে নীনা।
সাহারা গম্ভীরভাবে বলল, "ততদিনে তুমি ভালো হয়ে যাবে। তুমিই ওর জন্মদিন করবে।"
নীনা ম্লান হাসল। "সেই ভরসা আর নেই। ততদিন আমি থাকব না রে।"
মাইক তার কথায় ক্ষেপে গেল। "বাজে কথা বলবে না। তোমার কিচ্ছু হবে না। আমি হতে দেব না।"
সে বেল বাজিয়ে নার্সকে ডাকে। মিনিট খানেক অপেক্ষা করবার পরও যখন কেউ এলো না তখন নিজেই বেরিয়ে গেল নার্সের খোঁজে। খুব বেশী দূর যেতে হল না।
"তখন থেকে বেল বাজাচ্ছি, তোমার কোন খবর নেই কেন?" মাইক খানিকটা রূঢ় কণ্ঠে জানতে চায়।
নার্স বিরক্ত কণ্ঠে উলটো জানতে চাইল, "কেন, কে হয়েছে?"
"আমার স্ত্রী ক্যানসার রোগী। তোমার কি উচিৎ নয় কিছুক্ষণ পরপর তাকে চেক করা?" মাইক তিক্ত কণ্ঠে বলে।
নার্স নির্বিকার কণ্ঠে বলল, "আমাদের এখানে অনেক ক্যানসার রোগী আছে। আমরা তাদের সবাইকেই সমানভাবে দেখি। তোমার এতো উত্তেজিত হবার কোন কারণ নেই।"
মাইকের জেদ চাপল। "তাকে একটু চেক করতে তোমার এতো সমস্যা কেন? অনেক ক্ষণ হল কোন কিছুই চেক কর নি।"
নার্স রাগী গলায় বলল, "ঠিক আছে, ফ্লোর ডাক্তারকে ডাকি। সে যা বলে করব।"
ডঃ রজার লোকটাকে দেখেই পছন্দ হল না মাইকের। হামবড়া ভাব। তার কাছে অন্তত তেমনই মনে হল। আজকাল অবশ্য যেকোনো ডাক্তারকে দেখলেই তার শরীর জ্বলে। ভদ্রলোকের বয়েস চল্লিশের বেশী হবে না। সে হেটে মাইকের মুখোমুখি দাঁড়াল। "তুমি আমার নার্সদেরকে খামাখা বিরক্ত করছ কেন? ওদেরকে ওদের মত কাজ করতে দাও।"
মাইক তেতো গলায় বলল, "কি যা তা বলছ? আমি কেন ওদেরকে বিরক্ত করব?

আমার স্ত্রী অসুস্থ হয়ে ঐ কামরায় পড়ে আছে। সে ক্যান্সারের রোগী, এডভান্সড স্টেজ। আমি তাকে অনুরোধ করেছিলাম একটু চেক করবার জন্য। এটা আমার অপরাধ হয়ে গেছে?"

ডঃ রজার গলা উচিয়ে বলল, "দেখ, আমি এখানকার ফ্লোর ডাক্তার। তুমি আমার নার্সদেরকে অযথা হেনেস্থা কর না। তারা তাদের কাজ ঠিক মতই করছে। তুমি যদি ঝামেলা করতে থাক আমি তোমার ভিজিটেশন বন্ধ করে দেব।"

মাইক এবার ক্ষেপে গেল। "কেন আমি অন্যায়টা কি করেছি? ডাক্তার হয়ে তুমি রোগীর স্বামীর সাথে খারাপ ব্যাবহার করার সাহস কোথা থেকে পাও? তোমার বিরুদ্ধে আমি নালিশ করব।"

ডঃ রজার পিছপা হল না। "চীৎকার কর না। এখানে অনেক মারাত্মকভাবে অসুস্থ রোগী আছে।"

সাহারা চেঁচামেচি শুনেই বুঝেছিল মাইক কিছু একটা সমস্যা পাকিয়েছে। সে দ্রুত বাইরে করিডোরে বেরিয়ে এলো। "বাবা! চুপ কর। রুমের ভেতরে এসো। সরি, ডাক্তার।"

মাইক মেয়ের কণ্ঠ শুনে রণে ভঙ্গ দিল। কামরায় ঢুকে নিচু গলায় গজরাতে লাগল, "অন্যায় কিছু করিনি। শালা আমার সাথে খারাপ ব্যাবহার করেছে। ওর বিরুদ্ধে আমি নালিশ করব। ওর ক্যারিয়ারের বারোটা বাজাব...কসম কেটে বলছি..."

নীনা তার একটা হাত ধরল। "এতো রাগারাগি কর না তো। তোমার ব্লাড প্রেশারের সমস্যা আছে। উত্তেজিত হওয়াটা ভালো নয়। আমার পাশে চুপটি করে বস।"

মাইকের রাগ না পড়লেও সে নীনার কথা ফেলতে পারে না। বিছানায় তার পাশে বসে।

"তুমি ডাক্তারকে রাগিয়ে দিলে সে কি আমার ভালো চিকিৎসা করবে?" নীনা লোকটাকে শান্ত করবার জন্য মোক্ষম একটা যুক্তি দেখানোর চেষ্টা করল। লাভ হল না।

"করবে না? ওর বাপ করবে। আমি ওকে ছেড়ে দেব না।" মাইকের রাগ পড়ল না। কিভাবে এই বদমাশ ডাক্তারটাকে শায়েস্তা করা যায় সে সেটা নিয়ে ভাবতে লাগল।

সাহারা মায়ের দিকে অবাক চোখে তাকাল। তার বাবাকে এমনভাবে রাগতে সে কবে দেখেছে, আদৌ দেখেছে কিনা মনে করতে পারল না। নীনা হতাশ ভঙ্গীতে বলল, "আমার ক্যানসার না সারলে ডাক্তারদের কি দোষ? তোর বাবা এমন ভাব করছে যেন তারা ইচ্ছে করে আমার অসুখ সারাচ্ছে না। ইদানীং ডাক্তার, নার্স, হাসপাতাল কিচ্ছু দেখতে পারে না।"

সাহারা নরম গলায় বলল, "বাবা, এটা কিন্তু ঠিক না। তুমি নিজেই অসুস্থ হয়ে যাবে। মা ঠিকই বলেছে। ডাক্তার নার্সকে খেপিয়ে কোন লাভ আছে?"

মাইক গম্ভীর গলায় বলল, "তুই জানিস না এরা কত বদমাশ। মানুষের জীবনের এদের কাছে কোন দাম নেই। যাদের মন এতো কঠিন তাদের এই জাতীয় কাজ করা উচিৎ না। জেলখানার গার্ড কিংবা কসাই হওয়া উচিৎ। দেখিস ঐ ডাক্তারের আমি কি করি।" নীনাকে চোখ পাকাতে দেখেই দু'হাত তুলে সারেন্ডার করল। "গায়ে হাত দেব না। ভেবো না। মনের মধ্যে রাগ হয়েছে কিন্তু তাই বলে মাথা খারাপ হয় নি। পেশেন্ট সাপোর্ট গ্রুপে গিয়ে ওর নামে নালিশ করব। ডাক্তারদের এসোসিয়েশনেও গিয়ে নালিশ করব।"

নীনা হতাশ ভাবে মাথা নেড়ে তার অসম্মতি জানাল, মুখে কিছু বলল না। বলে লাভ হবে বলে মনে হল না। "স্যালি আসবে না?" সাহারাকে উদ্দেশ্য করে বলল।

"আমার সাথে কথা হয়েছে," সাহারা বলল। "ওর একটা খুব গুরুত্বপূর্ণ টেস্ট বাকী আছে। দু' দিনের মধ্যে চলে আসবে। আমি অবশ্য বলেছি পানিটা বের করে দিলে তুমি আপাতত ভালো থাকবে। বেশী ভয় পাইয়ে দিতে চাই নি। হয়ত সব ফেলে টেলে ছুটে আসত।"

"ভালো করেছিস," নীনা বলল। "ওর এই রকম গুরুত্বপূর্ণ সময়ে আমার এমন একটা অসুখ হয়ে গেল। কোথায় মন দিয়ে পড়া শোনা করবে, তা নয় আমাকে নিয়ে সারাক্ষণ চিন্তা করতে হচ্ছে।"

মাইক হঠাৎ উঠে কামরা থেকে বেরিয়ে গেল। "কোথায় যাচ্ছ?" নীনা জানতে চাইল।

উত্তর দিল না মাইক। দ্রুত হেটে চোখের আড়ালে চলে গেল। সাহারা বলল, "আমি যাব মা? না জানি আবার কি করে বসে।"

মাথা নাড়ল নীনা। "বয় এখানে। ফারাহটা ঘুমাচ্ছে। এটাই তোর একটু বিশ্রামের সময়। তোর বাবা যত গর্জে তত বর্ষে না। একটু হাঁটাহাঁটি করে চলে আসবে।"

সাহারা একটা দীর্ঘনিশ্বাস ছাড়ল। "বেচারার জন্য আমার খুব কষ্ট হয়। সারা জীবন তোমাকে ছাড়া তো আর কিছুই বোঝে নি। এখন মনে হয় দিশেহারা হয়ে পড়েছে।"

নীনা ম্লান মুখে বলল, "ঠিক হয়ে যাবে। ভাবিস না।"

সাহারা চোখের পানি ঢেকে চাঁপা গলায় বলল, "মা, তোমার যদি কিছু হয়ে যায়, তখন কি হবে?"

নীনা মেয়ের মুখ দু' হাতে ধরল। "এই পাগলী, খামাখা কাঁদছিস কেন? যেতে তো সবাইকেই হবে। আমার যদি সময় হয়েই যায়, তোরা তো থাকলি। দেখবি আমার বুড়ো খোকাটাকে, পারবি না?"

সাহারা ফুঁপিয়ে কাঁদতে লাগল। নীনা মেয়েকে জড়িয়ে ধরল। "কাঁদিস না রে। আমার মন নরম হয়ে যায়। আচ্ছা, আমরা অন্য কিছু নিয়ে কথা বলি। জীবন মৃত্যু নিয়ে সারাক্ষণ ভাবতে ভাবতে আমি সবাইকে অসুস্থ করে ফেলছি। আচ্ছা, রন আসবে নারে? ওর সাথে কথা হয়েছে তোর?"

সাহারা চোখ মুছল। মাথা দোলাল। "আসবে। কয়েক দিনের মধ্যেই আসবে।

একেবারেও চলে আসতে পারে।"
অবাক হল নীনা। "বলিস কি রে? সত্যিই! কিন্তু কেন? এতো দিন কষ্ট করল হলিউডে, এখন সব ছেড়েছুড়ে দিয়ে চলে আসবে?"
সাহারা মুচকি হাসল। "তোমার ছেলের মনে রঙ লেগেছে। ডলির প্রেমে হাবুডুবু খাচ্ছে। ডলি সোজাসাপ্টা জানিয়ে দিয়েছে এখান থেকে সে কোথাও যাবে না। সুতরাং হলিউডই এখানে চলে আসবার প্ল্যান করছে। তোমার তো এখন অনেক খুশী হবার কথা।"
নীনার মুখ আলোকিত হয়ে ওঠে। এমনটা হোক সে কত দিন আগেই চেয়েছিল কিন্তু কপালের কি লিখন মেয়ের বদলে মায়ের উপর নজর পড়েছিল হতভাগা ছেলেটার। ভালো যে শেষ পর্যন্ত ঘাট খুঁজে পেয়েছে বুদ্ধুটা। তার মনের ভেতরে আনন্দের স্রোত কুলকুলিয়ে উঠছে। "ভালোই হবে নারে? দু'জনকে মানাবে খুব। আমি বেঁচে থাকতে থাকতে হয়ত ওদের বিয়ে টিয়ে দেখে যেতে পারব। নিশ্চয় পারব। আচ্ছা, একটা কাজ করবি তুই? একসময় জলিকে একটা ফোন করে আসতে বলিস এখানে। খুব দেখতে ইচ্ছে করছে ওকে। এখন তো সব ঠিক হয়ে গেছে। এখন তো ও আসতে পারে। পারে না?"
মাথা দোলাল সাহারা। "আমি খবর দেব। ডলিই নিয়ে আসবে। তবে এলে যেন বিয়ে টিয়ের কথা তুল না। ওরা ওদের মত যা করার করবে।"
মাথা নাড়ল নীনা। "বলব না। আমি তো আর গাধা নই। আচ্ছা আরেকটা কথা বলত, স্যালি আর ঐ লোকটা নাকি আবার দেখা টেখা করছে? তোর বাবা আমাকে বলল। স্যালি তো জানিসই কেমন ক্যাট ক্যাট করে কথা বলে। আমি সাহস করে কিছু জিজ্ঞেস করতে পারি নি।"
সাহারা মাথা দোলাল। "ওরাও ভালো থাকবে মা। লোকটা খুব ভালো। আমার সাথে কথা হয়েছে। স্যালিকে অনেক যত্ন করবে।"
নীনা নিঃশব্দে কাঁদতে লাগল। "কি যে ভালো লাগছে। যাবার আগে জেনে যেতে পারলাম তোরা সবাই ভালো থাকবি। এ যে কত বড় পাওয়া!"
সাহারা মাকে জড়িয়ে ধরে। "তুমি কোথাও যাচ্ছ না মা। আমারা তোমাকে যেতে দেব না।"

ছত্রিশ

মাইক পেশেন্ট সাপোর্ট গ্রুপে গিয়ে ডঃ রজারের নামে সবিস্তারে নালিশ করল। তারা পরদিন দুপুরে দু'জনকে ডেকে সবিস্তারে আলাপ করবার প্রতিশ্রুতি দিল। সাপোর্ট গ্রুপের কতখানি ক্ষমতা আছে সঠিক জানে না মাইক কিন্তু ডাক্তার ব্যাটা মুখামুখি এসে দাড়িয়ে অন্তত একটা সরি-টরি বললেও সে খুশী।
পরদিন ঠিক সময় মত পেশেন্ট গ্রুপের নির্ধারিত কামরায় গিয়ে হাজির হল মাইক।

ঘন্টা খানেক অপেক্ষা করেও যখন ডাক্তার রজার এলো না তখন তার মেজাজ আবার বিগড়ে গেল। পেশেন্ট গ্রুপের যে ভদ্রলোক মেডিয়েটরের কাজ করছিল তাকেই ঝাড়ল, "কোথায় তোমার ডাক্তার? দুপুর পেরিয়ে তো বিকেল হয়ে গেল। ফোন লাগাও। আর কতক্ষণ বসে থাকব?"

ভদ্রলোক হিসেবী কণ্ঠে বলল, "দেখ, আমরা হচ্ছি পেশেন্ট সাপোর্ট গ্রুপ। ডাক্তারদের উপর কোন ব্যবস্থা নেবার আইনগত অধিকার আমাদের নেই। নালিশ এলে আমরা দুই পক্ষকে ডেকে মিলিয়ে দেবার চেষ্টা করি। কোন ডাক্তার যদি না আসে তাহলে আমরা তাকে জোর করতে পারি না। পুরাটাই ভলান্টারি।"

মাইক তেতো গলায় বলল, "তাহলে এই অর্থহীন গ্রুপের দরকার কি? খামাখা তোমাদের কাছে এসে আমার সময় নষ্ট করলাম। ব্যাটা বদমাশ আমার সাথে এমন আচরণ করল যেন আমরা হাসপাতালে আসি ডাক্তার নার্সদের জীবন বরবাদ করতে। আমার স্ত্রী মৃত্যুশয্যায় আর এরা আমাকে অপমান করল। তোমরা যদি তাদের বিরুদ্ধে কোন ব্যবস্থা না নিতে পার তাহলে এই সব সাপোর্ট গ্রুপ থাকা না থাকায় কি লাভ?"

ভদ্রলোক তার বিশাল বপুর দিকে তাকিয়ে, নাকি তার কথার সত্যতা বুঝে চুপ করে রইল বোঝা গেল না। মাইক সেখান থেকে বেরিয়ে এলো। চুলোয় যাক এসব। তার এখন আরোও অনেক ঝামেলা আছে। নীনাকে আবার হিউস্টনে নিয়ে যেতে হবে। টাকা পয়সার ব্যবস্থা করা দরকার। এক রিয়েল স্টেট এজেন্টকে বিকালে বাসায় আসতে বলেছে। শালা ডাক্তারের ব্যবস্থা পরে করা যাবে।

রিয়েল স্টেট এজেন্ট সময়ের আগেই চলে এলো। নিজেকে সে জন বলে পরিচয় দিল। বয়েসে তরুণ কিন্তু রমরমা রিয়েল স্টেট মার্কেটে তার ব্যবসা বাণিজ্য ভালোই চলছে মনে হল। কথা বার্তা চলনে বলনে প্রচুর দৃঢ়তা। তাকে বাড়ীটা ঘুরিয়ে ঘুরিয়ে দেখাচ্ছিল মাইক, সাহারা ফারাহকে নিয়ে ফিরে এলো। গোছল দেবে, খাওয়াবে। জনকে দেখে সে খুব একটা খুশী হল মনে হল না।

বাড়ী দেখা হতে জন জোর গলায় বলল, "বাড়ী তো মার্কেটে দেবার সাথে সাথে বিক্রি হয়ে যাবে। প্রশ্ন হচ্ছে মার্কেটে কবে ছাড়তে চাও?"

মাইক শ্রাগ করল। "আমার খুব তাড়াতাড়ি টাকা দরকার। যত তাড়াতাড়ি পার লিস্টিঙয়ে দিয়ে দাও।"

সাহারা আশে পাশে ঘুরঘুর করছিল। এই পর্যায়ে সে মুখ খুল্ল, "বাবা, ভালো করে ভেবে দেখেছ? বাড়ী বিক্রি করলে তোমরা কোথায় যাবে?"

মাইক শ্রাগ করল। "এপার্টমেন্টে গিয়ে উঠবো দরকার হলে। জন, সময় নষ্ট কর না। কোন কাগজপত্র সাইন করতে হলে বের কর। আমি চাই বাড়ী যত শীঘ্রই সম্ভব বিক্রি করতে।"

জন দীপ্ত কণ্ঠে বলল, "কোন চিন্তা কর না। আমি কালই লিস্টিঙয়ে দিয়ে দিচ্ছি।

রাতে কন্ট্রাকটা ইমেইল করে দেব। সাইন করে আমাকে আবার পাঠীয়ে দিও।"
জন বিদায় নিতে সাহারা এগিয়ে এলো। "কাজটা কি ঠিক করছ বাবা?"
একটা সোফায় শরীর এলিয়ে বসল মাইক। "এছাড়া আমার আর কোন উপায় নেই। তোর মায়ের অবস্থা ভালো নয়। একটু ভালো বোধ করলেই আমাদের হিউস্টনের ক্লিনিকে ফিরে যেতে হবে। ভালো না হওয়া পর্যন্ত আমি ফিরছি না।"
সাহারা তার বাবাকে ভালো করে চেনে। ঠাণ্ডা মানুষ কিন্তু যখন কিছু একটা করবে বলে সিদ্ধান্ত নিয়ে ফেলে সেখান থেকে তাকে সরানো দুঃসাধ্য। একমাত্র নীনার পক্ষে হয়ত সম্ভব হত কিন্তু এই ক্ষেত্রে মাইক তার নিষেধ শুনবে বলে মনে হয় না। সাহারা বলল, "বাবা, আমি আসার সময় দেখে এসেছি মা বিশ্রাম নিচ্ছে। তুমিও না হয় কিছু একটা খেয়ে একটু শুয়ে নাও। আমরা বিকালে একসাথে হাসপাতালে যাব।"
মাইক মাথা নাড়ল। "খিধে নেই। একটু বসি এখানে। তুই যখন যেতে চাস আমাকে বলিস।"
মাইকের মনটা ভালো লাগছে না। একটু একটু করে দু'জনে তাদের জীবন গড়েছিল। সব কেমন ছিন্ন ভিন্ন হয়ে যাচ্ছে। বাড়ীটা নীনার প্রিয় কিন্তু উপায় কি? জীবন বড় না আবাস বড়? তার মুখে বোধহয় মনের ছায়া পড়ে থাকবে কারণ ছোট্ট ফারাহ এগিয়ে এসে তার গলা জড়িয়ে ধরল। "মন খারাপ হয়েছে নানু ভাই? আদর করব?"
ফিক করে হেসে ফেলে মাইক। ফারাহকে কয়েক মুহূর্ত নিঃশব্দে জড়িয়ে ধরে থাকে। "আমার মন ভালো হয়ে গেছে। যাও, গোছল কর, খাও। আমরা নানী বু'র কাছে যাব।"
ফারাহ মায়ের সংগ নয়ে চলে যেতে সে চোখের কোন থেকে অশ্রু মুছল। শেষ কবে কেঁদেছে মনে করতে পারে না কিন্তু এই মুহূর্তে তার খুব কাঁদতে ইচ্ছে করছে।
কখন ঘুমিয়ে পড়েছিল জানে না মাইক। তার সেল ফোন বাজার শব্দে তড়াক করে লাফিয়ে উঠল। সাহারারও কান খাড়া ছিল। সেও ফোনের শব্দ পেয়ে দৌড়ে এসেছিল। "বাবা, তোমার ফোন বাজছে। ধর।"
মাইক তড়িঘড়ি করে ফোন ধরে। "হ্যালো?"
ওপাশ থেকে নীনার কাতর কণ্ঠ শোনা গেল। "মাইকি! একটু আসো। ঐ ডাক্তারটা কি যেন করার চেষ্টা করছে।"
মাইক লাফিয়ে সোফা ছাড়ল। "কোন ডাক্তার? রজার? আমি তো অফিসে বলে এসেছি ও যেন কোন অবস্থাতেই তোমার উপর কোন রকম অপারেশন কিংবা প্রসিজার না করে। কিচ্ছু করতে দিও না ওকে। আমি কয়েক মিনিটের মধ্যেই আসছি।" মাইক লাইন কেটে দিয়ে সদর দরজার দিকে ছুটল। "হারামি শালা!"
ওকে অনুসরণ করল সাহারা। "কি হয়েছে বাবা? আমিও আসব?"
"না, না, তুই আস্তে ধীরে আয়। ঐ ব্যাটা ডাক্তার নীনার উপর কিছু একটা করার

চেষ্টা করছে। ওর উপর আমার কোন ভরসা নেই।"
সাহারা প্রমাদ গুনল। "বাবা, সে ডাক্তার। তার কাজ তাকে করতে দাও। তোমার সাথে যেটা হয়েছে সেটা ভিন্ন ব্যাপার।"
"তুই বুঝবি না," মাইক গাড়ীর দিকে ছুটতে ছুটতে বলল। "এই ডাক্তার শালাদের উপর আমার সব বিশ্বাস চলে গেছে।"
সাহারা জানে তাকে যত শীঘ্রই সম্ভব হাসপাতালে যেতে হবে নইলে মাইক কি অঘটন ঘটাবে কে জানে। ফারাহ ঘুমিয়ে পড়েছিল। সে দৌড়ল। মেয়েটাকে তুলে দ্রুত তৈরি হয়ে হাসপাতালে যাবে। তার আগেই কিছু না হয়ে গেলেই হয়।
মাইক যখন হাসপাতালে পৌঁছল ডঃ রজার নীনার উপর প্যারাসেন্টেসিস করবার প্রস্তুতি নিচ্ছিল। মাইক কঠিন গলায় বলল, "আমি তো তোমার অফিসে বলে দিয়েছি তোমাকে যেন এই প্রসিজার না করতে দেয়। তারপরও তুমি কেন করছ? তোমার উপর আমার কোন আস্থা নেই।"
ডঃ রজার লোকটাও মাইকের মতই ত্যাড়া। সে পালটা মেজাজ দেখিয়ে বলল, "তোমার ইচ্ছের এখানে কোন দাম নেই। এই প্রসিজারটা যত শীঘ্রই সম্ভব করা দরকার। আমি এটাতে দক্ষ। মাথায় ঢুকছে?"
মাইক শেষ চেষ্টা করল, "অন্য কাউকে করতে বল। তোমাকে আমার ভালো ডাক্তার মনে হয় না।"
"আমি ছাড়া এই মুহূর্তে আর কেউ নেই," ডঃ রজার সোজা সাপটা বলে দিল। "তুমি কি তার জীবনের ঝুঁকি নিতে চাও না আমাকে আমার কাজ করতে দেবে? খামাখা ঝামেলা না করে ওয়েটিং রুমে গিয়ে বস। হাতে সময় কম। তোমার স্ত্রীর মুখের দিকে তাকিয়ে যা বলছি কর। প্লিজ!"
নীনার দিকে তাকিয়ে বুকটা হু হু করে ওঠে মাইকের। তাকে দেখেই বোঝা যায় কি অসম্ভব অস্বস্তির মধ্যে সময় কাটছে তার। পেট আগের চেয়েও আরও ফুলে গেছে। তার দিকে অসহায়ের মত তাকিয়ে আছে নীনা। মাইকের মনে কোন সন্দেহ থাকল না এই প্রসিজার করতে আর বিলম্ব করা ঠিক হবে না। সে নীনার হাত চেপে ধরে তাকে সাহস যোগানোর চেষ্টা করে অসন্তুষ্ট মুখে কামরা থেকে বেরিয়ে গেল। এটা রাগ দেখানোর সময় নয়।
কতক্ষণ ওয়েটিং রুমে বসেছিল খেয়াল করে নি মাইক কিন্তু সময়টা মনে হল যেন যুগ যুগ। এক পর্যায়ে ডঃ রজারকে দেখল আরেকজন জুনিয়র ডাক্তারের সাথে হন্তদন্ত হয়ে অন্য আরেক দিকে ছুটে যেতে। মাইককে দেখলেও সে কথা বলার কোন চেষ্টা করল না। মাইক মনে মনে একটা অকথ্য গালি দিয়ে নীনার কামরার দিকে ছুটল। নীনা চুপচাপ বিছানায় শুয়ে আছে, মনে হয় ঘোরের মধ্যে আছে। একজন নতুন নার্স তার পরিচর্যা করছে। মাইককে দেখেই সে চুপিসারে বলল, "সে বিশ্রাম করছে। চিন্তা কর না। সব ঠিকঠাক মতই হয়েছে।"
নার্সের কথা বলার ভঙ্গীতে আন্তরিকতা ছিল। মাইকের সেটা ভালো লাগল। সে বিড়বিড়িয়ে বলল, "এই ডাক্তারটাকে আমার পছন্দ না। কয়েকটা নার্সও

বদমাশ।”
নার্সটি বয়েসী। সে স্নেহ মাখা কণ্ঠে বলল, “জানি, তোমার ভেতরে কি ঝড় চলছে। আমার মা গত বছর ক্যান্সারে ভুগে মারা গেছে। ব্রেস্ট ক্যানসার। কিন্তু তোমাকে মাথা ঠাণ্ডা রাখতে হবে। ঠিক আছে?”
মাইক নিঃশব্দে মাথা দোলায়।
অল্প কিছুক্ষণ পরেই সজাগ হয়ে গেল নীনা। তাকে দেখে মনে হল সে যেন হঠাৎ করেই আরোও অসুস্থ হয়ে পড়েছে, তার কণ্ঠস্বর ভেঙ্গে গেছে, কথা জড়িয়ে আসছে। মাইক পাশে বসে তার একটা হাত শক্ত করে চেপে ধরেছিল। নীনা বিড়বিড়িয়ে কিছু একটা বলার চেষ্টা করল। “মাইকি! মাইকি!...”
মাইক অনেক কষ্টে কণ্ঠস্বর স্বাভাবিক রেখে বলল, “কিচ্ছু ভেবো না। কয়েক দিন পরেই আমি তোমাকে নিয়ে হিউস্টনে ক্লিনিকে চলে যাব। এবার একদম না সারা পর্যন্ত ফিরব না।”
নীনার চোখের কোন বেয়ে নীরব অশ্রু ঝরছে। মাইক মুছিয়ে দেবার চেষ্টা করল, বাঁধা দিল নীনা, কিন্তু কিছু বলল না। হঠাৎ করেই যেন আবার ঝিমিয়ে গেল নীনা, তার অশ্রুর ধারা বন্ধ হয়ে শুকিয়ে গেছে। মাইকের কাছে ব্যাপারটা ভালো লাগছে না। সে নার্সকে ডাকল। আগের নার্সটি এসে তাকে আবার শান্ত থাকবার অনুরোধ করল। এই অবস্থায় রোগী নানা ধরনের পরিস্থিতির মধ্য দিয়ে যায়। অনেক সময় ক্যানসার রোগীদের অবস্থার দ্রুত অবনতিও হতে পারে। সে ম্লান কণ্ঠে মাইককে সব ধরনের পরিস্থিতির জন্য তৈরি থাকতে বলল।
সাহারা যত দ্রুত হাসপাতালে পৌছাতে পারবে ভেবেছিল তার চেয়ে অনেক বেশী সময় লাগল। ফারাহকে তুলে তৈরি করে বের হওয়াটা একটা চ্যালেঞ্জ। পথে ট্রাফিকও পেয়েছিল। মায়ের কামরায় সে যখন এলো তখন নীনাকে স্যালাইন দেয়া হচ্ছে। মাইক তাকে সংক্ষেপে অবস্থাটা ব্যাখ্যা করল। নীনা হঠাৎ করে একটা শকের মধ্যে চলে গেছে। তার শরীর দুর্বল হয়ে গেছে, কথা বার্তা প্রায় বলতেই পারছে না। ফারাহ নীনার ফ্যাকাসে মুখ দেখে ভয় পেয়ে কাঁদতে শুরু করল। সাহারা তাকে নিয়ে অন্যদিকে সরে গেল। ফারাহকে একটু ঠাণ্ডা করে ফিরবে। মাইক একটা চেয়ারে স্ত্রীর পাশে অনড় বসে রইল। হঠাৎ তার নজর পড়ল নীনার আইভি থেকে ফোটা ফোটা রক্ত বের হচ্ছে। পাগলের মত বেল বাজাল ও। নার্সকে ডাকছে। নার্স ছুটে এলো। “আমি ফ্লোর ডাক্তারকে ডাকছি।”
মাইক চীৎকার করে উঠল, “জলদি! জলদি! রক্ত বের হবে কেন?”
অল্প কিচ্ছুক্ষণের মধ্যেই ভিন্ন আরেকজন ডাক্তার এসে হাজির হল। নিঃশব্দে আদ্যোপান্ত দেখল নীনার।
মাইক ব্যস্ত হয়ে বলল, “কোন টেস্ট করবে না? শুধু ওভাবে দেখলেই হবে?”
ডাক্তারটা মাঝবয়েসী। সে মাপা গলায় বলল, “আমি সত্যিই দুঃখিত কিন্তু টেস্ট করা না করা এখন সমান।”

মাইক তীক্ষ্ণ কণ্ঠে বলল, "কি যা তা বলছ? তুমি কিছুই করবে না?"
ডাক্তার ম্লান কণ্ঠে বলল, "ওর সময় ফুরিয়ে এসেছে। এখন আর করবার মত কিছুই নেই।"
মাইক গলা ফাটিয়ে চীৎকার করে উঠল, "কোন জাতের ডাক্তার তোমরা? একটা মানুষ অসুস্থ হয়ে পড়ে আছে আর তুমি তার চিকিৎসা না করে সোজা সাপটা বলে দিচ্ছ তার সময় শেষ হয়ে গেছে? তোমাদেরকে কি মেডিকেল স্কুলে এই শেখায়? ও তো আজ দুপুরেও সম্পূর্ণ ভালো ছিল। প্যারাসেন্টেসিস করবার পরপরই ওর অবস্থা এতো খারাপের দিকে মোড় নিলো কেন? ঐ ব্যাটা রজার কিছু একটা গড়বড় করেছে। ওকে আমি জেলের ভাত খাওয়াব..."
ডাক্তারটা দ্রুত সেখান থেকে সরে গেল। মায়াবতী নার্সটা মাইকের বাহুতে হাত দিয়ে আলতো করে চাপড় দিয়ে তাকে শান্ত করবার চেষ্টা করল। ঠিক সেই সময় সাহারা ফারাহকে নিয়ে ফিরে এলো। তার কেন যেন মনে হচ্ছে খারাপ কিছু একটা হয়ে যাবে। সে চেষ্টা করেও কান্না বন্ধ করতে পারছে না। ডাক্তারের কথা তার কানে গেছে। সে চিন্তাও করে নি এই মুহূর্ত এত দ্রুত চলে আসবে। মা কি সত্যিই চলে যাচ্ছে? তার বিশ্বাস হচ্ছে না। তার সমস্ত শরীর গোলাচ্ছে। নিজ পরিবারে এর আগে কখন কারো মৃত্যু সে দেখেনি। মায়ের মৃত্যু কি সে সহ্য করতে পারবে? স্যালিকে ফোন করল সে। ও শক্ত মেয়ে। এই মুহূর্তে ওকে তার পাশে দরকার। মাইককেও সে বিশ্বাস করে না। অকারণে মেজাজ দেখিয়ে সে হয়ত ভালোর চেয়ে খারাপই করবে। স্যালির পরীক্ষা- টরিক্ষা কিচ্ছু বোঝে না সে – তাকে আসতেই হবে। দেরী হলে মায়ের সাথে তার হয়ত আর দেখা হবে না।

সাইত্রিশ

স্যালি সেই রাতেই চলে এলো। নীনার পাশে সে যখন গিয়ে বসল নীনার দৃষ্টি তখন ঘোলা হয়ে এসেছে, শ্বাস কষ্ট হচ্ছে, দুই চোখ বন্ধ। মাইক তার পাশে নিথর বসে আছে যেন এই সবের কিছুই সে ঠিক বুঝতে পারছে না। স্যালি বিছানার পাশে বসে নিচু স্বরে ডাকল, "মা!"
নীনা চমকে উঠল, তার চোখের পাতা খুল্ল, ওদের দিকে তাকাল কিন্তু কাউকে দেখল বলে মনে হল না। মাইকের হাতে তার একটা হাত। তার আঙ্গুল নড়ে উঠল শেষ বারের মত। তারপরই নেতিয়ে গেল শরীর। শ্বাস প্রশ্বাস বন্ধ হয়ে গেল। সাহারা ডুকরে কেঁদে ওঠে। ফারাহ অবুঝ কণ্ঠে ডাকল, "নানী বু!"

মাইক নিঃশব্দে স্ত্রীর হাত ধরে বসে থাকে। সেই হাত এখনও উষ্ণ। যতক্ষণ শীতল না হবে সে এভাবেই ধরে বসে থাকবে। এতগুলো বছরের সুখে দুখের

সঙ্গী। বিদায় সাথী। বিদায়।

নীনার সমাধি পর্ব নির্বিঘ্নে সারা হল। রনি খবর পাবার সাথে সাথে চলে এলো। তারা তিন ভাই বোন মায়ের মৃত দেহের পাশে অনেকক্ষণ বসে থাকে। সাহারার অশ্রুর বাধ ভেঙ্গে যায়। স্যালি এবং রনি কান্নাকাটি করবার মানুষ নয়। তারা সাহারাকে জড়িয়ে থাকে। নীনার মৃত্যুর পর দিন থেকে মাইক উধাও হয়ে যায়। তার ফোন বন্ধ। কেউ জানে না সে কোথায়। সাহারা পুলিশে খবর দিতে চেয়েছে কিন্তু স্যালি করতে দেয় নি। মাইককে সে চেনে। নীনার সমাধি সে দেখতে চায় না। যেন তার হৃদয়ে নীনা চির কাল বেঁচে থাকে।
মায়ের শেষ কর্ম সব সারা হতে বাবাকে খুঁজতে বের হল স্যালি। খুব বেশী সময় অপচয় করতে হয় না। একটা শিশুসুলভ বিশাল দেহী ফুটবল মোদী মানুষ আর কোথায়ই বা যাবে? এক বিকালে তাদের পুরানো পাড়ায় গিয়ে হাজির হল স্যালি। গাড়ী রাখল একটু দূরে, হেটে মাঠের কাছাকাছি যেতেই ছেলেমেয়েদের ভিড়ে বিগ মাইকিকে দেখতে পেল। চাইলেও নিজেকে লুকিয়ে রাখবার উপায় নেই তার। সানি এবং তার বাবা মাকেও দেখল। সবার সাথে খুব ছোটাছুটি করে ফুটবল খেলছে সানি। একটা আইসক্রিম ট্রাকের সাথে আগেই আলাপ করে এসেছিল স্যালি। সে মাঠ পর্যন্ত পৌঁছানোর আগেই টুং টাং ঘণ্টি বাজিয়ে এসে হাজির হল ট্রাক। বাচ্চাদের দৃষ্টি সেদিকে যেতে মেয়েকে লক্ষ্য করল মাইক। মুচকি হাসল।
স্যালি মাঠ ভর্তি ছেলেমেয়েদেরকে লক্ষ্য করে চীৎকার করে উঠল, "হাঁ করে কি দেখছ সব? যাও। যার যা পছন্দ। সব খরচ বিগ মাইকির।"
চারদিকে শোরগোল তুলে ছুটল ছেলেমেয়েদের দল। স্যালি বাবার মুখোমুখি দাঁড়াল। "ভেবেছিলে আমাকে ফাকি দিতে পারবে?"
মাইক মাথা নাড়ল। "কখন পারি নি। যেখানেই লুকিয়েছি বাসার মধ্যে, তুই ঠিকই খুঁজে বের করেছিস। যখন মাত্র হাটতে শিখেছিস, তখনও।"
"মা ঠিকই বলত। তোমার চেয়ে সাদা সিদা মানুষ হয় না।" স্যালির গলা বুজে এলো। সে একটু বিরতি নিয়ে নিজেকে সামলে নিয়ে বলল, "থাকছ কোথায়?"
তাদের পুরানো বাড়ীটাকে অঙ্গুলি নির্দেশ করল মাইক। "বেসমেন্ট ভাড়া নিয়েছি। কাকুতি মিনতি করতে হয়েছে, কিন্তু বউটার খুব মায়া। যে কয় দিন বাঁচি ওখানেই থাকব। ত্রিশটা বছর ঐ বাসায় কাটিয়েছি আমরা। ওখানে এখনও তোর মায়ের শরীরের গন্ধ আছে। অনেক রাতে গুন গুন করে গান গাইত আর এটা সেটা করে বেড়াত বাড়িময়। আমাকে পাগল মনে করিস না, কিন্তু আমি মাঝে মাঝে ছায়ার মত ওকে দেখতে পাই। কাউকে বলিস না এসব।"
নিঃশব্দে মাথা নাড়ে স্যালি। বলবে না। "আইসক্রিম খাবে, বাবা?"
মাথা দোলায় মাইক। খাবে। দু'জনে আইসক্রিম ট্রাকের দিকে হাটতে থাকে। হঠাৎ করে থেমে যায় মাইক। হাউ মাউ করে কেঁদে ওঠে। "আমার ভীষণ একা

লাগে রে। ভীষণ।"

স্যালি বাবাকে জড়িয়ে ধরে নিঃশব্দে দাঁড়িয়ে থাকে। কাঁদতে দেয়। কাছেই ছেলেমেয়েরা হৈ চৈ করে আইসক্রিম খাচ্ছে। ওদের সেই আনন্দ আর উচ্ছলতা দেখতে ভালো লাগছে।

"বাবা!" স্যালি ডাকল।

নিজেকে সামলে নিয়েছে মাইক। "বল।"

"বাসায় চল। সবাই তোমার জন্য অপেক্ষা করছে।"

মাইক মাথা দোলায়, কিছু বলে না।

শুজা রশীদের জন্ম খুলনা শহরে। বর্নাঢ্য শৈশব ও বাল্যকাল কেটেছে শহরে-গ্রামে, দেশে-বিদেশে। বন্দী সৈনিক (ক্যাপ্টেন ডাক্তার) পিতার সঙ্গী হয়ে পাকিস্থানের বন্দী শিবিরে কেটেছে বাল্যকালের বেশ কিছুটা সময়। ঝিনাইদহ ক্যাডেট কলেজের প্রাক্তন মেধাবী ছাত্র, ঢাকা বিশ্ববিদ্যালয় থেকে এপ্লায়েড ফিজিক্স এন্ড ইলেকট্রনিক্সে কৃতিত্বের সাথে অনার্স এবং মাস্টার্স শেষ করেন। পরবর্তিতে যুক্তরাষ্ট্রে পাড়ি জমান উচ্চশীক্ষার্থে। ওকল্যান্ড ইউনিভার্সিটি, মিশিগান থেকে কম্পিউটার সায়েন্সে এম এস শেষ করে উত্তর আমেরিকাতেই কম্পিউটার পেশায় জড়িয়ে পড়েন। বর্তমানে স্থায়ী নিবাস গেড়েছেন কানাডাতে। বিশ্ববিদ্যালয় জীবন থেকে তিনি লেখালেখির সাথে জড়িত ছিলেন এবং এখনও কর্মব্যাস্ততার মধ্যে তা সাফল্যের সাথে ধরে রেখেছেন।